Genetik von Wegen des Aromatenabbaus durch *Rhodococcus opacus* 1CP — Konvergente Evolution des Chlorbrenzkatechin-Katabolismus

Von der Fakultät für Geo- und Biowissenschaften der Universität Stuttgart zur Erlangung der Würde eines Doktors der Naturwissenschaften (Dr. rer. nat.) genehmigte Abhandlung.

vorgelegt von

Dirk Eulberg

aus Stuttgart

Hauptberichter: Privatdozent Dr. M. Schlömann

Mitberichter: Prof. Dr. H.-J. Knackmuss

Tag der mündlichen Prüfung: 19.11.1997

Institut für Mikrobiologie der Universität Stuttgart

1997

Die Arbeiten für die vorliegende Abhandlung wurden am Institut für Mikrobiologie der Universität Stuttgart durchgeführt.

"To boldly go where no man has gone before."

(*Gene Roddenberry*)

Berichte aus der Biologie

Dirk Eulberg

Genetik von Wegen des Aromatenabbaus durch *Rhodococcus opacus* 1CP

Konvergente Evolution des Chlorbrenzkatechin-Katabolismus

D 93 (Diss. Universität Stuttgart)

Shaker Verlag
Aachen 1998

Die Deutsche Bibliothek - CIP-Einheitsaufnahme

Eulberg, Dirk:
Genetik von Wegen des Aromatenabbaus durch *Rhodococcus opacus* 1CP : Konvergente Evolution des Chlorbrenzkatechin-Katabolismus / Dirk Eulberg.
- Als Ms. gedr. -
Aachen : Shaker, 1998
(Berichte aus der Biologie)
Zugl.: Stuttgart, Univ., Diss., 1997
ISBN 3-8265-3280-5

Als Manuskript gedruckt. Printed in Germany.

ISBN 3-8265-3280-5
ISSN 0945-0688

Shaker Verlag GmbH • Postfach 1290 • 52013 Aachen
Telefon: 02407 / 95 96 - 0 • Telefax: 02407 / 95 96 - 9
Internet: www.shaker.de • eMail: info@shaker.de

INHALTSVERZEICHNIS

Kurzfassung

Genetik von Wegen des Aromatenabbaus durch *Rhodococcus opacus* 1CP – Konvergente Evolution des Chlorbrenzkatechin-Katabolismus

In der vorliegenden Arbeit wurde die Genetik des Aromatenstoffwechsels des chlorphenol-verwertenden, Gram-positiven Bakteriums *Rhodococcus opacus* 1CP untersucht. Wie bestimmte Vertreter der Gram-negativen Proteobakterien besitzt *R. opacus* 1CP zum Abbau von Aromaten verschiedene Sätze von Enzymsystemen, die speziell für den Abbau von chlorierten bzw. von nichtchlorierten Aromaten induziert werden können. Zentrale Intermediate sind hierbei Brenzkatechin bzw. Chlorbrenzkatechine. Die ersten drei Enzyme des Chlorbrenzkatechin-Katabolismus (Chlorbrenzkatechin-Dioxygenase, Chlormuconat-Cycloisomerase, Dienlacton-Hydrolase) katalysieren dabei Reaktionen, die beim Katabolismus der nichtchlorierten Metabolite analog stattfinden, die aber (zumindest) eine andere Substratspezifität erfordern.
Biochemische Untersuchungen an den entsprechenden Enzymen von *R. opacus* 1CP hatten Anlaß zur Vermutung gegeben, daß der in diesem Stamm aktive Chlorbrenzkatechin-Katabolismus unabhängig vom demjenigen der Proteobakterien entstanden ist, d.h. in funktionell konvergenter Evolution. Um diese Hypothese zu untermauern, sollten die Gene des Aromaten- sowie des Chloraromaten-Stoffwechsels von *R. opacus* 1CP kloniert und sequenziert werden.

1. Ein bereits kloniertes Fragment von *R. opacus* 1CP-DNA wurde vollständig sequenziert. Die Gene des Brenzkatechin-Stoffwechsels liegen darauf in der Reihenfolge *catABC*, d.h. Brenzkatechin 1,2-Dioxygenase-Gen, Muconat-Cycloisomerase-Gen, Muconolacton-Isomerase-Gen vor.

2. Auf der Basis von gereinigter Chlorbrenzkatechin-Dioxygenase und Chlormuconat-Cycloisomerase wurde ein Cluster von Genen kloniert und sequenziert, das am Abbau von Chloraromaten beteiligt ist. Die Gene liegen im Cluster in der Reihenfolge *clcB,RAD* vor, d.h. Chlormuconat-Cycloisomerase-Gen, hypothetisches Regulator-Gen, Chlorbrenzkatechin-Dioxygenase-Gen, Dienlacton-Hydrolase-Gen. Sequenzvergleiche der vier von diesen Genen kodierten Proteine mit anderen bekannten Proteinen des Aromatenstoffwechsels ergaben, daß die Enzyme von *R. opacus* 1CP homolog zu den entsprechenden proteobakteriellen Enzymen sind. Die Cycloisomerasen aus *Rhodococcus* weisen dabei mehr Ähnlichkeit untereinander auf als zu ihren funktionellen Gegenstücken aus Proteobakterien. Auf der Basis von

Alignments wurden Dendrogramme erstellt. Die wahrscheinlichste Erklärung für das hierbei erhaltene Verzweigungsmuster ist, daß der Chlorbrenzkatechin-Katabolismus zweimal unabhängig voneinander aus dem Brenzkatechin-Katabolismus evolviert ist, und zwar in funktionell konvergenter Evolution einmal in Gram-positiven Bakterien und einmal in Proteobakterien.

3. Ausgehend von gereinigter 3-Oxoadipatenollacton-Hydrolase aus Benzoat-gezogenen Zellen von *R. opacus* 1CP wurde ihr Gen kloniert. Sequenzanalyse der klonierten DNA ergab, daß das Hydrolase-Gen im Kontext der Protokatechuat-Gene (*pca*-Gene) steht, eines dritten, parallelen Zweiges des Aromatenstoffwechsels. Anders als bei den bisher untersuchten *pca*-Genen aus Proteobakterien ist das Hydrolase-Gen in *Rhodococcus* mit dem Gen desjenigen Enzyms fusioniert, das im Stoffwechsel die vorhergehende Reaktion katalysiert (4-Carboxymuconolacton-Decarboxylase). Der in *Rhodococcus* vorliegende, aus den beiden Genen kombinierte offene Leserahmen wurde *pcaL* genannt. Das elektrophoretische Verhalten des Enzyms PcaL entspricht der Länge des offenen Leserahmens; die beiden Aktivitäten (Hydrolase/Decarboxylase) ließen sich chromatographisch nicht voneinander trennen. Die *pca*-Gene stehen - soweit sequenziert - in der Reihenfolge *pcaI,HGBLRF*, also Succinyl-CoA:3-Oxoadipyl-CoA-Transferase-Gen, die Gene für beide Untereinheiten der Protokatechuat-Dioxygenase, 3-Carboxymuconat-Cycloisomerase-Gen, 3-Oxo-adipatenollacton-Hydrolase:4-Carboxymuconolacton-Decarboxylase-Gen, hypothetisches Regulator-Gen, sowie 3-Oxoadipyl-CoA-Thiolase-Gen.

4. Stromaufwärts von den *cat*-Genen wurde ein weiteres, überlappendes DNA-Fragment kloniert und sequenziert. Es enthält u.a. das Gen *catR*, dessen Produkt vermutlich die Expression des *cat*-Genclusters reguliert. Es konnte gezeigt werden, daß in *E. coli* exprimiertes CatR spezifisch an die intergenische Region zwischen *catR* und *catA* bindet. Sequenzvergleiche ergaben, daß CatR, anders als die Regulatoren von allen bisher bekannten *cat*-Genclustern aus Proteobakterien, nicht zur Familie der Regulatoren vom LysR-Typ gehört. Das Protein weist – wie *pcaR* aus *R. opacus* 1CP – vielmehr Ähnlichkeit mit Regulatoren der PobR-Unterfamilie der IclR-Regulatoren auf, die in Proteobakterien die *pca*-Gene regulieren.

5. Durch "pulsed-field gel electrophoresis" wurde in *R. opacus* 1CP ein lineares Megaplasmid von 720 kb Größe nachgewiesen (p1CP). Durch Hybridisierungs- sowie PCR-Experimente konnte nachgewiesen werden, daß sich die *clc*-Gene sowie das Gen *macA*, das wahrscheinlich ebenfalls am Chlorbrenzkatechin-Katabolismus beteiligt ist, auf p1CP befinden.

Genetik von Wegen des Aromatenabbaus durch *Rhodococcus opacus* 1CP — Konvergente Evolution des Chlorbrenzkatechin-Katabolismus

1. Einführung: Der Katabolismus von Protokatechuat, Brenzkatechin und Chlorbrenzkatechinen zum Abbau von aromatischen und chloraromatischen Verbindungen

1.1 Die Biochemie verschiedener Zweige des 3-Oxoadipat-Weges

Die Fähigkeit, mit aromatischen Substraten wie Benzoat oder 4-Hydroxybenzoat zu wachsen, ist unter Bodenbakterien weit verbreitet. Eine Reihe von Bakterien ist außerdem in der Lage, chlorierte Aromaten wie beispielsweise Chlorphenole oder das Herbizid 2,4-Dichlorphenoxyacetat als einzige Kohlenstoff- und Energiequelle zu nutzen (Häggblom, 1992; Reineke, 1994), obwohl Chloraromaten zum Teil relativ toxisch sind und häufig nur sehr langsam oder unvollständig abgebaut werden (Ghisalba, 1983).

Eine zentrale Position im Katabolismus von nichtchlorierten Aromaten nehmen Brenzkatechin bzw. Protokatechuat ein. Da diese Verbindungen Substrate für ringspaltende Enzyme (Dioxygenasen) sind, konvergieren viele periphere Abbauwege an diesen Knotenpunkten (Stanier & Ornston, 1973). Brenzkatechin bzw. Protokatechuat können dann entweder intradiol (*ortho-*) oder extradiol (*meta-*) gespalten werden. Beim (*ortho*-spaltenden) 3-Oxoadipat-Weg wird Brenzkatechin durch die folgenden vier Enzyme zu 3-Oxoadipat umgesetzt (Abb.1): Brenzkatechin-1,2-Dioxygenase (EC 1.13.11.1), Muconat-Cycloisomerase (EC 5.5.1.1), Muconolacton-Isomerase (EC 5.3.3.4) und 3-Oxoadipatenollacton-Hydrolase (3.1.1.24). Zum Abbau von Protokatechuat zu 3-Oxoadipat sind außer der 3-Oxoadipatenollacton-Hydrolase ebenfalls drei weitere Enzyme nötig:

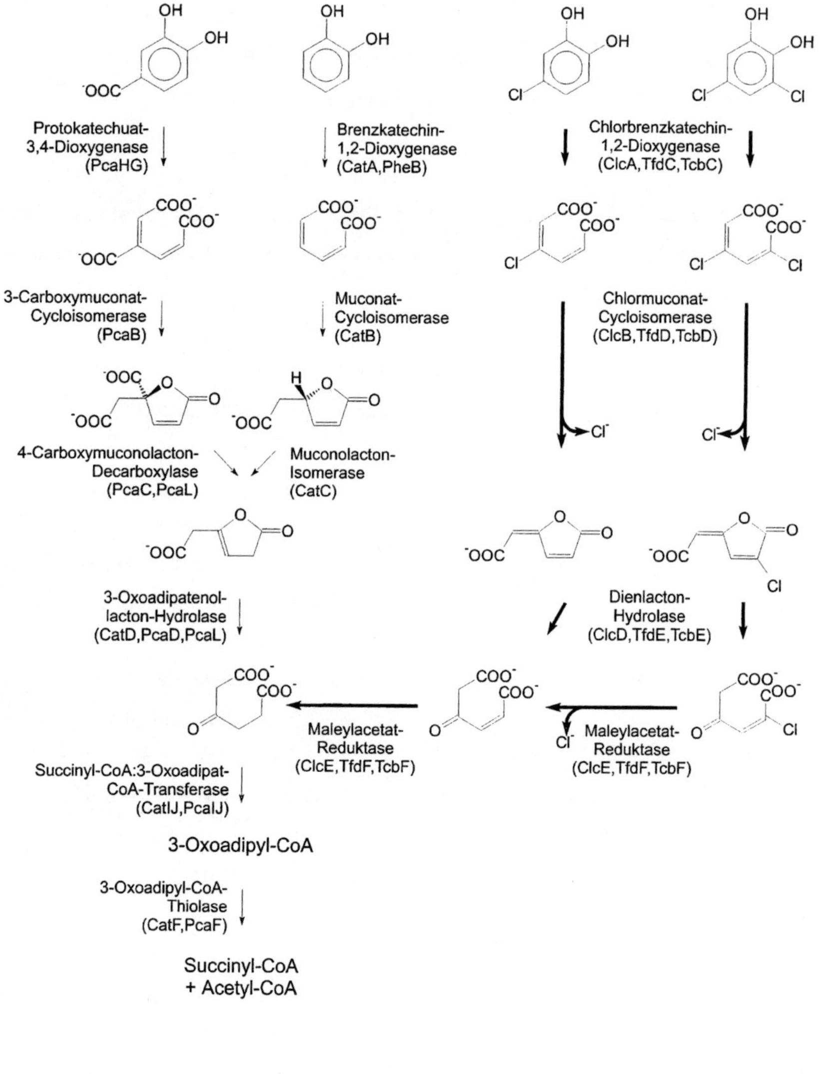

Abb. 1: Katabolismus von Brenzkatechin und Protokatechuat (dünne Pfeile) sowie der "modifizierte" 3-Oxoadipat-Weg zum Abbau von Chlorbrenzkatechinen (dicke Pfeile).

Protokatechuat-3,4-Dioxygenase (EC 1.13.11.3), 3-Carboxymuconat-Cycloisomerase (EC 5.5.1.2), und 4-Carboxymuconolacton-Decarboxylase (EC 4.1.1.44).

Beim Abbau von chlorierten aromatischen Verbindungen über den Chlorbrenzkatechin-Zweig des 3-Oxoadipat-Weges nehmen Chlorbrenzkatechine diejenige Stellung ein, welche das Brenzkatechin beim Katabolismus von nichthalogenierten Aromaten innehat (Abb. 1). Wie zuerst für den 3-Chlorbenzoat verwertenden Stamm *Pseudomonas* sp. B13 und den 2,4-Dichlorphenoxyacetat abbauenden Stamm *Ralstonia eutropha* (*Alcaligenes eutrophus*) JMP134 (pJP4) gezeigt wurde, werden unterschiedliche Sätze von Enzymen einerseits für den Brenzkatechin- und andererseits für den Chlorbrenzkatechin-Katabolismus induziert (Dorn & Knackmuss, 1978a; Schmidt & Knackmuss, 1980; Pieper et al., 1988; Kuhm et al., 1990; Schlömann et al., 1990b). Ausgehend von Chlorbrenzkatechinen wird durch die Aktion von vier Enzymen das zentrale Intermediat 3-Oxoadipat gebildet (Abb.1). Die drei ersten Enzyme (Chlorbrenzkatechin-1,2-Dioxygenase [EC 1.13.11.-], Chlormuconat-Cycloisomerase [EC 5.5.1.7], und Dienlacton-Hydrolase [EC 3.1.1.45]) katalysieren Reaktionen, welche beim Brenzkatechin-Katabolismus analog stattfinden, die aber (zumindest) eine andere Substratspezifität erfordern (Dorn & Knackmuss, 1978a; Schmidt & Knackmuss, 1980). Das vierte Enzym, die Maleylacetat-Reduktase (EC 1.3.1.32), besitzt kein Äquivalent im 3-Oxoadipat-Weg. Sie kompensiert die stärkeren Oxidationszustände der Dienlactone gegenüber dem 3-Oxoadipatenollacton und reduziert Maleylacetat durch einen, 2-Halomaleylacetat durch zwei aufeinanderfolgende Reduktionsschritte zum 3-Oxoadipat. Dieser Metabolit kann dann durch zwei weitere Enzyme in den Tricarbonsäurezyklus eingespeist werden (Succinyl-CoA:3-Oxoadipat-CoA-Transferase [EC 2.8.3.6] und 3-Oxoadipyl-CoA-Thiolase).

Die Evolution von solch komplexen Abbauwegen wie dem Brenzkatechin-, dem Protokatechuat- oder dem Chlorbrenzkatechin-Zweig des 3-Oxoadipat-Weges setzt einerseits eine ganze Reihe von genetischen Ereignissen voraus; chemische Notwendigkeiten und die natürlicherweise begrenzte Anzahl biochemischer Module jedoch engten die evolutionären Möglichkeiten zur Gestaltung von Stoffwechselwegen ein. Daher stellt sich die Frage (Stanier & Ornston, 1973), ob die heute beobachtbaren biochemischen Stoffwechselwege das Resultat einer divergenten Evolution sind (d.h., ausgehend von einem einzigen Ursprung), oder ob die evolutionären Zwänge zu mehrfachem, unabhängigen Entstehen durch konvergente Evolution geführt haben.

1.2 Gemeinsamer Ursprung des Chlorbrenzkatechin-Katabolismus von verschiedenen Proteobakterien

Der Sequenzvergleich von isofunktionellen Genen des Brenzkatechin-Katabolismus aus verschiedenen Proteobakterien hat gezeigt, daß diese Gene einander eindeutig homolog sind (Aldrich & Chakrabarty, 1988; Ehrt et al., 1995; Houghton et al., 1995; Kivisaar et al., 1991; Nakai et al., 1995; Neidle et al., 1988; Shanley et al., 1994). Die Brenzkatechin-1,2-Dioxygenasen aus *Arthrobacter* sp. mA3 sowie *R. erythropolis* AN-13, den einzigen Gram-positiven Stämmen außer dem hier untersuchten *Rhodococcus opacus* 1CP, für die ebenfalls Sequenzdaten vorliegen, zeigen auf Aminosäureebene 26,7 bis 31,6% identische Positionen mit den entsprechenden Enzymen aus Gram-negativen Stämmen (Eck & Belter, 1993; Murakami et al., 1997; Eulberg et al., 1997 [Anhang 1]). Der Brenzkatechin-Zweig des 3-Oxoadipat-Weges scheint daher bei allen bisher daraufhin untersuchten Bakterien aus einem gemeinsamen Ursprung zu stammen.

Genetische, bisher auf Gram-negative Proteobakterien beschränkte Untersuchungen zeigten, daß die am Abbau von Chlorbrenzkatechinen beteiligten Enzyme oft auf katabolen Plasmiden wie pJP4 (Don et al., 1985), pAC27 (Chatterjee & Chakrabarty, 1982, 1984), pP51 (van der Meer et al., 1991a), oder pEST4011 (Mäe et al., 1993) kodiert sind. Die Sequenzierung der jeweiligen Gencluster von pJP4 (Modul 1), pAC27 und pP51 (van der Meer, 1991b; Perkins et al., 1990; Frantz & Chakrabarty, 1987) zeigte, daß (a) die Chlorbrenzkatechin-Dioxygenasen und die Chlormuconat-Cycloisomerasen homolog zu den entsprechenden Brenzkatechin-Enzymen sind, und daß (b) die Chlorbrenzkatechin-Dioxygenasen bzw. Chlormuconat-Cycloisomerasen untereinander mehr Sequenzähnlichkeit aufweisen als sie dies mit den homologen Brenzkatechin-Enzymen tun (Frantz & Chakrabarty, 1987; Perkins et al., 1990; van der Meer et al., 1991b). Dementsprechend liegen sie alle auf denselben Zweigen in den Dendrogrammen A und B in Abbildung 5. Die auf diesen

Plasmiden kodierten Chlorbrenzkatechin-1,2-Dioxygenasen gehen demnach auf einen gemeinsamen Vorläufer zurück, der nicht Vorläufer der Brenzkatechin-1,2-Dioxygenasen war. Das gleiche gilt für die Cycloisomerasen (Schlömann, 1994). Die Dienlacton-Hydrolasen sind sogar verwandtschaftlich so entfernt von den 3-Oxoadipatenollacton-Hydrolasen, daß der gemeinsame evolutionäre Ursprung beider Hydrolase-Gruppen erst nach Aufklärung der dreidimensionalen Struktur einer Dienlacton-Hydrolase und der Identifikation der mit der Tertiärstruktur zusammenhängenden Sequenzmuster erkannt werden konnte (Ollis et al., 1992; Hartnett & Ornston, 1994; Schlömann, 1994).

Die drei zu Beginn der genetischen Arbeiten an *R. opacus* 1CP bekannten archetypischen Gencluster auf pAC27, pJP4 (Modul 1), und pP51 (Abb. 2; weitere seither bekannte Cluster vgl. Abb. 6) bestehen aus dem Gen eines LysR-Typ-Regulators, der divergent von einem Operon aus einem Chlorbrenzkatechin-1,2-Dioxygenase-, einem Chlormuconat-Cycloisomerase-, einem Dienlacton-Hydrolase- und einem Maleylacetat-Reduktase-Gen in dieser Reihenfolge transkribiert wird. Bei pAC27 und pP51 befindet sich noch ein zusätzlicher offener Leserahmen zwischen den Genen für Cycloisomerase und Hydrolase. Da es sehr unwahrscheinlich ist, daß eine derart ähnliche genetische Struktur zweimal oder mehrmals unabhängig voneinander evolviert ist, muß sie schon existiert haben, bevor im Laufe der Evolution die Vorläufer der heute existierenden Gencluster auf diesen drei Plasmiden voneinander divergiert sind. Zusammen mit der Sequenzähnlichkeit unter den Dioxygenasen bzw. den Cycloisomerasen weist dies darauf hin, daß die proteobakteriellen Chlorbrenzkatechin-Wege auf pAC27, pJP4 (Modul 1) und pP51 von demselben Vorläufer abstammen (Schlömann, 1994).

Durch Hybridisierungsexperimente konnte nachgewiesen werden, daß die katabolen Gene von vielen anderen Stämmen mit den Genen auf pJP4 (Modul 1), pAC27 oder pP51 verwandt sind (Amy et al., 1985; Fulthorpe et al., 1992; Ka et al., 1994; Top et al., 1995; Mäe et al., 1993); in anderen Fällen dagegen konnte unter den verwendeten Bedingungen keine Hybridisierung nachgewiesen werden (Amy et al.,

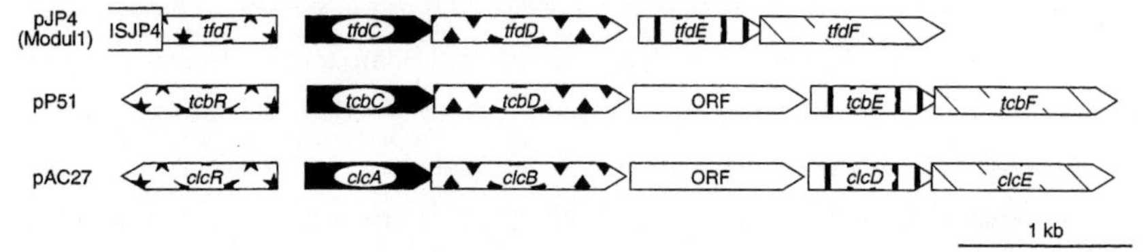

Abb. 2: Archetypische Gencluster des Chlorbrenzkatechin-Katabolismus auf den proteobakteriellen Plasmiden pJP4 (Modul 1), pP51 und pAC27. Jeder Pfeil stellt einen offenen Leserahmen dar. Homologe Gene sind in gleicher Graustufe dargestellt. Einzelheiten vgl. Abb. 7 in Eulberg et al., 1997 (Anhang 1).

1985; Fulthorpe et al., 1992; Holben et al., 1992; Ka et al., 1994). Dies ist ein Hinweis darauf, daß eine weitere, getrennte Linie von Chlorbrenzkatechin-Genen existieren könnte.

1.3 Die Biochemie der Muconat- und der Chlormuconat-Cycloisomerase von *Rhodococcus opacus* 1CP: ein Hinweis auf funktionell konvergente Evolution

Der Gram-positive, zunächst als *R. erythropolis* klassifizierte Stamm 1CP wurde in Rußland mit dem Aromaten 2,4-Dichlorphenol als einziger Kohlenstoff- und Energiequelle aus Boden isoliert (Gorlatov, 1989). Nach Analyse der 16S-rDNA wurde das Bakterium kürzlich der Spezies *R. opacus* zugeordnet (Salkinoja-Salonen, 1997). Neuere, biochemische Untersuchungen an der Chlorbrenzkatechin-Dioxygenase, der Chlormuconat-Cycloisomerase sowie der Dienlacton-Hydrolase aus *R. opacus* 1CP (Maltseva et al., 1994a, 1994b; Solyanikova et al., 1995) haben Anlaß zur Vermutung gegeben, daß der in diesem Stamm aktive Chlorbrenzkatechin-Weg unabhängig von den Chlorbrenzkatechin-Wegen der Proteobakterien entstanden ist.

Die Chlorbrenzkatechin-Dioxygenase aus *Rhodococcus* beispielsweise unterscheidet sich von den proteobakteriellen Enzymen durch ihre höhere Substratspezifität. Ihre Spezifitätskonstante ist für 4-substituierte Brenzkatechine etwa zehnfach größer als für 3-substituierte (Maltseva et al., 1994a), während proteobakterielle Chlorbrenzkatechin-Dioxygenasen vergleichbar hohe Spezifitätskonstanten für 3- wie für 4-substituierte Brenzkatechine aufweisen (Broderick & O'Halloran, 1991; Miguez et al., 1993; Dorn & Knackmuss, 1978b; Solyanikova et al., 1992; Hinteregger et al., 1992; Pieper et al., 1988; Bhat et al., 1993). Auch die Dienlacton-Hydrolase aus *Rhodococcus* ist bemerkenswert spezifisch: Sie setzt nur *cis*-Dienlacton, 2-Chlor-*cis*-dienlacton und 2-Methyl-*cis*-dienlacton um, dagegen kein *trans*-Dienlacton oder 4-Fluormuconolacton, welches von Dienlacton-Hydrolasen aus Proteobakterien umgesetzt werden kann (Maltseva et al., 1994b; Schlömann et al., 1990a, b).

Die beiden Cycloisomerasen aus *Rhodococcus* diskriminieren im Gegensatz zu ihren Gegenstücken aus Proteobakterien stark zwischen den beiden möglichen Richtungen der Cycloisomerisierung von 2-Chlor-*cis,cis*-muconat, indem sie fast ausschließlich die Bildung von (+)-5-Chlormuconolacton katalysieren, dem Produkt der 3,6-Cycloisomerisierung. Zwei weitere Eigenschaften, in denen sich die Chlormuconat-Cycloisomerasen von *Rhodococcus* von den proteobakteriellen Chlormuconat-Cycloisomerasen unterscheiden, sind ihr Unvermögen, aus 2-Chlor-*cis,cis*-muconat unter Eliminierung von Chlorid *trans*-Dienlacton zu bilden (Solyanikova et al., 1994; Kuhm et al., 1990; Schmidt & Knackmuss, 1980), sowie ihre Unfähigkeit zum Umsatz von (+)-2-Chlormuconolacton, das von proteobakteriellen Muconat-Cycloisomerasen durch 1,4-Cycloisomerisierung gebildet werden kann (Vollmer et al., 1994) (Abb. 3).

Sieht man nun die phänotypischen Unterschiede in der Fähigkeit zur Diskriminierung zwischen den Cycloisomerisierungsrichtungen und zum Umsatz von (+)-2-Chlormuconolacton als Anzeichen für eine frühe Divergenz der Cycloisomerasen an, dann müßte die geänderte Substratspezifität, die effizienten Umsatz von 3-Chlor- und 2,4-Dichlormuconat ermöglicht, zumindest zweifach, und zwar mindestens einmal in Proteobakterien und mindestens einmal in Gram-positiven Bakterien, unabhängig voneinander entstanden sein. Solch eine funktionell konvergente Evolution auf der Basis von divergenten Sequenzen (Doolittle, 1994) könnte eine Grundlage für neue Einsichten in die Adaptationen, die für effektiven

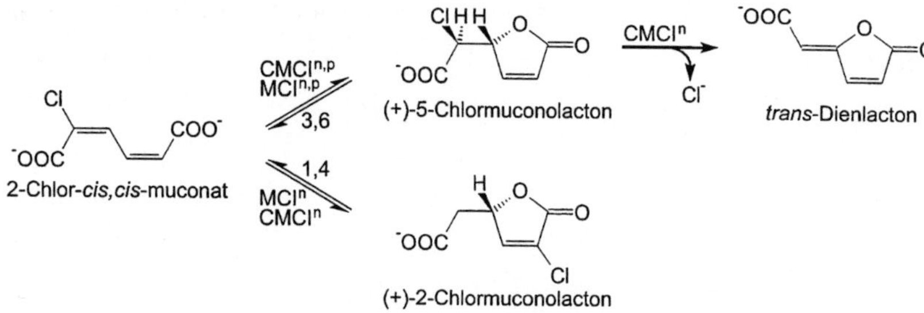

Abb. 3: Von verschiedenen bakteriellen Cycloisomerasen katalysierte Reaktionen mit dem Substrat 2-Chlor-*cis,cis*-muconat. Die 3,6-Cycloisomerisierung wird von allen Cycloisomerasen katalysiert. Im Unterschied zu proteobakteriellen Cycloisomerasen katalysieren die *Rhodococcus*-Enzyme die 1,4-Cycloisomerisierung nur in sehr geringem Ausmaß. Die Eliminierung von Chlorid aus (+)-5-Chlormuconolacton und Bildung von *trans*-Dienlacton wird ausschließlich von proteobakteriellen Chlormuconat-Cycloisomerasen katalysiert. Abbildung verändert übernommen aus Solyanikova et al. (1995). $CMCI^{n,p}$: Chlormuconat-Cycloisomerasen aus Gram-negativen Proteobakterien bzw. Gram-positiven Bakterien; $MCI^{n,p}$: Muconat-Cycloisomerasen aus Proteobakterien bzw. Gram-positiven Bakterien.

Umsatz von Chlorbrenzkatechinen notwendig sind, liefern. Sie wäre darüber hinaus wichtig für ökologische Untersuchungen über Vorkommen und Diversität von Chlorbrenzkatechin-Genen in der Natur. Ein Beweis für die Hypothese, daß der Chlorbrenzkatechin-Katabolismus in *R. opacus* 1CP vom Brenzkatechin-Katabolismus tatsächlich unabhängig von den Chlorbrenzkatechin-Genen der Proteobakterien divergiert ist, kann nur durch die Sequenzinformation sowohl des Brenzkatechin- als auch des Chlorbrenzkatechin-Genclusters dieses Stammes oder seiner Verwandten und durch Vergleiche mit den entsprechenden Genclustern aus Proteobakterien geliefert werden. Dieser Nachweis sollte in der vorliegenden Arbeit geführt werden.

2. Konvergente Evolution des Chlorbrenzkatechin-Katabolismus in *Rhodococcus* und in Proteobakterien

2.1 Nachweis der funktionell konvergenten Evolution des Chlorbrenzkatechin-Katabolismus in *R. opacus* und in Proteobakterien

Bereits im Rahmen der Diplomarbeit waren Gene des Brenzkatechin-Katabolismus (*cat*-Gene) von *R. opacus* 1CP kloniert (pRER1) und teilweise sequenziert worden (Eulberg, 1994). Die Nukleotidsequenz des Inserts von pRER1 sowie die des neu hergestellten, damit überlappenden Inserts von pRER2 (Eulberg et al., 1997 [Anhang 1]; Eulberg & Schlömann, eingereicht [Anhang 4]) wurde vollständig bestimmt. Neu kloniert und anschließend sequenziert wurden ein Cluster von Chlorbrenzkatechin-Genen (*clc*-Gene) und einer von Protokatechuat-Genen (Abb. 4) Eulberg et al., eingereicht 1 und 2 [Anhang 2, 3]), von denen einige zusätzlich zu den *cat*-Genen am Abbau von Brenzkatechin beteiligt sind. Basis für die Klonierung des *pca*- und des *clc*-Genclusters waren gereinigte 3-Oxoadipatenollacton-Hydrolase bzw. Chlorbrenzkatechin-1,2-Dioxygenase und Chlormuconat-Cycloisomerase.

In Übereinstimmung mit der auf biochemischen Daten basierenden Hypothese (Solyanikova et al., 1995) von der funktionell konvergenten Evolution der Gene des Chlorbrenzkatechin-Katabolismus repräsentieren die *Rhodococcus*-Proteine, die im *clc*-Gencluster kodiert sind (Chlorbrenzkatechin-1,2-Dioxygenase, Chlormuconat-Cycloisomerase, Dienlacton-Hydrolase, Regulator), auf den Dendrogrammen in Abbildung 5 andere Zweige als die entsprechenden Enzyme bzw. Regulatoren von Proteobakterien (Eulberg et al., 1997; Eulberg et al., eingereicht 2 [Anhang 1, 3]). Da auch die Struktur des Chlorbrenzkatechin-Genclusters von *Rhodococcus* von derjenigen der entsprechenden Cluster auf pAC27, pP51 und dem Modul 1 von pJP4 abweicht, (Abb. 4 und 6), kann nicht davon ausgegangen werden, daß der Chlorbrenzkatechin-Katabolismus nur einmal entstanden ist.

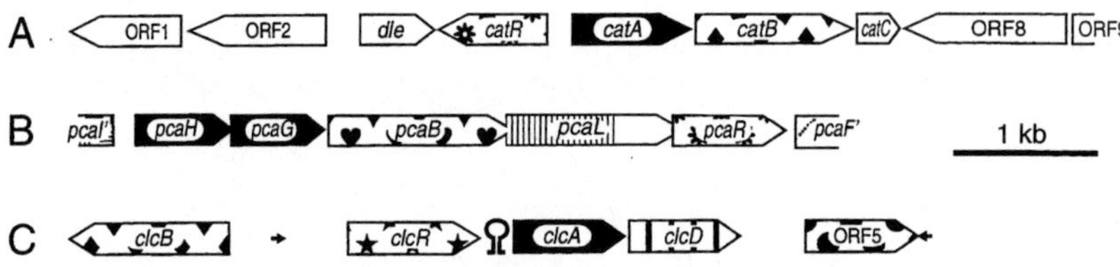

Abb. 4: Gencluster des Aromatenstoffwechsel, die aus *R. opacus* 1CP kloniert wurden. A, Brenzkatechin-Gencluster (vgl. Eulberg et al., 1997 [Anhang 1]; Eulberg & Schlömann, eingereicht [Anhang 4]); B, Protokatechuat-Gencluster (vgl. Eulberg et al., eingereicht 1 [Anhang 2]); C, Chlorbrenzkatechin-Gencluster (vgl. Eulberg et al., eingereicht 2 [Anhang 3]). Jeder große Pfeil stellt einen offenen Leserahmen dar; Pfeile ohne Spitze bedeuten, daß sich zwei offene Leserahmen überlappen. Kleine Pfeile in C stellen unvollkommene "terminal repeats" dar, die womöglich Teil eines transponierbaren Elements sind.

Genaugenommen läßt sich anhand der Verzweigungsmuster der Dendrogramme in Abbildung 5 nicht ableiten, daß der Chlorbrenzkatechin-Katabolismus aus den Brenzkatechin-Katabolismus entstanden ist. Vielmehr wäre das frühe Auftreten der Chlorbrenzkatechin-Zweige auch kompatibel mit einer Evolution des Brenzkatechin-Katabolismus aus dem Chlorbrenzkatechin-Katabolismus. Die Gencluster des Brenzkatechin-Katabolismus der Gram-positiven Bakterien bzw. der γ-Proteobakterien jedoch haben eine Eigenschaft gemeinsam, die sie auch mit *Ralstonia eutropha*, einem β-Proteobakterium verbindet (Hinner et al., 1997): *catB* wird direkt gefolgt von *catC*. Eine Ausnahme macht hierbei lediglich einer der beiden *cat*-Gencluster von *Acinetobacter lwoffii* (Kim et al., 1997), doch ist es angesichts der konservierten Abfolge *catBC* in allen anderen sequenzierten *cat*-Genclustern wahrscheinlich, daß die Anordnung $catB_{II}A_{II}C_{II}$ in *A. lwoffii* sekundär aus $catB_{II}C_{II}$ entstanden ist. Da das Genprodukt von *catC*, die Muconolacton-Isomerase, ein typisches Enzym des Brenzkatechin-Katabolismus darstellt, ist diese konservierte Struktur ein Hinweis darauf, daß der Brenzkatechin-Katabolismus tatsächlich zuerst evolviert ist. Dazu paßt überdies die Tatsache, daß Brenzkatechin beim Abbau von natürlichen Aromaten weitaus häufiger als Intermediat auftritt als Chlorbrenzkatechine. In Übereinstimmung mit der herrschenden Meinung ist also tatsächlich davon auszugehen, daß der Brenzkatechin-Weg der ursprünglichere ist. Die Verzweigungsmuster sind dann so zu interpretieren, daß der

Chlorbrenzkatechin-Katabolismus zweimal unabhängig voneinander aus dem Brenzkatechin-Katabolismus evolviert ist, und zwar in funktionell konvergenter Evolution einmal in Gram-positiven Bakterien und einmal in Proteobakterien.

Die Sequenzen der proteobakteriellen Dienlacton-Hydrolasen unterscheiden sich so stark von den 3-Oxoadipatenollacton-Hydrolasen – ihren funktionellen Gegenstücken aus den Brenzkatechin-Wegen – daß für sie eine Herkunft aus irgendeinem Stoffwechselweg, der nichts mit dem Umsatz von Brenzkatechin oder Protokatechuat zu tun haben sollte, gefordert werden mußte (Schlömann, 1994). Wenn der Chlorbrenzkatechin-Katabolismus in *Rhodococcus* in unabhängiger Evolution von den entsprechenden Stoffwechselwegen auf pAC27, pP51 und pJP4 (Modul 1) entstanden ist, dann wäre es denkbar, daß *Rhodococcus* eine völlig andere Strategie für die Hydrolyse von Dienlactonen entwickelt hat. Es war daher nicht selbstverständlich, daß die Dienlacton-Hydrolase ClcD von *Rhodococcus* mit den anderen Dienlacton-Hydrolasen verwandt ist und nicht etwa mit den 3-Oxoadipatenollacton-Hydrolasen. Im Gegensatz zu den Chlorbrenzkatechin-1,2-Dioxygenasen und den Chlormuconat-Cycloisomerasen von *R. opacus* 1CP liegt die Dienlacton-Hydrolase auf demselben Zweig im Dendrogramm wie zwei vermutlich isofunktionelle Enzyme proteobakterieller Herkunft (Abb. 5 C). Diese Enzyme sind auf dem Plasmid pEST4011 und auf einem zweiten Chlorbrenzkatechin-katabolen Modul auf pJP4 kodiert (Kõiv et al., 1996; van der Meer, 1996 [Genbank-Zugangsnummer: U16782]). Die entsprechenden beiden katabolen Gencluster sind erst kürzlich sequenziert worden, und für die tatsächliche Funktion beider mutmaßlicher Dienlacton-Hydrolasen stehen noch keine biochemischen Daten zur Verfügung. Doch selbst wenn man davon ausgeht, daß die besagten zwei Genprodukte echte Dienlacton-hydrolysierende Enzyme sind, stellt ihre verhältnismäßig enge Verwandtschaft mit der Dienlacton-Hydrolase von *Rhodococcus* nicht den Schluß in Frage, daß der Chlorbrenzkatechin-Katabolismus von *Rhodococcus* unabhängig vom proteobakteriellen evolviert ist. Wenn man nämlich bedenkt, daß die absolute evolutionäre Distanz zwischen ClcD von *Rhodococcus* und TfdE von pEST4011 oder $TfdE_{II}$ von pJP4 immer noch größer ist als diejenige zwischen den großen Gruppen von Dioxygenasen oder von

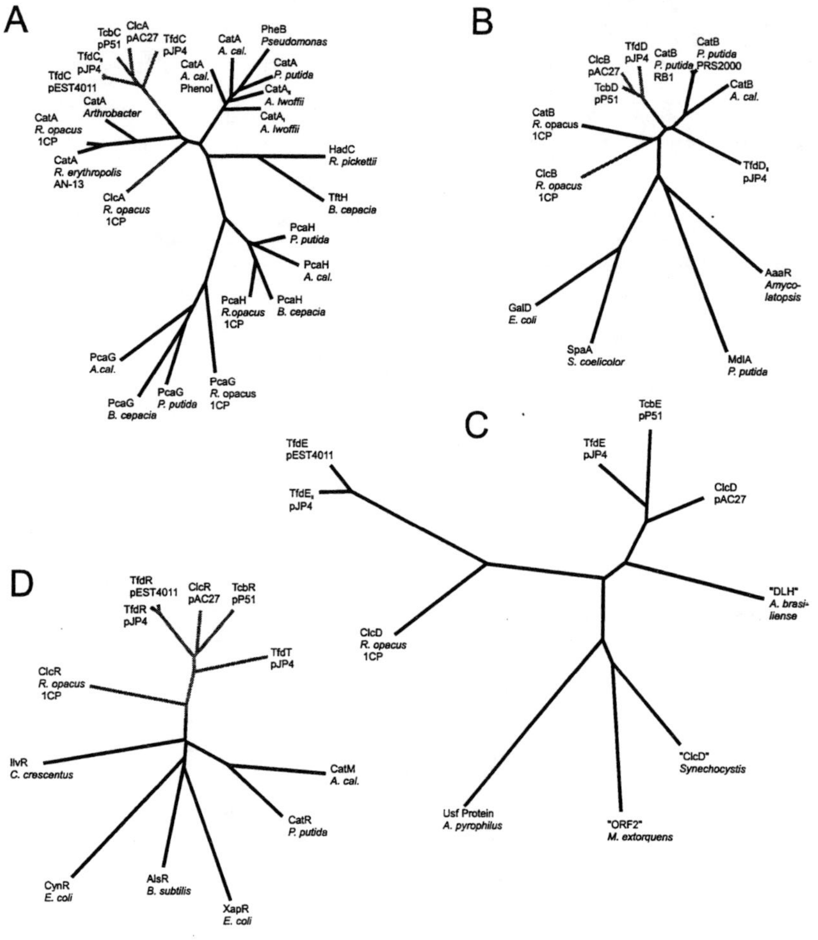

Abb. 5: Dendrogramme, basierend auf Sequenzähnlichkeiten zwischen Proteinen, die am Brenzkatechin- und am Chlorbrenzkatechin-Katabolismus beteiligt sind. A, Brenzkatechin- und Chlorbrenzkatechin-Dioxygenasen; B, Muconat- und Chlormuconat-Cycloisomerasen; C, Dienlacton-Hydrolasen; D, Regulatorproteine vom LysR-Typ. Für Referenzen, vgl. Abb. 8 in Eulberg et al., eingereicht 2 (Anhang 3). Zusätzlich wurden die Sequenzen der Brenzkatechin-Dioxygenasen von *A. lwoffii* CatA$_I$ und CatA$_{II}$ verwendet und in das Alignment eingefügt (Genbank-Zugangsnummern U77658 bzw. U77659; Kim et al., 1997).

Cycloisomerasen, kann das Verzweigungsmuster des Dienlacton-Hydrolase-Dendrogramms plausibel dahingehend interpretiert werden, daß ähnliche Enzyme – bzw. deren Gene – unabhängig voneinander in die Gencluster von pEST4011 und Modul 2 auf pJP4 einerseits und *R. opacus* 1CP andererseits rekrutiert worden sind.

Auffällig ist auch die Tatsache, daß, während die Dienlacton-Hydrolasen von pEST4011 und von Modul 2 auf pJP4 verhältnismäßig ähnlich zum *Rhodococcus*-Enzym sind, die Chlorbrenzkatechin-1,2-Dioxygenasen mit ihren proteobakteriellen Gegenstücken näher verwandt zu sein scheinen (Abb. 5). Dies gilt ebenso für den LysR-artigen Regulator TfdR auf pJP4 (Matrubutham & Harker, 1994; You & Ghosal, 1995), sowie für einen vermutlich analogen Regulator, der aus der veröffentlichten Sequenz von pEST4011 ableitbar ist, wenn man eine Verschiebung des Leserasters erlaubt (Abb. 5; vgl. Abb. 8 D in Eulberg et al., eingereicht 2 [Anhang 3]). Wie bereits oben ausgeführt, muß man davon ausgehen, daß der gemeinsame Vorläufer der Gencluster auf pAC27, pP51 und Modul 1 auf pJP4 schon alle notwendigen Gene besaß, also auch die für die Chlormuconat-Cycloisomerase und die Dienlacton-Hydrolase kodierenden. Da die Dioxygenasen von pEST4011 und von Modul 2 von pJP4 vom selben Ursprung divergiert sind, sollten sie zu irgendeinem Zeitpunkt mit Cycloisomerasen beziehungsweise Hydrolasen, die nah mit denen auf pAC27, pP51 und dem Modul 1 auf pJP4 verwandt waren, assoziiert gewesen sein. Durch eine Art von "Gen-Shuffling" sind die Hydrolase-Gene anscheinend durch Gene, die mit dem *Rhodococcus*-Enzym näher verwandt sind, ersetzt worden. Während auf pEST4011 bislang kein Cycloisomerase-ähnlicher offener Leserahmen entdeckt wurde, könnte $TfdD_{II}$, die mutmaßliche Chlormuconat-Cycloisomerase des Moduls 2 von pJP4, sogar einen neuen Zweig von cycloisomerisierenden Enzymen repräsentieren (Abb. 5). Da aber nichts über die biochemischen Eigenschaften von $TfdD_{II}$ bekannt ist, kann darüber noch keine Aussage gewagt werden.

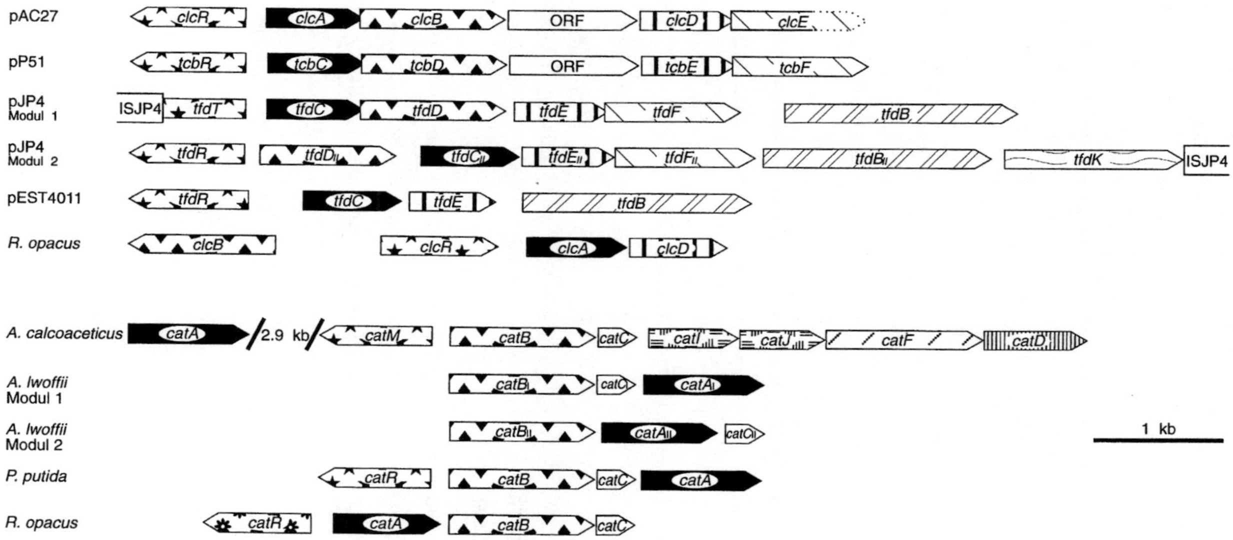

Abb. 6: Strukturen von Genclustern des Brenzkatechin- und des Chlorbrenzkatechin-Katabolismus. Die Anordnung der *cat*-Gene von *A. lwoffii* wurde Kim et al. (1997) entnommen. *catB*$_I$ bzw. *catB*$_{II}$ von *A. lwoffii* sind nicht vollständig sequenziert; es wurde davon ausgegangen, daß diese Gene vergleichbar groß sind wie *catB* von *A. calcoaceticus*, *P. putida* und *R. opacus*. Zu Referenzen vgl. Abb. 9 in Eulberg et al., eingereicht 2 (Anhang 3).

2.2 Konsequenzen aus der funktionell konvergenten Evolution des Chlorbrenzkatechin-Katabolismus in *R. opacus* 1CP und in Proteobakterien

Aus der funktionell konvergenten Evolution des Chlorbrenzkatechin-Katabolismus ergeben sich unter anderem Konsequenzen für molekularökologische Untersuchungen zum Vorkommen von potentiell Chloraromaten abbauenden Bodenpopulationen. Solche Experimente wurden bisher ausschließlich mit Chlorbrenzkatechin-Genen von Proteobakterien durchgeführt (Amy et al., 1985; Fulthorpe et al., 1995; Holben et al., 1992; Ka et al., 1994; Mäe et al., 1992; Top et al., 1995). Mit diesem Ansatz blieben womöglich im Boden vorhandene, aktiv Chloraromaten abbauende Populationen von z.B. Actinomyceten unentdeckt. Oligonukleotide, mit denen die Amplifikation bestimmter, für den Chlorbrenzkatechin-Katabolismus spezifischer DNA-Fragmente möglich ist, oder markierte Chlorbrenzkatechin-Gene könnten zur Klärung solcher Fragen als Sonden eingesetzt werden. Analog zur 16S-rDNA-Analyse, bei der taxonspezifische Oligonukleotide zur Amplifikation tatsächlich eingesetzt werden, wären funktionsspezifische Primer ein wertvolles Mittel, um herausfinden zu können, was tatsächlich in natürlichen Populationen vor sich geht. Bisher etabliert sind neben den taxonspezifischen 16S-rDNA-Sonden für die PCR jedoch nur solche Sonden, die weitgehend taxonspezifische Funktionen erfassen können wie beispielsweise die Oxidation von Ammoniak (Ward, 1995; 1996; Sinigalliano et al., 1995) oder Methylotrophie (Murrell & Holmes, 1995; McDonald et al., 1995).

Zum Design von funktionsspezifischen universellen Sonden zur Verbreitung von Chlorbrenzkatechin-Genen oder aber Brenzkatechin-Genen in der Umwelt müssen zunächst geeignete, möglichst konservierte Regionen in den Proteinen ausgewählt werden. Bei den Dienlacton-Hydrolasen, welche nur am Chlorbrenzkatechin-Katabolismus, nicht aber am Abbau von Brenzkatechin oder Protokatechuat beteiligt sind, befinden sich beispielsweise zwischen den Aminosäure-Positionen 50 und 58 bzw. zwischen 135 und 142 (Abb. 7), geeignete Regionen, um PCR-Primer für die Detektion von potentiellen Chloraromaten-Abbauern zu entwerfen. Für die Detektion von Brenzkatechin-Genen bieten sich dagegen die Muconolacton-Isomerasen an, die im Chloraromatenstoffwechsel kein Äquivalent besitzen. Die Aminosäuresequenz

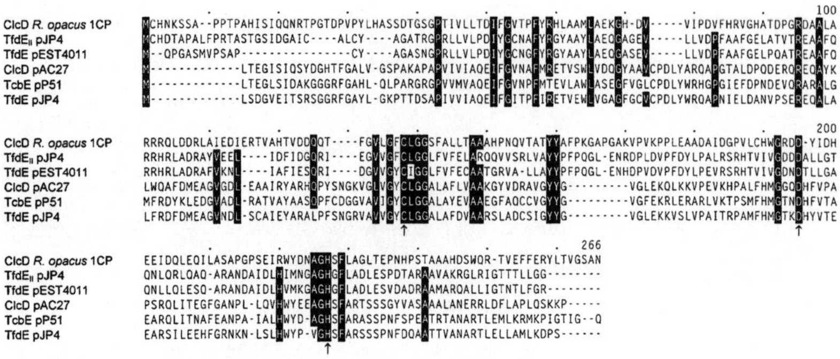

Abb. 7: Von CLUSTAL kalkuliertes Sequenzalignment von Dienlacton-Hydrolasen. Zahlen über den Sequenzen beziehen sich auf Positionen im Alignment, nicht in einzelnen Sequenzen. Aminosäuren an Positionen, an denen mindestens fünf von sechs Sequenzen identisch sind, sind schwarz unterlegt. Mutmaßliche Aminosäure-Reste, die zur katalytischen Triade gehören, sind durch Pfeile bezeichnet. Zu Referenzen, vgl. Abb. 7 in Eulberg et al., eingereicht 2 [Anhang 3].

der nur ungefähr 10 kDa großen Untereinheiten dieser Enzyme ist zudem stark konserviert (z.B. Aminosäuren an Pos. 36 bis 41 und 83 bis 88 im Gesamtalignment Abb. 6 in Eulberg et al., 1997 [Anhang 1]).

Angesichts der zunehmenden Komplexität der Alignments der jeweiligen Enzyme durch die immer größere Anzahl an verfügbaren Sequenzen erscheint es jedoch sinnvoll, Primer zu entwerfen, die gleichzeitig taxon- und funktionsspezifisch sind. Denkbar sind z.B. vier Primerpaare für Brenzkatechin-Dioxygenasen aus Proteobakterien, Brenzkatechin-Dioxygenasen aus Gram-positiven Bakterien, Chlorbrenzkatechin-Dioxygenasen aus Proteobakterien und Chlorbrenzkatechin-Dioxygenasen aus Gram-positiven Bakterien.

Über die Verwendung von Sequenzinformationen für molekularökologische Untersuchungen hinaus stellen die durch funktionelle Konvergenz entstandenen Aromatenstoffwechsel-Enzyme aus *R. opacus* 1CP wertvolle Modelle für strukturelle Untersuchungen über Adaptation von Enzymen an halogenierte Substrate dar. Proteine aus Gram-positiven Organismen haben offenbar das gleiche Ziel, nämlich

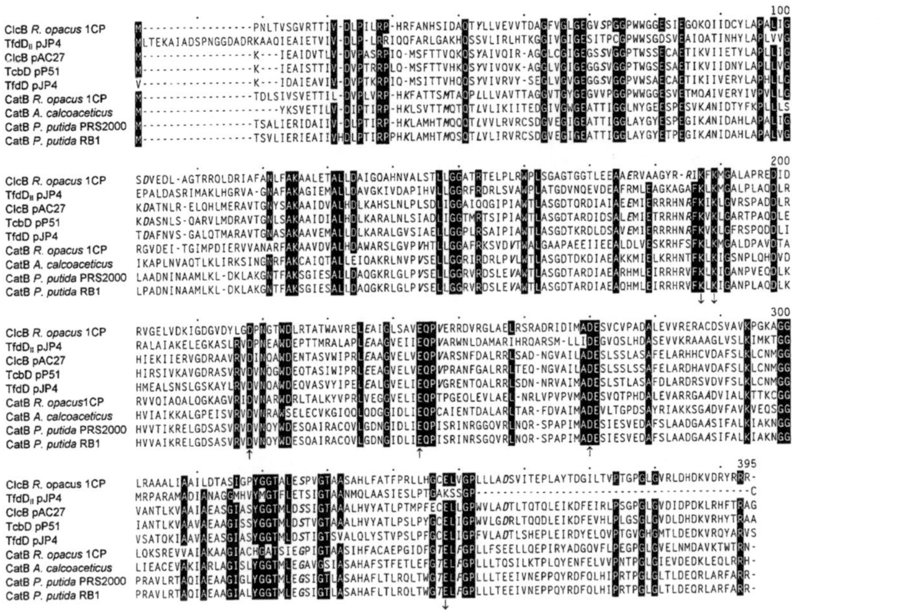

Abb. 8: Von CLUSTAL kalkuliertes Sequenzalignment von Muconat-Cycloisomerasen (CatB), Chlormuconat-Cycloisomerasen (TfdD, ClcB, TcbD) und einer Cycloisomerase mit unbekannter Biochemie ($TfdD_{II}$). Zahlen über des Sequenzen beziehen sich auf Positionen im Alignment, nicht in individuellen Sequenzen. Aminosäuren an Positionen, an denen mindestens acht von neun Sequenzen identisch sind, sind schwarz unterlegt. Aminosäuren, die bei allen Muconat-Cycloisomerasen gleich, aber in allen Chlormuconat-Cycloisomerasen unterschiedlich sind, sind fett-kursiv ($TfdD_{II}$ wurde nicht berücksichtigt). Aspartat- und Glutamat-Reste, die an der Koordination von Mangan beteiligt sind, sind durch aufwärts zeigende, Lysin- und Glutamat-Reste, die direkt am Enzymmechanismus mitwirken, durch abwärts zeigende Pfeile dargestellt. Zu Referenzen vgl. Abb. 4 in Eulberg et al., eingereicht 2 [Anhang 3].

die Fähigkeit zu effizientem Umsatz von chlorierten Substraten, auf anderem Wege erreicht als die Proteobakterien. Daher könnten aus Röntgenstrukturen und Sequenzen der *Rhodococcus*-Enzyme leichter Schlüsse darüber gezogen werden, ob bestimmte konservierte Reste tatsächlich katalytisch bedeutsam sind oder ob sie nur "zufällig" erhalten geblieben sind. Durch Versuche zur Überexpression der Muconat- und Chlormuconat-Cycloisomerasen wurde angestrebt, eine bessere Basis für Kristallisationsexperimente zu schaffen und damit einen strukturanalytischen Zugang zu ermöglichen (Eulberg & Schlömann [Anhang 6]).

Daneben ergaben sich schon bei Sequenzvergleichen eine Reihe von Positionen, die bei sämtlichen Chlormuconat-Cycloisomerasen konserviert sind, jedoch bei keiner Muconat-Cycloisomerase auftauchen, und umgekehrt (Abb. 8; vgl. Abb. 4 in Eulberg et al., eingereicht 2, [Anhang 3]). Solche Positionen wären gute Ansatzpunkte, um durch zielgerichtete Mutagenese Punktmutationen zu erzeugen und über die biochemische Analyse solcher mutierten Proteine aufschlußreiche Daten zu erhalten.

3. Besonderheiten bei der genetischen Organisation von *R. opacus* 1CP

3.1 Die 3-Oxoadipatenollacton-Hydrolase und 4-Carboxymuconolacton-Decarboxylase von *R. opacus* 1CP – ein natürliches Fusionsprotein

Wie bereits erwähnt wurde, war – ausgehend von gereinigtem 3-Oxoadipatenollacton-hydrolysierendem Enzym – ein Cluster von Protokatechuat-abbauenden Genen kloniert und anschließend sequenziert worden (Eulberg et al., eingereicht 1 [Anhang 2]). Zur Reinigung dieses Enzyms wurden Benzoat-gezogene Zellen von *R. opacus* 1CP verwendet. Rann und Cain (1973) bzw. Cain (1981) hatten behauptet, daß in *"Nocardia" opaca* (*R. opacus*) zwei unterschiedliche 3-Oxoadipatenollacton-Hydrolasen für die beiden Zweige des 3-Oxoadipat-Weges induziert seien, die sich bezüglich ihrer Denaturierungskinetiken, ihrer K_m-Werte, und ihres Verhaltens bei der Gelfiltration unterschieden. Die Entdeckung, daß das Gen des beim Wachstum auf Benzoat induzierten 3-Oxoadipatenollacton-hydrolysierenden Enzyms von *R. opacus* 1CP im Kontext der *pca*-Gene (d.h. des Protokatechuat-Zweiges des 3-Oxoadipat-Weges) steht, war daher unerwartet. Ob die Diskrepanz zwischen den Ergebnissen aus der Untersuchung von *R. opacus* 1CP und denen von Cains Arbeitsgruppe von der Arbeit mit unterschiedlichen Stämmen herrührt oder mit anderen Faktoren zusammenhängt, konnte nicht geklärt werden.

Es wurde zwar keine ungewöhnliche Ähnlichkeit des 3-Oxoadipatenollacton-hydrolysierenden Enzyms von *R. opacus* 1CP mit den Dienlacton-Hydrolasen des Chlorbrenzkatechin-Katabolismus beobachtet (Eulberg et al., eingereicht 1 [Anhang 2]). Das für dieses Enzym kodierende Gen jedoch ist im Vergleich mit den Genen, die für andere Enollacton-Hydrolasen in *A. calcoaceticus* oder *Bradyrhizobium japonicum* kodieren (Hartnett & Ornston, 1994; Shanley et al., 1994; Bedmar, 1996 [Genbank-Zugangsnummer Y10223]), auffällig lang (1,2 kb statt ca. 0.8 kb). Die Länge des Gens steht im Einklang mit der durch SDS-Polyacrylamidgel-Elektrophorese bestimmten molekularen Masse der Untereinheiten von 42 kDa, was beträchtlich größer ist als die Molekülmassen der Enollacton-Hydrolasen von *P. putida* und *A. calcoaceticus* mit 30 - 33 kDa (Mc Corkle et al., 1980; Yeh & Ornston,

1984). Sequenzvergleiche zeigten darüber hinaus, daß die aminoterminal gelegenen zwei Drittel des Gens homolog zu Enollacton-Hydrolasen sind, das carboxyterminale Drittel dagegen homolog zu 4-Carboxymuconolacton-Decarboxylasen ist (Abb. 9). Tatsächlich konnte die Decarboxylase-Aktivität weder durch Anionenaustausch-Chromatographie, noch mittels hydrophober Interaktions-Chromatographie von der Enollacton-Hydrolase-Aktivität getrennt werden. Das 3-Oxoadipatenollacton-hydrolysierende Enzym von *R. opacus* 1CP ist daher offensichtlich mit dem 4-Carboxymuconolacton-decarboxylierenden Enzym fusioniert. Zur Unterscheidung von normalen Enollacton-Hydrolasen bzw. Carboxymuconolacton-Decarboxylasen wurde das neu entdeckte Fusionsprotein PcaL genannt. PcaL katalysiert zwei beim Abbau von Protokatechuat aufeinanderfolgende Reaktionsschritte, die Decarboxylierung von 4-Carboxymuconolacton und die Hydrolyse des daraus resultierenden 3-Oxoadipatenollactons.

Im Gegensatz zu den Verhältnissen bei *R. opacus* 1CP sind die proteobakteriellen 4-Carboxymuconolacton-Decarboxylasen (Ornston, 1966; Yeh et al., 1981) nicht Teil eines größeren Enzyms mit zusätzlicher hydrolysierender Aktivität. Da der prinzipielle evolutionäre Trend von einfachen zu komplexeren Enzymen geht und weil Genfusionen eine wichtige Rolle in diesem Prozeß spielen (Bork, 1992; Jensen, 1996; Schulz & Schirmer, 1979), kann die Situation in Proteobakterien als die ursprünglichere angesehen werden. Daraus folgt, daß während der Evolution der Protokatechuat-Weges von *Rhodococcus* die ursprünglich getrennt vorkommenden Gene *pcaD* und *pcaC* zu einem einzigen, neuen Gen fusioniert worden sind, dessen Produkt beide Aktivitäten vereint. Ein Grund, weshalb die Verschmelzung von Enzymen, die aufeinanderfolgende Reaktionen katalysieren, deren Trägern Vorteile bringen kann, ist die Minimierung der Diffusionsdistanz von einer "active site" zur nächsten. Falls diese Distanzen, wie für den 3-Oxoadipat-Weg vorgeschlagen, bereits in Form eines Multienzymkomplexes optimiert sein sollten (Meagher et al., 1972), könnte die Fusion zweier Komponenten zu einem Polypeptid einen solchen, losen Komplex in irgendeiner Weise stabilisieren.

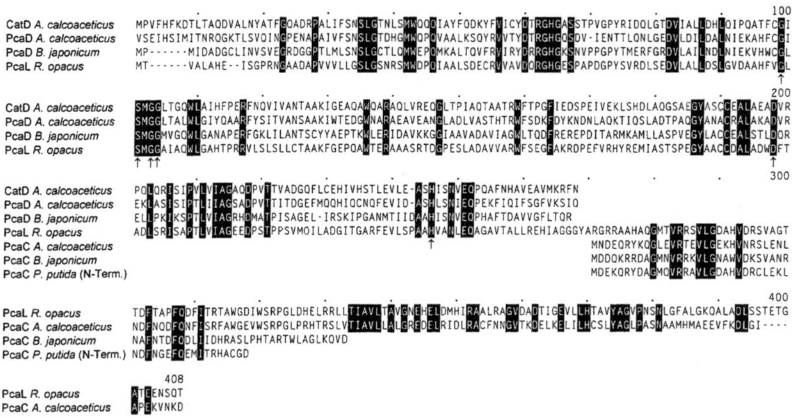

Abb. 9: Sequenzalignment der 3-Oxoadipatenollacton-Hydrolase:4-Carboxymuconolacton-Decarboxylase PcaL von *R. opacus* 1CP mit den 4-Carboxymuconolacton-Decarboxylasen PcaC von *A. calcoaceticus* und *B. japonicum* (Bedmar, 1996; Hartnett et al., 1990), dem N-Terminus von PcaC aus *P. putida* (Yeh et al., 1980) sowie den 3-Oxoadipatenollacton-Hydrolasen PcaD von *B. japonicum* und PcaD und CatD von *A. calcoaceticus* (Bedmar et al., 1996; Hartnett & Ornston, 1994; Shanley et al., 1994). Positionen, die in allen verglichenen Sequenzen identisch sind, sind schwarz hinterlegt. Mögliche Aminosäure-Reste einer katalytischen Triade der Hydrolasen (Hartnett & Ornston, 1994; Ollis et al., 1992) sind durch Pfeile markiert. Die Numerierung über den Sequenzen entspricht den Positionen im Alignment, nicht in einzelnen Sequenzen.

Die Fusion von *pcaD* mit *pcaC* wäre ohne größere Umordnungen sowohl im γ-Proteobakterium *Pseudomonas putida* als auch in den α-Proteobakterien *Agrobacterium tumefaciens* oder *Bradyrhizobium japonicum* möglich, wo *pcaD* in demselben Operon direkt von *pcaC* gefolgt wird (Hughes et al., 1988; Parke, 1997; Bedmar, 1996). Auch in *A. calcoaceticus* wird *pcaD* von *pcaC* gefolgt, allerdings mit der Abweichung, daß die beiden Gene von *pcaK*, dem Gen für ein Transportprotein, voneinander getrennt werden (Kowalchuk et al., 1994). Um zu einem funktionellen Fusionsprotein zu kommen, war es offensichtlich nicht notwendig, größere Loops einzufügen, um beide Aktivitäten zu kombinieren.

3.2 Die Gene des Chlorbrenzkatechin-Katabolismus – möglicherweise Teile eines katabolen Transposons auf einem linearen Megaplasmid

Im Rahmen der molekulargenetischen Untersuchungen konnte durch "pulsed-field gel electrophoresis" (PFGE) im Stamm *R. opacus* 1CP die Präsenz des linearen Megaplasmids p1CP (720 kb) nachgewiesen werden (Eulberg et al., in Vorbereitung [Anhang 5]). Bis zu 1.100 kb große, lineare extrachromosomale Elemente wurden bisher in einigen *Rhodococcus*-Stämmen beschrieben (Tabelle 1). Durch Hybridisierungsexperimente sowie durch PCR konnte gezeigt werden, daß sich die Gene des Chlorbrenzkatechin-Katabolismus von *R. opacus* 1CP, *clcA*, *clcB* und *clcD*, sowie dasjenige der Maleylacetat-Reduktase, *macA*, auf p1CP befinden (Eulberg et al., in Vorbereitung [Anhang 5]). Dies war nicht überraschend, da sich Gene, welche besondere Stoffwechselleistungen von bestimmten *Rhodococcus*-Stämmen ermöglichen, oft auf Plasmiden befinden (Tab. 1). Zu solchen katabolischen Besonderheiten zählt beispielsweise die Fähigkeit zum autotrophen Wachstum (Kalkus et al., 1990; 1993) sowie zum Wachstum auf aromatischen Substraten wie Isopropylbenzol (Dabrock et al., 1994; Kesseler et al., 1996) oder Biphenyl (Masai et al., 1997). Auch die bereits erwähnten proteobakteriellen Gene des Chlorbrenzkatechin-Katabolismus sind auf Plasmiden, allerdings auf zirkulären wie pAC27, pJP4, pP51 oder pEST4011 kodiert.

Die Genanordnung des Chlorbrenzkatechin-Clusters auf p1CP ist eher ungewöhnlich und weicht stark von der archetypischen Anordnung, wie sie auf pAC27, pP51, und pJP4 vorgefunden wird, ab (Abb. 2 und 4): Das Gen für die Chlormuconat-Cycloisomerase *clcB* wird divergent von *clcRAD* transkribiert (Abb. 4); ein mit diesem Cluster direkt assoziertes Maleylacetat-Reduktase-Gen, wie es bei vielen bisher bekannten Chlorbrenzkatechin-Genclustern gefunden wurde, konnte bisher nicht detektiert werden. Der *clc*-Gencluster von *R. opacus* 1CP wird vielmehr auf beiden Seiten von Elementen begrenzt, die große Ähnlichkeit mit Strukturen von Transposons aus verschiedenen Organismen aufweisen (Eulberg et al., eingereicht 2 [Anhang 3]; S. Lakner, pers. Mitt.); ähnliches gilt für das Maleylacetat-Reduktase-Gen *macA* (Seibert, 1997). Stromabwärts von *clcD* wurde z.B. ein offener Leserahmen gefunden, dessen Produkt 42,2% identische Positionen mit einem

Tabelle 1. Plasmide aus Rhodococcen und Nocardien

Plasmid	Stamm	Größe (kb)	Topologie	kodierte Eigenschaften	Referenz
p1CP	*R. opacus* 1CP	720	linear	Chlorbrenzkatechin-Katabolismus	Eulberg et al., in Vorbereitung [Anhang 5]
pHG201	*R. opacus* MR11	270	linear	Aututrophie (Wachstum mit H_2 und CO_2)	Kalkus et al., 1990
pBD2	*R. erythropolis* BD2	208	linear	Abbau von Isopropylbenzol und Trichlorethen; Resistenz gegen As und Hg	Dabrock et al., 1994
pFiD188	*R. fascians* D188	200	linear	Cytokinin-Synthase (induziert Gallenbildung bei Dikotyledonen)	Crespi et al., 1992
unbenannt	*Rhodococcus* sp. Stamm RHA1	1.100	linear	Weg für Biphenyl/PCB-Katabolismus über *meta*-Spaltung	Masai et al., 1997
pTA421	*R. erythropolis* TA421	ca. 500	vermutl. linear	Biphenyl-Abbau	Kosono et al., 1997
pLP6, pSP6	*R. globerulus* P6	650, 350	vermutl. linear	Biphenyl-Abbau	Kosono et al., 1997
pSOX	*Rhodococcus* sp. Stamm IGTS8	150	zirkulär	Schwefel-Oxidation in Dibenzothiophen	Denis-Larose et al., 1997
pRTL1	*R. rhodochrous* NCIMB13064	ca. 100	nicht untersucht	Dehalogenierung von kurzkettigen 1-Chloralkanen	Kulakova et al., 1995
pTC1	*R. rhodochrous* CTM	111	nicht untersucht	Zwei Brenzkatechin-2,3-Dioxygenasen	Schreiner et al., 1991; Candidus et al., 1994
pREAT701	*R. equi* ATCC33701	86	nicht untersucht	Virulenz-assoziiert	Kanno et al., 1993
unbenannt	*Rhodococcus* sp. Stamm TE1	77	nicht untersucht	Abbau von Atrazin	Bekhi et al., 1993
pMEA100	*Amycolatopsis (Nocardia) mediterranei* LBG A3136	23.7	zirkulär	plasmidtragende Stämme unterscheiden sich in Koloniemorphologie; vermutlich Fertilitätsfaktor	Moretti et al., 1985

vermutlich für eine Transposase kodierenden Gen von Tn*4811* aus *Streptomyces lividans* bzw. 38% mit einem Gen von IS*1031*C von *Acetobacter xylinum* aufweist (Chen et al., 1992; Coucheron, 1993). Durch Vergleiche der "inverted repeats" von IS*1031*C mit der Nukleotidsequenz um *clcRAD* konnten zwischen *clcB* und *clcR* einerseits sowie direkt hinter dem mutmaßlichen Transposasegen stromabwärts von *clcD* unvollkommene "terminal repeats" gefunden werden (Abb. 4; vgl. Eulberg et al., eingereicht 2 [Anhang 3]). Vor diesem Hintergrund scheint es nicht unwahrscheinlich, daß die Chlorbrenzkatechin-Gene auf p1CP Teil eines transponierbaren Elements sind.

Im Genus *Rhodococcus* wurde bis heute nur von wenigen Insertionselementen (IS-Elementen) berichtet (Tabelle 2), doch lediglich für eines davon konnte tatsächlich Transposition gezeigt werden. Transposons dagegen, von denen manche katabole Gene enthalten (Wyndham et al., 1994; Tsuda, 1996), sind in Rhodococcen noch keine bekannt. Die katabolen Transposons Tn*5271* auf pBRC60 von *Alcaligenes* sp. Stamm BR60 bzw. Tn*5280* auf pP51 aus *Pseudomonas* sp. Stamm P51 beispielsweise tragen Gene für den Chloraromatenabbau (Nakatsu et al., 1991; van der Meer et al., 1991d). Es wäre sicherlich interessant, etwas über die Rolle der mutmaßlichen transponierbaren Elemente von *R. opacus* 1CP in der Nähe der Chlorbrenzkatechin-Gene bei Rekombinationsprozessen zu erfahren, da mobile genetische Elemente wie Transposons und IS-Elemente viel zur genetischen Plastizität beitragen können. Inwiefern das Auftreten von Phasenvariationen bei *Rhodococcus*-Stämmen (Golovlev, 1995; vgl. Abschnitt 4.2) mit genetischen Umordnungen einhergeht, ist noch unklar.

Tabelle 2. Insertionssequenzen aus Rhodococcen und Nocardien

Stamm	Name	Referenz
Rhodococcus sp. Stamm IGTS8	IS*1166*	Denome & Young, 1995
Rhodococcus sp. Stamm IGTS8	IS*1295*	Denome & Young, 1995
R. rhodochrous J1	IS*1164*	Komeda et al., 1996
R. erythropolis NI86/21	IS*1415*	Nagy et al., 1997
R. fascians DSM20131	IS-*Rf*	Jäger et al., 1995
Nocardia asteroides (*mexicana*) YP21	IS*204*	Yao et al., 1994

3.3 Ist in *Rhodococcus* ein besonderer Rekombinationsmechanismus aktiv?

Die Gattung *Rhodococcus* ist metabolisch äußerst vielseitig (Finnerty, 1992; Warhurst & Fewson, 1994). Im Gegensatz zu den auch biotechnologisch bedeutenden Streptomyceten, die wie die Rhodococcen zu den Actinomyceten zählen, sind Rhodococcen auf genetischer Ebene bisher jedoch kaum erforscht worden. Das Genom von Streptomyceten weist eine äußerst große Plastizität auf. Genumordnungen in größerem Ausmaß sowie Amplifikationen wurden bei dieser Organismengruppe bereits häufig beschrieben, genetische Instabilität ist bei Streptomyceten offensichtlich weit verbreitet (Altenbuchner, 1994). Rearrangements, die auf Ähnlichkeiten zwischen Rhodococcen und Streptomyceten bezüglich ihrer genomischen Plastizität hinweisen könnten, wurden von Kulakova et al. (1996; 1997) bei *R. rhodochrous* NCIMB 13064, vermutlich in der Region des Haloalkan-Dehalogenase-Gens *dhlA* auf dem Plasmid pRTL1, beobachtet.

Versuche, das mutmaßliche Regulator-Gen *catR* durch homologe Rekombination zu zerstören, um eine CatR-defiziente Mutante vom Stamm 1CP zu erhalten, gelangen im Rahmen dieser Arbeit nicht. Statt einem unterbrochenen *catR* waren in allen untersuchten Mutanten ein defektes und ein intaktes *catR* zu finden (Eulberg & Schlömann, eingereicht [Anhang 4]). Dieser Befund kann auf Einbau des kompletten verwendeten Suizid-Plasmids durch Einfach-"crossover" hinweisen. Die fraglichen Mutanten können aber auch durch illegitime Rekombination entstanden sein: Bei Untersuchungen von Desomer et al. (1991) integrierte ein nicht-homologer Vektor in *R. fascians* illegitim an verschiedenen Stellen im Chromosom. Auch die Erkenntnisse aus gescheiterten Versuchen von Barnes et al. (1997), eine Insertionsmutante von *R. globerulus* PWD1 durch homologe Rekombination zu erhalten, deuten auf illegitime Rekombination des verwendeten Suizid-Plasmids im bakteriellen Chromosom hin. Illegitime Rekombination ist definiert als DNA-Rearrangement, welches zu einer kovalenten Verbindung von nichthomologen und vorher nicht verbundenen DNA-Segmenten führt und bei dem keine transponierbaren genetischen Elemente beteiligt sind. Sie kann zu Deletionen, Duplikationen, Translokationen und Insertionen führen. Versuche mit bestimmten, pathogenen Mykobakterien, die wie die Rhodococcen zu den nocardioformen Actinomyceten zählen, haben gezeigt, daß illegitime Rekombination bei diesen Organismen recht häufig vorkommt (Aldovini et al., 1993; Kalpana et al., 1991; Balasubramanian et al., 1996; Navas, 1996).

Das Gen des RecA-Protein, welches bei *E. coli* und anderen Bakterien an der homologen Rekombination beteiligt ist, hat z.B. in *Mycobacterium tuberculosis* und *M. leprae* eine recht ungewöhnliche Struktur. Es ist von einem offenen Leserahmen unterbrochen, der für ein "Intein" kodiert (Davis et al., 1991; Colston & Davis, 1994). Wenn dieses "Intein" exprimiert wird, spleißt es posttranslational aus dem 85 kDa-RecA-Vorläuferprotein das reife, funktionelle RecA (38 kDa) heraus. Für RecA-defiziente *E. coli*-Stämme, die mit dem Intein-unterbrochenen RecA aus *M. tuberculosis* komplementiert wurden, war effizientes Spleißen essentiell für homologe Rekombination. Es ist daher denkbar, daß das Spleißen des RecA-Vorläufers einen neuen Mechanismus für die Regulation der RecA-Aktivität in der Zelle darstellt (Colston & Davis, 1994).

Ob die Tatsache, daß es bislang nicht möglich war, von *R. opacus* 1CP CatR-defiziente Mutanten durch homologe Rekombination zu erhalten (Eulberg & Schlömann, eingereicht [Anhang 4], damit zusammenhängt, daß auch bei Rhodococcen ein irgendwie auszuschaltendes Rekombinationssystem vorliegt, ist bisher völlig offen.

4. Ungewöhnliche Regulation von Stoffwechselaktivitäten in *Rhodococcus*

4.1 An *R. opacus* 1CP hinsichtlich der Regulation beobachtete Besonderheiten

Die Gene des Brenzkatechin- sowie des Chlorbrenzkatechin-Katabolismus werden bei den bisher daraufhin untersuchten Proteobakterien von Aktivatorproteinen reguliert, die Mitglieder der LysR-Familie sind (Neidle et al., 1989; Romero-Arroyo et al., 1995; Kõiv et al., 1996; Leveau et al., 1994; Rothmel et al., 1990; Houghton et al., 1995; van der Meer et al., 1991c; Coco et al., 1993; Streber et al., 1987; Matrubutham & Harker, 1994; You & Ghosal, 1995). Es war daher recht erstaunlich, daß das mutmaßliche regulatorische Gen *catR*, welches sich stromaufwärts von *catA* befindet, eindeutig kein Protein der LysR-Familie von Transkriptionsaktivatoren kodiert. CatR zeigt vielmehr wie die Regulatoren des Protokatechuat-Katabolismus große Ähnlichkeit zu Mitgliedern der anscheinend weniger weit verbreiteten PobR-Unterfamilie der Regulatorproteine vom IclR-Typ (Eulberg & Schlömann, eingereicht [Anhang 4]). In *A. calcoaceticus* sind Mitglieder dieser Unterfamilie (PcaU und PobR) an der Regulation der Protokatechuat-katabolen Gene und von *pobA*, dem Gen der 4-Hydroxybenzoat-Hydroxylase beteiligt (DiMarco et al., 1993; Gerischer et al., 1993). In *P. putida* reguliert PcaR die Expression von Protokatechuat-Genen (Romero-Steiner et al., 1994), und in *R. opacus* 1CP wurde mit *pcaR* ein offener Leserahmen gefunden, der für ein ähnliches Protein kodiert und der ebenfalls mit *pca*-Genen assoziiert ist (Eulberg et al., eingereicht 1 [Anhang 2]). In *Agrobacterium tumefaciens* reguliert das IclR-Typ-Protein PcaR die Transferase PcaIJ (Parke, 1996b), während Proteine vom AraC- und vom LysR-Typ *pobA* bzw. die restlichen *pca*-Gene regulieren (Parke, 1996a; 1996b; 1997).

Außer dem *cat*-Gencluster von *R. opacus* 1CP enthalten, wie bereits erwähnt, sämtliche Brenzkatechin- und Chlorbrenzkatechin-Gencluster einen Regulator vom LysR-Typ. Diese Situation scheint daher die ursprüngliche zu sein. Nach der Divergenz der *cat*-Gene in *Rhodococcus* von anderen *cat*- und *clc*-Genen ist der ursprüngliche LysR-Regulator demnach durch einen aus der PobR-Subfamilie der Regulatoren vom IclR-Typ ersetzt worden. Innerhalb dieser Familie ähnelt CatR von *R. opacus* 1CP mehr PcaR von *R. opacus* 1CP und von *P. putida* als PcaU und

PobR von *A. calcoaceticus* (Abb. 10; Referenzen vgl. Abb. 6 in Eulberg & Schlömann, eingereicht [Anhang 4]).

Um zu prüfen, ob irgendwelche funktionellen Notwendigkeiten den Wechsel des Regulatoren-Typs ausgelöst haben, wurde die Induktion der ringspaltenden Enzyme bei Wachstum von *R. opacus* 1CP auf verschiedenen Substraten untersucht (Eulberg & Schlömann, eingereicht [Anhang 4]). Wie schon Cain (1981) für seinen *"Nocardia" opaca*-Stamm beobachtet hatte, wird die Protokatechuat-3,4-Dioxygenase anscheinend von einem Metaboliten des "unteren" 3-Oxoadipat-Weges, also 3-Oxoadipatennollacton oder 3-Oxoadipat, induziert. Die Brenzkatechin-1,2-Dioxygenase dagegen wird offenbar von einem Metaboliten induziert, der nur im Brenzkatechinzweig auftritt, also entweder *cis,cis*-Muconat oder (+)-Muconolacton. *cis,cis*-Muconat scheint der Induktor der Enzyme des Brenzkatechin-Katabolismus in *P. putida*, *A. calcoaceticus* und einer Reihe anderer Bakterien zu sein (Rothmel et al., 1990; Cánovas & Stanier, 1967; Harwood & Parales, 1996). Es gibt daher keinen Hinweis darauf, daß der Ersatz eines älteren Regulators vom LysR-Typ nötig gewesen sein sollte, um eine Regulation durch einen neuen Effektor zu erreichen. Es ist jedoch bemerkenswert, daß das Verzweigungsmuster des Dendrogramms von Regulatoren der PobR-Unterfamilie anscheinend die Natur des jeweiligen Coinduktors widerspiegelt (Abb. 10): Die Coinduktoren von PcaU und PobR aus *A. calcoaceticus* sind die aromatischen Substrate Protokatechuat bzw. 4-Hydroxybenzoat (Cánovas et al., 1968; DiMarco & Ornston, 1993). Im Gegensatz dazu werden beide Regulatoren von *R. opacus* 1CP sowie PcaR von *P. putida*, die einen eigenen Ast im Dendrogramm bilden, von nicht-aromatischen Verbindungen induziert (3-Oxoadipat für PcaR von *P. putida* [Harwood et al., 1994], 3-Oxoadipat oder dessen Enollacton für PcaR von *R. opacus* 1CP und *cis,cis*-Muconat oder (+)-Muconolacton für CatR von *R. opacus* 1CP).

Recht ungewöhnlich im Hinblick auf die Regulation des Aromatenabbaus bei *Rhodococcus* ist auch die Anordnung von *pcaR*, dem mutmaßlichen Regulatorgen des *pca*-Genclusters, zwischen den Enzym-kodierenden Genen. Das *pcaR*-Gen überlappt *pcaL* um vier Basenpaare, was nahelegt, daß diese Gene zusammen

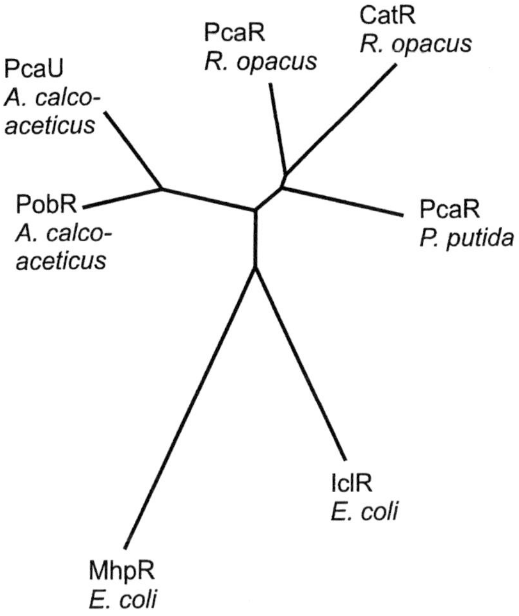

Abb. 10: Dendrogramm von CatR und PcaR aus *R. opacus* 1CP sowie von IclR-Regulatoren, die an der Regulation des 3-Oxoadipat-Weges beteiligt sind. Weitere Details, vgl. Abb. 8 in Eulberg & Schlömann, eingereicht (Anhang 4).

transkribiert werden und womöglich sogar gekoppelt translatiert werden (Normark, et al., 1993; van de Guchte et al., 1991). Im Gegensatz dazu werden *pcaU* von *A. calcoaceticus* und *pcaR* von *A. tumefaciens* divergent von den restlichen *pca*-Genen transkribiert (Gerischer et al., 1993; Parke, 1997), während in *P. putida pcaR* zwar in derselben Richtung wie die *pca*-Gene transkribiert wird, jedoch über 400 bp davon entfernt ist (Harwood et al., 1994; Romero-Steiner et al., 1994). Aktivatoren von katabolen Stoffwechselwegen, wie z.B. viele Regulatoren vom LysR-Typ, reprimieren oft ihre eigene Bildung auf Transkriptionsebene und halten so ihre eigene Konzentration in der Zelle konstant (Schell, 1993). Transkriptionale Repression des eigenen Gens wurde auch für die Regulatoren vom IclR-Typ PobR (DiMarco & Ornston, 1994), PcaR (Houghton, pers. Mitteilung), und PcaU (Popp et al., 1997) beobachtet. Obwohl die Gene eines Operons im Prinzip zusätzlich auch separat transkribiert werden können, wie bei *catA* von *P. putida* (Houghton & Shanley, 1994), legt die genetische Organisation der *pca*-Gene von *R. opacus* 1CP auf den ersten Blick nahe, daß *pcaR* mit den Enzym-kodierenden Genen cotranskribiert wird. Dies würde sich in sehr stark variierenden Mengen an Regulatorprotein in der Zelle auswirken. Eine ähnliche genetische Organisation liegt bei *R. globerulus* PWD1 vor, wo das Transporter-Gen *hppK* und das Regulator-Gen *hppR* direkt hintereinander liegen. Reverse Transkriptase-PCR-Experimente haben gezeigt, daß die Gene tatsächlich zusammen transkribiert werden (Barnes et al., 1997). Es wäre zweifellos sehr interessant, detailliert zu untersuchen, wie die *pca*-Gene von *R. opacus* reguliert werden.

4.2 Spiegeln die ungewöhnlichen regulatorischen Elemente von *R. opacus* 1CP die Stellung dieses Bakteriums im Ökosystem wider?

Es gibt zwei grundsätzliche Strategien, durch die Bakterien das Überleben ihrer Art zu sichern versuchen. Bezüglich dieser Überlebensstrategien lassen sie sich in zwei Gruppen einteilen: Die opportunistischen R-Strategen, welche unter günstigen Umständen in der Lage sind, schnell zu wachsen und die K-Strategen, deren Angehörige vielfältigere Fähigkeiten besitzen, dafür aber auch unter besten Bedingungen nicht so schnell wachsen. Neben einer niedrigen Wachstumsrate sind für solche Organismen außerdem hohe Affinität zum Substrat sowie hohe Persistenz charakteristisch (Warhurst & Fewson, 1994; Slater & Lovatt, 1984; Williams, 1985). Eine andere Einteilung ist die in autochthone beziehungsweise allochthone (zymogene) Organismen. Autochthone Organismen sind in einem Ökosystem immer präsent, während allochthone erst bei leichter Verfügbarkeit von Nährstoffen in großer Anzahl anzutreffen sind (Winogradsky, 1924). Es besteht offensichtlich ein enger Zusammenhang zwischen K-Strategie und Autochthonie bzw. zwischen R-Strategie und Allochthonie (Williams, 1985).

Die Persistenz, also die Befähigung zum Überleben von langen Hunger- oder Trockenheitsperioden ist ein Merkmal für K-Strategen. Da Rhodococcen relativ langsam wachsen und viele Rhodococcen in der Lage sind, monatelange Hungerperioden unbeschadet zu überleben (Robertson & Batt, 1973; Koronelli et al.,

1988), zählen die Rhodococcen als K-Strategen zur autochthonen Bodenmikroflora (Cain, 1981; Robertson & Batt, 1973). Sie sind an ungünstige und instabile Umweltverhältnisse angepaßt und sind in der Lage, eine Vielzahl von Verbindungen zum Wachstum zu nutzen (Warhurst & Fewson, 1994). Die Anzahl an Zellen einer Art ist üblicherweise eher niedrig, aber stabil (Golovlev, 1995).

Zur Charakterisierung von Rhodococcen als autochthone Organismen paßt auch, daß sie kaum Katabolitrepression durch Glucose zeigen (Warhurst & Fewson, 1994; Golovlev, 1995). Die Katabolitrepression ermöglicht es vor allem allochthonen Bakterien, beispielsweise in Gegenwart von (sehr leicht verwertbarer) Glucose besonders schnell zu wachsen, indem der momentan nicht ganz so effektive Katabolismus von anderen Substraten gedrosselt wird. Bis zu einem molaren Verhältnis von 2:1 (Glucose : Benzoat bzw. 4-Hydroxybenzoat) im Wachstumsmedium konnte eine Zunahme der spezifischen Aktivitäten der Enzyme des 3-Oxoadipat-Weges von *"Nocardia" opaca* (*R. opacus*) bei zunehmender Glucose-Konzentration gemessen werden; erst bei einem größeren Verhältnis zugunsten der Glucose nahmen die spezifischen Aktivitäten ab (Cain, 1981). Der Umsatz von 2- oder 3-Chloranilin durch *Rhodococcus* sp. Stamm An 117 kann durch Zugabe von 0.5 g/l Glucose sogar auf das Zehn- bis Zwanzigfache gesteigert werden (Schukat et al., 1983). Schließlich wurde auch beim Stamm *R. minimus* IBFM B-293 ein nur schwach ausgeprägter Glucose-Effekt beobachtet: Während unitrophen Wachstums nahm eine Kultur dieses Stammes organische Säuren weitaus schneller auf als Glucose und zeigte bei organischen Säuren darüberhinaus keine lag-Phase. Bei mixotrophem Wachstum mit zwei Substraten (Glucose + organische Säure) wurde in den meisten Fällen die simultane Aufnahme beider Substrate beobachtet. Von niedrigen Konzentrationen an organischer Säure wurde die Aufnahme von Glucose stimuliert, von hohen dagegen gehemmt (Baryshnikova et al., 1985; Golovlev, 1995). Baryshnikova et al. (1986) schlugen zwei Transportsysteme für Glucose für diesen Stamm vor: Eines wird von hohen Glucose-Konzentrationen inhibiert, das andere dagegen zeichnet sich durch geringe Effizienz aus. Dieses zweite Transportsystem führt bei großem Angebot an Glucose jedoch zu hoher Glucose-Konzentration im Zellinneren, was die Synthese von Reservepolysacchariden stimuliert.

Auch die Aufrechterhaltung von Induktionszuständen in Abwesenheit des Coinduktors scheint bei Rhodococcen anders gesteuert zu sein als bei Proteobakterien: In bestimmten, aus Boden isolierten Stämmen von Rhodococcen wurde festgestellt, daß die Fähigkeit, die Brenzkatechin-1,2-Dioxygenase des 3-Oxoadipat-Weges zu induzieren, nach zwei- bis vierwöchiger Kultivierung in (oligotrophem) Leitungswasser anstieg (Dugan & Golovlev, 1983). Außerdem war dieses Enzym in der Zelle offenbar außergewöhnlich stabil; die Enzymaktivität dieser Dioxygenase blieb während mindestens zweier Wochen Kultivierung in Leitungswasser ohne Induktor auf hohem Niveau erhalten (Cain, 1981; Dugan & Golovlev, 1983).

Ein Adaptationsmechanismus von Rhodococcen besteht in ihrem metastabilen Phänotyp. Vertreter der Art *R. erythropolis* zeigten Phasenvariationen, beispielsweise bezüglich ihrer Fähigkeit, Chlorphenole zu verwerten, oder unter Extrembedingungen zu überleben. Solche Umschaltmechanismen, entweder in Hin- oder in Rückrichtung, treten in einer Häufigkeit auf, die vier- bis fünfmal größer ist als die spontane Mutationsrate (Golovlev, 1995). Das Resultat solcher Phasenvariationen ist eine heterogene Population von Angehörigen eines Stammes aus einzelnen Klonen, jeder mit einer anderen spezifischen Anpassung an die Umwelt (Dybvig, 1993). Dies bedeutet, daß bei plötzlichen Änderungen im Ökosystem immer ein gewisser Prozentsatz an Zellen denjenigen Phänotyp exprimieren kann, der gerade zum Überleben gebraucht wird. Solche Phasenvariationen, die mit genetischen Rearrangements einhergehen, sind vor allem von pathogenen Bakterien bekannt und betreffen hier vornehmlich Antigene auf der Zelloberfläche (Givaudan et al., 1996; Hood et al., 1996; Dybvig & Voelker, 1996).

Die beobachteten regulatorischen Besonderheiten von *R. opacus* 1CP wie der Regulator CatR vom ungewöhnlichen IclR-Typ oder die Stellung von *pcaR* im Gencluster hängen vielleicht mit einer globalen Regulation zusammen, welche typisch für einen autochthonen Mikroorganismus und dessen ökologische Taktik ist. Womöglich sind physiologische Regulation und genetische Variation in solchen Mikroorganismen besonders eng miteinander verflochten. *R. opacus* 1CP könnte daher ein wertvolles Modell sein, um die Frage zu klären, was autochthone Bodenbakterien von allochthonen auf molekularer Ebene unterscheidet.

5. LITERATUR

Aldovini, A., R. N. Husson und R. A. Young. 1993. The *uraA* locus and homologous recombination in *Mycobacterium bovis* BCG. J. Bacteriol. **175:** 7282-7289.

Aldrich, T. L. und A. M. Chakrabarty. 1988. Transcriptional regulation, nucleotide sequence, and localization of the promoter of the *catBC* operon in *Pseudomonas putida*. J. Bacteriol. **170:** 1297-1304.

Altenbuchner, J. 1994. Hohe genetische Instabilität von Streptomyceten durch chromosomale Deletionen und DNA-Amplifikationen. BioEngineering **3/94:** 33-46.

Amy, P. S., J. W. Schulke, L. M. Frazier und R. J. Seidler. 1985. Characterization of aquatic bacteria and cloning of genes specifying partial degradation of 2,4-dichlorophenoxyacetic acid. Appl. Environ. Microbiol. **49:** 1237-1245.

Balasubramanian, V., M. S. Pavelka, Jr., S. S. Bardarov, J. Martin, T. R. Weisbrod, R. A. McAdam, B. R. Bloom und W. R. Jacobs, Jr. 1996. Allelic exchange in *Mycobacterium tuberculosis* with long linear recombination substrates. J. Bacteriol. **178:** 273-279.

Barnes, M. R., W. A. Duetz und P. A. Williams. 1997. A 3-(3-hydroxyphenyl)propionic acid catabolic pathway in *Rhodococcus globerulus* PWD1: cloning and characterization of the *hpp* operon. J. Bacteriol. **179:** 6145-6153.

Baryshnikova, L. M., N. V. Eroshina, N. M. Myasoedova, N. G. Termkhitarova und E. L. Golovlev. 1985. Myxotrophic growth of *Rhodococcus minimus* in a batch culture. Mikrobiologiya **54:** 284-289. (Microbiology **54:** 234-239.)

Baryshnikova, L. M., R. I. Aminov, L. A. Okorokov und E. L. Golovlev. 1986. Transport of glucose and kinetics of the growth of *Rhodococcus minimus*. Mikrobiologiya **54:** 905-909. (Microbiology **54:** 719-723.)

Bedmar, E. J. 1996. Direkte Hinterlegung bei Genbank.

Bekhi, R., E. Topp, W. Dick und P. Germon. 1993. Metabolism of the herbicide atrazine by *Rhodococcus* strains. Appl. Environ. Microbiol. **59:** 1955-1959.

Bhat, M. A., T. Ishida, K. Horiike, C. S. Vaidyanathan und M. Nozaki. 1993. Purification of 3,5-dichlorocatechol 1,2-dioxygenase, a nonheme iron dioxygenase and a key enzyme in the biodegradation of a herbicide, 2,4-dichlorophenoxyacetic acid (2,4-D), from *Pseudomonas cepacia* CSV90. Arch. Biochem. Biophys. **300:** 738-746.

Bork, P. 1992. Mobile motifs and modules. Curr. Opinion Struct. Biol. **2:** 413-421.

Broderick, J. B. und T. V. O'Halloran. 1991. Overproduction, purification, and characterization of catechol 1,2-dioxygenase, a non-heme iron dioxygenase with broad substrate tolerance. Biochemistry **30:** 7349-7358.

Cain, R. B. 1981. Regulation of aromatic and hydroaromatic pathways in nocardioform actinomycetes, S. 335-354. In K. P. Schaal and G. Pulverer (Hrsg.), Actinomycetes. Gustav Fischer Verlag, Stuttgart, New York.

Candidus, S., K.-H. van Pée und F. Lingens. 1994. The catechol 2,3-dioxygenase gene of *Rhodococcus rhodochrous* CTM: nucleotide sequence, comparison with isofunctional dioxygenases and evidence for an active-site histidine. Microbiology **140:** 321-330.

Cánovas, J. L., M. L. Wheelis und R. Y. Stanier, 1968. Regulation of the β-ketoadipate pathway in *Moraxella calcoacetica*. The role of protocatechuate as inducer. Eur. J. Biochem. **3:** 293-304.

Cánovas, J. L. und R. Y. Stanier. 1967. Regulation of the enzymes of the β-ketoadipate pathway in *Moraxella calcoacetica*. 1. General aspects. Eur. J. Biochem. **1:** 289-300.

Chatterjee, D. K. und A. M. Chakrabarty. 1982. Genetic rearrangements in plasmids specifying total degradation of chlorinated benzoic acids. Mol. Gen. Genet. **188:** 279-285.

Chatterjee, D. K. und A. M. Chakrabarty. 1984. Restriction mapping of a chlorobenzoate degradative plasmid and molecular cloning of the degradative genes. Gene **27:** 173-181.

Chen, C. W., T.-W. Yu, H.-M. Chung und C.-F. Chou. 1992. Discovery and characterization of a new transposable element, Tn*4811*, in *Streptomyces lividans* 66. J. Bacteriol. **174:** 7762-7769.

Coco, W. M., R. K. Rothmel, S. Henikoff und A. M. Chakrabarty. 1993. Nucleotide sequence and initial functional characterization of the *clcR* gene encoding a LysR family activator of the *clcABD* chlorocatechol operon in *Pseudomonas putida*. J. Bacteriol. **175:** 417-427.

Coucheron, D. H. 1993. A family of IS*1031* elements in the genome of *Acetobacter xylinum*: nucleotide sequences and strain distribution. Mol. Microbiol. **9:** 211-218.

Colston, M. J. und E. O. Davis. 1994. The ins and outs of protein splicing elements. Mol. Microbiol. **12:** 359-363.

Crespi, M., E. Messens, A. B. Kaplan, M. van Montagu und J. Desomer. 1992. Fasciation induction by the phytopathogen *Rhodococcus fascians* depends upon a linear plasmid encoding a cytokinin synthase gene. EMBO J. **11:** 795-804

Dabrock, B., M. Keßeler, B. Averhoff und G. Gottschalk. 1994. Identification and characterization of a transmissible linear plasmid from *Rhodococcus erythropolis* BD2 that encodes isopropylbenzene and trichloroethene catabolism. Appl. Environ. Microbiol. **60:** 854-860.

Davis, E. O., S. G. Sedgwick und J. M. Colston. 1991. Novel Structure of the *recA* locus of *Mycobacterium tuberculosis* implies processing of the gene product. J. Bacteriol. **173:** 5653-5662.

Denis-Larose, C., D. Labbé, H. Bergeron, A. M. Jones, C. W. Greer, J. Al-Hawari, M. J. Grossman, B. M. Sankey und P. C. K. Lau. 1997. Conservation of plasmid-encoded dibenzothiophene desulfurization genes in several Rhodococci. Appl. Environ. Microbiol. **63:** 2915-2919.

Denome, S. A. und K. D. Young. 1995. Identification and activity of two insertion sequence elements in *Rhodococcus* sp. strain IGTS8. Gene **161:** 33-38.

Desomer, J., M. Crespi und M. Van Montagu. 1991. Illegitimate integration of non-replicative vectors in the genome of *Rhodococcus fascians* upon electrotransformation as an insertional mutagenesis system. Mol. Microbiol. **5:** 2115-2124.

DiMarco, A. A., B. Averhoff und L. N. Ornston. 1993. Identification of the transcriptional activator *pobR* and characterization of its role in the expression of *pobA*, the structural gene for *p*-hydroxybenzoate hydroxylase in *Acinetobacter calcoaceticus*. J. Bacteriol. **175:** 4499-4506.

DiMarco, A. A. und L. N. Ornston. 1994. Regulation of *p*-hydroxybenzoate hydroxylase synthesis by PobR bound to an operator in *Acinetobacter calcoaceticus*. J. Bacteriol. **176:** 4277-4284.

Don, R. H., A. J. Weightman, H.-J. Knackmuss und K. N. Timmis. 1985. Transposon mutagenesis and cloning analysis of the pathways for degradation of 2,4-dichlorophenoxyacetic acid and 3-chlorobenzoate in *Alcaligenes eutrophus* JMP134(pJP4). J. Bacteriol. **161:** 85-90.

Doolittle, R. F. 1994. Convergent evolution: the need to be explicit. Trends Biochem. Sci. **19:** 15-18.

Dorn, E. und H.-J. Knackmuss. 1978a. Chemical structure and biodegradability of halogenated aromatic compounds. Two catechol 1,2-dioxygenases from a 3-chlorobenzoate-grown pseudomonad. Biochem. J. **174:** 73-84.

Dorn, E. und H.-J. Knackmuss. 1978b. Chemical structure and biodegradability of halogenated aromatic compounds. Substituent effects on 1,2-dioxygenation of catechol. Biochem. J. **174:** 85-94.

Dugan, I. N. und E. L. Golovlev. 1983. Induction of dioxygenases of aromatic substrates in rhodococci with limitation of the nutrients. Mikrobiologiya **52:** 951-955. (Microbiology **52:** 751-755.)

Dybvig, K. 1993. DNA rearrangements and phenotypic switching in prokaryotes. Mol. Microbiol. **10:** 465-471.

Dybvig, K. und L. L. Voelker. 1996. Molecular biology of mycoplasmas. Annu. Rev. Microbiol. **50:** 25-57.

Eck, R. und J. Belter. 1993. Cloning and characterization of a gene coding for the catechol 1,2-dioxygenase of *Arthrobacter* sp. mA3. Gene **123:** 87-92.

Ehrt, S., F. Schirmer und W. Hillen. 1995. Genetic organization, nucleotide sequence and regulation of expression of genes encoding phenol hydroxylase and catechol 1,2-dioxygenase in *Acinetobacter calcoaceticus* NCIB8250. Mol. Microbiol. **18:** 13-20.

Eulberg, D. 1994. Klonierung und Sequenzierung des Gens für die Muconat-Cycloisomerase des Chlorphenol-Verwerters *Rhodococcus erythropolis* 1CP: Neue Erkenntnisse zur Evolution des Aromaten- und Chloraromatenabbaus durch Analyse eines Gram-positiven Bakteriums. Diplomarbeit, Universität Stuttgart.

Eulberg, D., L. A. Golovleva und M. Schlömann. 1997. Characterization of catechol catabolic genes from *Rhodococcus erythropolis* 1CP. J. Bacteriol. **179:** 370-381.

Eulberg, D., S. Lakner, L. A. Golovleva und M. Schlömann. Characterization of a protocatechuate catabolic gene cluster from *Rhodococcus "erythropolis"* 1CP: Evidence for a merged enzyme with 4-caboxymuconolactone dcarboxylating and 3-oxoadipate enol-lactone hydrolyzing activity. Eingereicht zur Veröffentlichung beim Journal of Bacteriology, 1.

Eulberg, D., E. M. Kourbatova, L. A. Golovleva und M. Schlömann. Evolutionary relationship between chlorocatechol catabolic enzymes from *Rhodococcus "erythropolis"* 1CP and their counterparts in proteobacteria: Sequence divergence and functional convergence. Eingereicht zur Veröffentlichung beim Journal of Bacteriology, 2.

Eulberg, D. und M. Schlömann. The putative regulator of catechol catabolism in *Rhodococcus opacus* 1CP does not belong to the LysR family of transcriptional activators. Eingereicht zur Veröffentlichung beim Journal of Bacteriology.

Eulberg, D., V. Seibert und M. Schlömann. Detection of the linear megaplasmid p1CP from *Rhodococcus opacus* 1CP which carries chlorocatechol catabolic genes. In Vorbereitung zur Einreichung beim Journal of Bacteriology.

Eulberg, D. und M. Schlömann. Construction of plasmids for the overexpression of the muconate cycloisomerase gene *catB* and the chloromuconate cycloisomerase gene *clcB* from *Rhodococcus opacus* 1CP.

Finnerty, W. R. 1992. The biology and genetics of the genus *Rhodococcus*. Annu. Rev. Microbiol. **46:** 193-218.

Frantz, B. und A. M. Chakrabarty. 1987. Organization and nucleotide sequence determination of a gene cluster involved in 3-chlorocatechol degradation. Proc. Natl. Acad. Sci. USA **84:** 4460-4464.

Fulthorpe, R. R., C. McGowan, O. V. Maltseva, W. E. Holben und J. M. Tiedje. 1995. 2,4-Dichlorophenoxyacetic acid-degrading bacteria contain mosaics of catabolic genes. Appl. Environ. Microbiol. **61:** 3274-3281.

Gerischer, U., S. Tran und L. N. Ornston. 1993. Physiological effects exerted by *pcaU*, a newly discovered gene governing synthesis of enzymes for catabolism of protocatechuate in *Acinetobacter calcoaceticus*, Abstr. H-267, S. 238. *In* Abstracts of the General Meeting of the American Society for Microbiology, 1993. American Society for Microbiology, Washington, D.C.

Ghisalba, O. 1983. Chemical wastes and their biodegradation - an overview. Experientia **39:** 1247-1257.

Givaudan, A., A. Lanois und N. Boemare. 1996. Cloning and nucleotide sequencing of a flagellin encoding genetic locus from *Xenorhabdus nematophilus*: phase variation leads to differential transcription of two flagellar genes (*fliC*). Gene **183:** 243-253.

Golovlev, E. L. 1995. Ecological physiology of rhodococci. European environmental research organization workshop: Enzymatic and genetic aspects of environmental biotechnology.

Gorlatov, S. N., O. V. Maltseva, V. I. Shevchenko und L. A. Golovleva. 1989. Degradation of chlorophenols by a culture of *Rhodococcus erythropolis*. Mikrobiologiya **58:** 802-806. (Microbiology **58:** 647-651.)

Häggblom, M. M. 1992. Microbial breakdown of halogenated aromatic pesticides and related compounds. FEMS Microbiol. Rev. **103:** 29-72.

Hartnett, G. B. und L. N. Ornston. 1994. Acquisition of apparent DNA slippage structures during extensive evolutionary divergence of *pcaD* and *catD* genes encoding identical catalytic activities in *Acinetobacter calcoaceticus*. Gene **142:** 23-29.

Harwood, C. S., N. N. Nichols, M.-K. Kim, J. L. Ditty und R. E. Parales. 1994. Identification of the *pcaRKF* gene cluster from *Pseudomonas putida*: involvement in chemotaxis, biodegradation, and transport of 4-hydroxybenzoate. J. Bacteriol. **176:** 6479-6488.

Harwood, C. S. und R. E. Parales. 1996. The β-ketoadipate pathway and the biology of self-identity. Annu. Rev. Microbiol. **50:** 553-590.

Hinner, I.-S., M. Lohmann und M. Schlömann. 1997. Two catechol catabolic genes in *Ralstonia eutropha* 335. Biospektrum, Sonderausgabe: PU074, S. 71.

Hinteregger, C., M. Loidl und F. Streichsbier. 1992. Characterization of isofunctional ring-cleaving enzymes in aniline and 3-chloroaniline degradation by *Pseudomonas acidovorans* CA28. FEMS Microbiol. Lett. **97:** 261-266.

Holben, W. E., B. M. Schroeter, V. G. M. Calabrese, R. H. Olsen, J. K. Kukor, V. O. Biederbeck, A. E. Smith und J. M. Tiedje. 1992. Gene probe analysis of soil microbial populations selected by amendment with 2,4-dichlorophenoxyacetic acid. Appl. Environ. Microbiol. **58:** 3941-3948.

Hood, D. W., M. E. Deadman, M. P. Jennings, M. Bisercic, R. D. Fleischmann, J. C. Venter und E. R. Moxon. 1996. DNA repeats identify novel virulence genes in *Haemophilus influenzae*. Proc. Natl. Acad. Sci. USA **93:** 11121-11125.

Houghton, J. E. Persönl. Mitteilung.

Houghton, J. E. und M. S. Shanley. 1994. Catabolic potential of pseudomonads: a regulatory perspective, S. 11-32. *In* G. R. Chaudhry (Hrsg.), Biological degradation and bioremediation of toxic chemicals. Dioscorides Press, Portland, Oregon.

Houghton, J. E., T. M. Brown, A. J. Appel, E. J. Hughes und L. N. Ornston. 1995. Discontinuities in the evolution of *Pseudomonas putida cat* genes. J. Bacteriol. **177:** 401-412.

Hughes, E. J., M. K. Shapiro, J. E. Houghton und L. N. Ornston. 1988. Cloning and expression of *pca* genes from *Pseudomonas putida* in *Escherichia coli*. J. Gen. Microbiol. **134:** 2877-2887.

Jäger, W., A. Schäfer, J. Kalinowski und A. Pühler. 1995. Isolation of insertion elements from gram-positive *Brevibacterium*, *Corynebacterium* and *Rhodococcus* strains using the *Bacillus subtilis sacB* gene as a positive selection marker. FEMS Microbiol. Lett. **126:** 1-6.

Jensen, R. A. 1996. Evolution of metabolic pathways in enteric bacteria, S. 2649-2662. *In:* F. C. Neidhardt et al. (Hrsg.), *Escherichia coli* and *Salmonella*: cellular and molecular biology, 2. Auflage. ASM Press, Washington, DC.

Ka, J. O., W. E. Holben und J. M. Tiedje. 1994. Genetic and phenotypic diversity of 2,4-dichlorophenoxyacetic acid (2,4-D)-degrading bacteria isolated from 2,4-D-treated field soils. Appl. Environ. Microbiol. **60:** 1106-1115.

Kalkus, J., M. Reh und H. G. Schlegel. 1990. Hydrogen autotrophy of *Nocardia opaca* strains is encoded by linear megaplasmids. J. Gen. Microbiol. **136:** 1145-1151.

Kalkus, J., C. Dörrie, D. Fischer, M. Reh und H. G. Schlegel. 1993. The giant linear plasmid pHG207 from *Rhodococcus* sp. encoding hydrogen autotrophy: characterization of the plasmid and its termini. J. Gen. Microbiol. **139:** 2055-2065.

Kalpana, G. V., B. R. Bloom und W. R. Jacobs. 1991. Insertional mutagenesis and illegitimate recombination in mycobacteria. Proc. Natl. Acad. Sci. USA **88:** 5433-5437.

Kanno, T., T. Asawa, H. Ito, S. Takai, S. Tsubaki, T. Sekizaki. 1993. Restriction map of a virulence-associated plasmid of *Rhodococcus equi.* Plasmid **30:** 309-311.

Kesseler, M., E. R. Dabbs, B. Averhoff und G. Gottschalk. 1996. Studies on the isopropylbenzene 2,3-dioxygenase and the 3-isopropylcatechol 2,3-dioxygenase genes encoded by the linear plasmid of *Rhodococcus erythropolis* BD2. Microbiology **142:** 3241-3251.

Kim, S. I., S.-H. Leem, J.-S. Choi, Y. H. Chung, S. Kim, Y.-M. Park, Y. K. Park, Y. N. Lee und K.-S. Ha. Cloning and chracterization of two *catA* genes in *Acinetobacter lwoffii* K24. J. Bacteriol. **179:** 5226-5232.

Kivisaar, M., L. Kasak und A. Nurk. 1991. Sequence of the plasmid-encoded catechol 1,2-dioxygenase-expressing gene, *pheB*, of phenol-degrading *Pseudomonas* sp. strain EST1001. Gene **98:** 15-20.

Kõiv, V., R. Marits und A. Heinaru. 1996. Sequence analysis of the 2,4-dichlorophenol hydroxylase gene *tfdB* and 3,5-dichlorocatechol 1,2-dioxygenase gene *tfdC* of 2,4-dichlorophenoxyacetic acid degrading plasmid pEST4011. Gene **174:** 293-297.

Komeda, H., Kobayashi, M. und S. Shimizu. 1996. Characterization of the gene cluster of high-molecular-mass nitrile hydratase (H-NHase) induced by its reaction product in *Rhodococcus rhodochrous* J1. Proc. Natl. Acad. Sci. USA **93:** 4267-4272.

Koronelli, T. V., S. G. Dermicheva und E. V. Korotaeva. 1988. Survival of hydrocarbon-oxidizing bacteria in conditions of complete starvation. Mikrobiologiya **57:** 298-304. (Microbiology **57:** 242-247.)

Kosono, S., M. Maeda, F. Fuji, H. Arai und T. Kudo. 1997. Three of the seven *bphC* genes of *Rhodococcus erythropolis* TA421, isolated from a termite ecosystem, are located on an indigenous plasmid associated with biphenyl degradation. Appl. Environ. Microbiol. **63:** 3282-3285.

Kowalchuk, G. A., G. B. Hartnett, A. Benson, J. E. Houghton, K. L. Ngai und L. N. Ornston. 1994. Contrasting patterns of evolutionary divergence within the *Acinetobacter calcoaceticus pca* operon. Gene **146:** 23-30.

Kuhm, A. E., M. Schlömann, H.-J. Knackmuss und D. H. Pieper. 1990. Purification and characterization of dichloromuconate cycloisomerase from *Alcaligenes eutrophus* JMP 134. Biochem. J. **266:** 877-883.

Kulakova, A. N., K. A. Reid, M. J. Larkin, C. C. R Allen und L. A. Kulakov. 1996. Isolation of *Rhodococcus rhodochrous* NCIMB13064 derivatives with new biodegradative abilities. FEMS Microbiol. Lett. **145:** 227-231.

Kulakova, A. N., M. J. Larkin und L. A. Kulakov. 1997. The plasmid-located haloalkane dehalogenase gene from *Rhodococcus rhodochrous* NCIMB 13064. Microbiology **143:** 109-115.

Kulakova, A. N., T. M. Stafford, M. J. Larkin und L. A. Kulakov. 1995. Plasmid pRTL1 controlling 1-chloroalkane degradation by *Rhodococcus rhodochrous* NCIMB13064. Plasmid **33:** 208-217.

Lakner, S. Persönl. Mitteilung.

Leveau, J. H. J., W. M. de Vos und J. R. van der Meer. 1994. Analysis of the binding site of the LysR-type transcriptional activator TcbR on the *tcbR* nad *tcbC* divergent promoter sequences. J. Bacteriol. **176:** 1850-1856.

Mäe, A. A., R. O. Marits, N. R. Ausmees, V. M. Kõiv und A. L. Heinaru. 1993. Characterization of a new 2,4-dichlorophenoxyacetic acid degrading plasmid pEST4011: physical map and localization of catabolic genes. J. Gen. Microbiol. **139:** 3165-3170.

Maltseva, O. V., I. P. Solyanikova und L. A. Golovleva. 1994a. Chlorocatechol 1,2-dioxygenase from *Rhodococcus erythropolis* 1CP. Kinetic and immunochemical comparison with analogous enzymes from Gram-negative strains. Eur. J. Biochem. **226:** 1053-1061.

Maltseva, O. V., I. P. Solyanikova, L. A. Golovleva, M. Schlömann und H.-J. Knackmuss. 1994b. Dienelactone hydrolase from *Rhodococcus erythropolis* 1CP: purification and properties. Arch. Microbiol. **162:** 368-374.

Masai, E., K. Sugiyama, N. Iwashita, S. Shimizu, J. E. Hauschild, T. Hatta, K. Kimbara, K. Yano und M. Fukuda. 1997. The *bphDEF meta*-cleavage pathway genes involved in biphenyl/polychlorinated biphenyl degradation are located on a linear plasmid and separated from the initial *bphACB* genes in *Rhodococcus* sp. strain RHA1. Gene **187:** 141-149.

Matrubutham, U. und A. R. Harker. 1994. Analysis of duplicated gene sequences associated with *tfdR* and *tfdS* in *Alcaligenes eutrophus* JMP134. J. Bacteriol. **176:** 2348-2353.

McCorkle, G. M., W.-K. Yeh, P. Fletcher und L. N. Ornston. 1980. Repetitions in the NH_2-terminal amino acid sequence of β-ketoadipate enol-lactone hydrolase from Pseudomonas putida. J. Biol. Chem. **255:** 6335-6341.

McDonald, I. R., E. M. Kenna und J. C. Murrell. 1995. Detection of methanotrophic bacteria in environmental samples with the PCR. Appl. Environ. Microbiol. **61:** 116-121.

Meagher, R. B., G. M. McCorkle, M. K. Ornston und L. N. Ornston. 1972. Inducible uptake system for β-carboxy-*cis,cis*-muconate in a permeability mutant of Pseudomonas putida. J. Bacteriol. **111:** 465-473.

Miguez, C. B., C. W. Greer und J. M. Ingraham. 1993. Purification and properties of chlorocatechol 1,2-dioxygenase from *Alcaligenes denitrificans* BRI 6011. Can. J. Microbiol. **39:** 1-5.

Moretti, P., G. Hintermann und R. Hütter. 1985. Isolation and characterization of an extrachromosomal element from *Nocardia mediterranei*. Plasmid **14:** 126-133.

Murakami, S., N. Kodama, R. Shinke und K. Aoki. 1997. Classification of catechol 1,2-dioxygenase family: sequence analysis of a gene for the catechol 1,2-dioxygenase showing high specificity for methylcatechols from Gram+ aniline-assimilating *Rhodococcus erythropolis* AN-13. Gene **185:** 49-54.

Murrell, J. C. und A. J. Holmes. 1995. Molecular ecology of marine methanotrophs, S. 365-390. *In* I. Joint (Hrsg.), Molecular ecology of aquatic microbes. Springer-Verlag, Berlin.

Nagy, I., G. Schoofs, J. Vanderleyden und R. De Mot. 1997. Transposition of the IS*21*-related element IS*1415* in *Rhodococcus erythropolis*. J. Bacteriol. **179:** 4635-4638.

Nakai, C., H. Uyeyama, H. Kagamiyama, T. Nakazawa, S. Inouye, F. Kishi, A. Nakazawa und M. Nozaki. 1995. Cloning, DNA sequencing, and amino acid sequencing of catechol 1,2-dioxygenases (pyrocatechase) from *Pseudomonas putida* mt-2 and *Pseudomonas arvilla* C-1. Arch. Biochem. Biophys. **321:** 353-362.

Nakatsu, C., J. Ng, R. Singh, N. Straus und C. Wyndham. 1991. Chlorobenzoate catabolic transposon Tn*5271* is a composite class I element with flanking class II insertion sequences. Proc. Natl. Acad. Sci. USA **88:** 8312-8316.

Navas, J. 1996. Genetic tools in pathogenic nocardioform actinomycetes. Microbiología Sem. **12:** 297-304.

Neidle, E. L., C. Hartnett, S. Bonitz und L. N. Ornston. 1988. DNA sequence of the *Acinetobacter calcoaceticus* catechol 1,2-dioxygenase I structural gene *catA*: evidence for evolutionary divergence of intradiol dioxygenases by acquisition of DNA sequence repetitions. J. Bacteriol. **170:** 4874-4880.

Neidle, E. L., C. Hartnett und L. N. Ornston. 1989. Characterization of *Acinetobacter calcoaceticus catM*, a repressor gene homologous in sequence to transcriptional activator genes. J. Bacteriol. **171:** 5410-5421.

Normark, S., S. Bergström, T. Edlund, T. Grundström, B. Jaurin, F. P. Lindberg und O. Olsson. 1983. Overlapping genes. Annu. Rev. Genet. **17:** 499-525.

Ollis, D. L., E. Cheah, M. Cygler, B. Dijkstra, F. Frolow, S. M. Franken, M. Harel, S. J. Remington, I. Silman, J. Schrag, J. L. Sussman, K. H. G. Verschueren und A. Goldman. 1992. The α/β hydrolase fold. Protein Eng. **5:** 197-211.

Ornston, L. N. 1966. The conversion of catechol and protocatechuate to β-ketoadipate by *Pseudomonas putida*. II. Enzymes of the protocatechuate pathway. J. Biol. Chem. **241:** 3787-3794.

Parke, D. 1996a. Characterization of PcaQ, a LysR-type transcriptional activator required for catabolism of phenolic compounds, from *Agrobacterium tumefaciens*. J. Bacteriol. **178:** 266-272.

Parke, D. 1996b. Characterization of the role of the *pcaR* gene in the expression of *pcaIJ*, the structural genes for β-ketoadipyl CoA transferase, in *Agrobacterium tumefaciens*. Abstr. 96th Annu. Meet. Am. Soc. Microbiol., S. 558.

Parke, D. 1997. Acquisition, reorganization, and merger of genes: novel management of the β-ketoadipate pathway in *Agrobacterium tumefaciens*. FEMS Microbiol. Lett. **146:** 3-12.

Perkins, E. J., M. P. Gordon, O. Caceres und P. F. Lurquin. 1990. Organization and sequence analysis of the 2,4-dichlorophenol hydroxylase and dichlorocatechol oxidative operons of plasmid pJP4. J. Bacteriol. **172:** 2351-2359.

Pieper, D. H., W. Reineke, K.-H. Engesser und H.-J. Knackmuss. 1988. Metabolism of 2,4-dichlorophenoxyacetic acid, 4-chloro-2-methylphenoxyacetic acid and 2-methylphenoxy-acetic acid by *Alcaligenes eutrophus* JMP 134. Arch. Microbiol. **150:** 95-102.

Popp, R., I. Steiner und U. Gerischer. 1997. Regulation of the catabolism of aromatic compounds in *Acinetobacter calcoaceticus*. Biospektrum (Sonderausgabe): PF076, S. 115.

Rann, D. L. und R. B. Cain. 1973. Regulation of the enzymes of aromatic ring fission in the genus *Nocardia*. Biochem. Soc. Trans. **1:** 658-661.

Reineke, W. 1994. Degradation of chlorinated aromatic compounds by bacteria: strain development, S. 416-454. In G.R. Chaudhry (Hrsg.), Biological degradation and bioremediation of toxic chemicals. Dioscorides Press, Portland.

Robertson, J. G. und R. D. Batt. 1973. Survival of *Nocardia corallina* and degradation of constituents during starvation. J. Gen. Microbiol. **78:** 109-117.

Romero-Arroyo, C. E., M. A. Schell, G. L. Gaines III und E. L. Neidle. 1995. *catM* encodes a LysR-type transcriptional activator regulating catechol degradation in *Acinetobacter calcoaceticus*. J. Bacteriol. **177:** 5891-5898.

Romero-Steiner, S., R. E. Parales, C. S. Harwood und J. E. Houghton. 1994. Characterization of the *pcaR* regulatory gene from *Pseudomonas putida*, which is required for the complete degradation of *p*-hydroxybenzoate. J. Bacteriol. **176:** 5771-5779.

Rothmel, R. K., T. L. Aldrich, J. E. Houghton, W. M. Coco, L. N. Ornston und A. M. Chakrabarty. 1990. Nucleotide sequencing and characterization of *Pseudomonas putida catR*: a positive regulator of the *catBC* operon is a member of the LysR family. J. Bacteriol. **172:** 922-931.

Salkinoja-Salonen, M. 1997. Direkte Hinterlegung bei Genbank.

Schell, M. A. 1993. Molecular biology of the LysR family of transcriptional regulators. Annu. Rev. Microbiol. **47:** 597-626.

Schlömann, M. 1994. Evolution of chlorocatechol catabolic pathways. Conclusions to be drawn from comparisons of lactone hydrolases. Biodegradation **5:** 301-321.

Schlömann, M., D. H. Pieper und H.-J. Knackmuss. 1990a. Enzymes of haloaromatics degradation: variations of *Alcaligenes* on a theme by *Pseudomonas*, S. 185-196. *In* S.

Silver, A.M. Chakrabarty, B. Iglewski, and S. Kaplan (Hrsg.), *Pseudomonas*. Biotransformations, pathogenesis, and evolving biotechnology. American Society for Microbiology, Washington, D.C.

Schlömann, M., E. Schmidt und H.-J. Knackmuss. 1990b. Different types of dienelactone hydrolase in 4-fluorobenzoate-utilizing bacteria. J. Bacteriol. **172:** 5112-5118.

Schmidt, E. und H.-J. Knackmuss. 1980. Chemical structure and biodegradability of halogenated aromatic compounds. Conversion of chlorinated muconic acids into maleoylacetic acid. Biochem. J. **192:** 339-347.

Schreiner, A., K. Fuchs, F. Lottspeich, H. Poth und F. Lingens. 1991. Degradation of 2-methylaniline in *Rhodococcus rhodochrous*: cloning and expression of two clustered catechol 2,3-dioxygenase genes from strain CTM. J. Gen. Microbiol. **137:** 2041-2048.

Schukat, B., D. Janke, D. Krebs und W. Fritsche. 1983. Cometabolic degradation of 2- and 3-chloroaniline because of glucose metabolism by *Rhodococcus* sp. An 117. Curr. Microbiol. **9:** 81-86.

Schulz, G. E. und R. H. Schirmer. 1979. Priciples of protein structure. Springer-Verlag, New York.

Seibert, V. 1997. Evolution des bakteriellen Abbaus von chlorierten Aromaten – molekularbiologische Untersuchungen zur Rekrutierung der Maleylacetat-Reduktasen. Dissertation, Universität Stuttgart.

Shanley, M. S., A. Harrison, R. E. Parales, G. Kowalchuk, D. J. Mitchell und L. N. Ornston. 1994. Unusual G+C content and codon usage in *catIJF*, a segment of the *ben-cat* supra-operonic cluster in the *Acinetobacter calcoaceticus* chromosome. Gene **138:** 59-65.

Sinigalliano, C. D., D. N. Kuhn und R. D. Jones. 1995. Amplification of the *amoA* gene from diverse species of ammonium-oxidizing bacteria and from an indigenous bacterial population from seawater. Appl. Environ. Microbiol. **61:** 2702-2706.

Slater, H. J. und D. Lovatt. 1984. Biodegradation and the significance of microbial communities. *In* David T. Gibson (Hrsg.): Microbial Degradation of Organic Compounds. Marcel Dekker, Inc. New York.

Solyanikova, I. P., O. V. Maltseva und L. A. Golovleva. 1992. Purification and properties of catechol 1,2-dioxygenase II from *Pseudomonas putida* strain 87. Biokhimiya **57:** 1883-1891. (Biochemistry **57:** 1310-1316.)

Solyanikova, I., M. D. Vollmer, O. Maltseva, L. Golovleva und M. Schlömann. 1994. Muconate cycloisomerase of *Rhodococcus erythropolis* 1CP and its contributions to an evolutionary puzzle. BioEngineering (Sonderausgabe), P410, S. 82.

Solyanikova, I. P., O. V. Maltseva, M. D. Vollmer, L. A. Golovleva und M. Schlömann. 1995. Characterization of muconate and chloromuconate cycloisomerase from *Rhodococcus erythropolis* 1CP: indications for functionally convergent evolution among bacterial cycloisomerases. J. Bacteriol. **177:** 2821-2826.

Stanier, R. Y. und L. N. Ornston. 1973. The β-ketoadipate pathway. Adv. Microb. Physiol. **9:** 89-151.

Streber, W. R., K. N. Timmis und M. H. Zenk. 1987. Analysis, cloning, and high-level expression of 2,4-dichlorophenoxyacetate monooxygenase gene *tfdA* of *Alcaligenes eutrophus* JMP134. J. Bacteriol. **169:** 2950-2955.

Top, E. M., W. E. Holben und L. J. Forney. 1995. Characterization of diverse 2,4-dichlorophenoxyacetic acid-degradative plasmids isolated from soil by complementation. Appl. Environ. Microbiol. **61:** 1691-1698.

Tsuda, M. 1996. Catabolic transposons in pseudomonads. *In* T. Nazakawa et al. (Hrsg.), Molecular biology of pseudomonads. ASM Press, Washington, D.C.

van de Guchte, M., J. Kok und G. Venema. 1991. Distance-dependent translational coupling and interference in *Lactococcus lactis*. Mol. Gen. Genet. **227:** 65-71.

van der Meer, J. R. 1996. Direkte Hinterlegung bei Genbank.

van der Meer, J. R., A. R. W. van Neerven, E. J. de Vries, W. M. de Vos und A. J. B. Zehnder. 1991a. Cloning and characterization of plasmid-encoded genes for the degradation of 1,2-dichloro-, 1,4-dichloro-, and 1,2,4-trichlorobenzene of *Pseudomonas* sp. strain P51. J. Bacteriol. **173:** 6-15.

van der Meer, J. R., R. I. L. Eggen, A. J. B. Zehnder und W. M. de Vos. 1991b. Sequence analysis of the *Pseudomonas* sp. strain P51 *tcb* gene cluster, which encodes metabolism of chlorinated catechols: evidence for specialization of catechol 1,2-dioxygenases for chlorinated substrates. J. Bacteriol. **173:** 2425-2434.

van der Meer, J. R., A. C. J. Frijters, J. H. J. Leveau, R. I. L. Eggen, A. J. B. Zehnder und W. M. de Vos. 1991c. Characterization of the *Pseudomonas* sp. strain P51 gene *tcbR*, a LysR-type transcriptional activator of the *tcbCDEF* chlorocatechol oxidative operon, and analysis of the regulatory region. J. Bacteriol. **173:** 3700-3708.

van der Meer, J. R., A. J. B. Zehnder und W. M. de Vos. 1991d. Identification of a novel composite transposable element, Tn*5280*, carrying chlorobenzene dioxygenase genes of *Pseudomonas* sp. strain P51. J. Bacteriol. **173:** 7077-7083.

Vollmer, M. D., P. Fischer, H.-J. Knackmuss und M. Schlömann. 1994. Inability of muconate cycloisomerases to cause dehalogenation during conversion of 2-chloro-*cis,cis*-muconate. J. Bacteriol. **176:** 4366-4375.

Ward, B. B. 1995. Functional and taxonomic probes for bacteria in the nitrogen cycle, S. 73-86. *In* I. Joint (Hrsg.), Molecular ecology of aquatic microbes. Springer-Verlag, Berlin.

Ward, B. B. 1996. Nitrification and denitrification: probing the nitrogen cycle in aquatic environments. Microb. Ecol. **32:** 247-261.

Warhurst, A. M. und C. A. Fewson. 1994. Biotransformations catalyzed by the genus *Rhodococcus*. Crit. Rev. Biotechnol. **14:** 29-73.

Williams, S. T. 1985. Oligotrophy in soil: fact or fiction? *In:* Special Publications of the Society for General Microbiology. 16. Bacteria in Their Natural Environments. S. 81-110. M. Fletcher und G.D. Floodgate (Hrsg.), Academic Press, London.

Winogradsky, S. 1924. Sur la microflora autochthone de la terre arable. Compte Rendu Hebdommadaire des Séances de l'Académie des Sciences, Paris **178:** 1236-1239.

Wyndham, R. C., A. E. Cashore, C. H. Nakatsu und M. C. Peel. 1994. Catabolic transposons. Biodegradation **5:** 323-342.

Yao, W., Y. Yang und J. Chiao. 1994. IS*204:* An insertion sequence from *Nocardia asteroides* (*mexicana*) YP21. Plasmid **32:** 262-269.

Yeh, W.-K., D. R. Durham, P. Fletcher und L. N. Ornston. 1981. Evolutionary relationships among γ-carboxymuconolactone decarboxylases. J. Bacteriol. **146:** 233-238.

Yeh, W.-K., P. Fletcher und L. N. Ornston. 1980. Homologies in the NH_2-terminal amino acid sequences of γ-carboxymuconolactone decarboxylases and muconolactone isomerases. J. Biol. Chem. **255:** 6347-6354.

Yeh, W.-K. und L. N. Ornston. 1984. *p*-Chloromercuribenzoate specifically modifies thiols associated with the active sites of β-ketoadipate enol-lactone hydrolase and succinyl CoA:β-ketoadipate CoA transferase. Arch. Microbiol. **138:**102-105.

You, I.-S. und D. Ghosal. 1995. Genetic and molecular analysis of a regulatory region of the herbicide 2,4-dichlorophenoxyacetate catabolic plasmid pJP4. Mol. Microbiol. **16:** 321-331.

Erschienen im Journal of Bacteriology **179**: 370-381
Teile der Veröffentlichung waren bereits Bestandteil der Diplomarbeit
(Eulberg, 1994; Universität Stuttgart)

Characterization of Catechol Catabolic Genes from *Rhodococcus erythropolis* Strain 1CP

Dirk Eulberg[1], Ludmila A. Golovleva[2], and Michael Schlömann[1*]

Institut für Mikrobiologie, Universität Stuttgart, D-70569 Stuttgart, Germany,[1] and Institute of Biochemistry and Physiology of Microorganisms, Russian Academy of Sciences, Pushchino, Russia[2]

Running title: Catechol catabolic genes from *R. erythropolis* 1CP

* Corresponding author. Mailing address: Institut für Mikrobiologie, Universität Stuttgart, Allmandring 31, D-70569 Stuttgart, Germany. Phone: (49)-711-6855489. Fax: (49)-711-6855725. E-mail: michael.schloemann@po.uni-stuttgart.de.

ABSTRACT

The biochemical characterization of the muconate and the chloromuconate cycloisomerases of the chlorophenol-utilizing *Rhodococcus erythropolis* strain 1CP previously indicated that efficient chloromuconate conversion among the gram-positive bacteria might have evolved independently of that among gram-negative bacteria. Based on sequences of the N terminus and of tryptic peptides of the muconate cycloisomerase, a fragment of the corresponding gene has now been amplified and used as a probe for the cloning of catechol catabolic genes from *R. erythropolis*. The clone thus obtained expressed catechol 1,2-dioxygenase, muconate cycloisomerase, and muconolactone isomerase activities. Sequencing of the insert on the recombinant plasmid pRER1 revealed that the genes are transcribed in the order *catA catB catC*. Open reading frames downstream of *catC* may have a function in carbohydrate metabolism. The predicted protein sequence of the catechol 1,2-dioxygenase was identical to the one from *Arthrobacter* sp. strain mA3 in 59% of the positions. The chlorocatechol 1,2-dioxygenases and the chloromuconate cycloisomerases of gram-negative bacteria appear to be more closely related to the catechol 1,2-dioxygenases and muconate cycloisomerases of the gram-positive strains than to the corresponding enzymes of gram-negative bacteria.

INTRODUCTION

In aerobic degradation of aromatic compounds by bacteria, catechol plays a key role, since it is a ring cleavage substrate in which an exceptionally large number of peripheral pathways converge (Stanier & Ornston, 1973). It can be further catabolized to intermediates of the central metabolism either following *meta* cleavage adjacent to the hydroxyl groups or following *ortho* cleavage between them. On the latter metabolic route, catechol is initially converted to 3-oxoadipate by the action of four enzymes (Fig. 1): catechol 1,2-dioxygenase (EC 1.13.11.1), muconate cycloisomerase (EC 5.5.1.1), muconolactone isomerase (EC 5.3.3.4), and 3-oxoadipate enol-lactone hydrolase (EC 3.1.1.24).

In the degradation of chlorinated aromatic compounds, chlorocatechols occupy a position corresponding to that of catechol in the catabolism of nonhalogenated compounds. The chlorocatechols are converted to 3-oxoadipate also by the action of four enzymes (Fig. 1). Three of them, i.e., chlorocatechol 1,2-dioxygenase (EC 1.13.11.-), chloromuconate cycloisomerase (EC 5.5.1.7), and dienelactone hydrolase (3.1.1.45), catalyze reactions which have a counterpart in catechol catabolism but which require (at least) an altered substrate specificity (Dorn & Knackmuss, 1978; Schmidt & Knackmuss, 1980). The fourth enzyme, maleylacetate reductase (1.3.1.32), compensates for the different oxidation states and yields 3-oxoadipate by simple reduction of maleylacetate or by two subsequent reductive reactions when acting on 2-halomaleylacetates (Kaschabek & Reineke, 1992; Vollmer et al., 1993).

The metabolic pathways for catechol and chlorocatechol degradation outlined above on the one hand are relatively complex, suggesting that quite a number of genetic events were necessary for their evolution. On the other hand, the existence of chemical necessities and the limited availability of recruitable biochemical modules constrained the choices for evolution to generate these pathways. This raises the question (Stanier & Ornston, 1973) whether they are the result of divergent evolution from a single origin or whether the constraints on the evolution led to several independent occurrences of these pathways by convergent evolution.

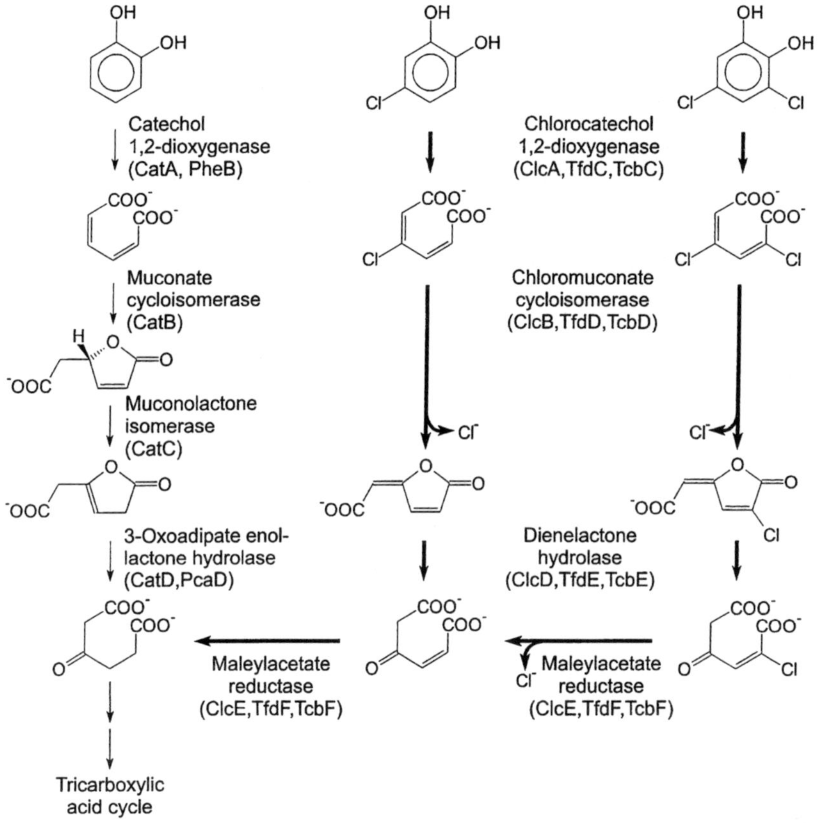

FIG. 1. Degradative pathways for catechol, 4-chlorocatechol and 3,5-dichlorocatechol. Enzyme names as well as their designations as gene products as previously assigned for gram-negative or gram-positive bacteria are given. Enzymes with a specific function in chlorocatechol catabolism (heavy arrows) and those involved in catechol degradation (light arrows) are indicated.

For catechol catabolism, sequencing of the corresponding *cat* genes from several gram-negative strains has shown that isofunctional genes in these bacteria are clearly homologous (Aldrich & Chakrabarty, 1988; Ehrt et al., 1995; Houghton et al., 1995; Kivisaar et al., 1991; Nakai et al., 1995; Neidle et al., 1988; Shanley et al., 1994). Similarly, the catechol 1,2-dioxygenase of *Arthrobacter* sp. strain mA3, the only gram-positive strain for which sequence information for *cat* genes is available thus far, was shown to be identical to the corresponding enzymes from gram-negative strains in 27 to 31% of the residues (Eck & Belter, 1993). Thus, the catechol branch of the 3-oxoadipate pathway seems to have evolved from a common origin in all bacteria in which it has been genetically analyzed until now.

The chlorocatechol catabolic enzymes encoded by plasmids of gram-negative strains, such as pJP4, pAC27, or pP51, likewise appear to have a common origin (Schlömann, 1994). Sequencing of the corresponding gene clusters from these plasmids showed that (i) the chlorocatechol dioxygenases and chloromuconate cycloisomerases are homologous to the respective catechol pathway enzymes and (ii) the chlorocatechol catabolic enzymes show more sequence similarity with each other than with the respective catechol degradative enzymes (Frantz & Chakrabarty, 1987; Perkins et al., 1990; van der Meer et al., 1991). The catabolic genes of many other strains were shown by hybridization to be related to those of pJP4, pAC27, or pP51 (e.g. Amy et al., 1985; Fulthorpe et al., 1995; Ka et al., 1994; Top et al., 1995). In other cases, no hybridization of the respective chlorocatechol genes was observed under the hybridization conditions employed (Amy et al., 1985; Fulthorpe et al., 1995; Holben et al., 1992; Ka et al., 1994), possibly indicating, but not yet convincingly proving, the existence of a separate line of chlorocatechol pathways in the respective bacteria.

During recent investigations of the muconate and the chloromuconate cycloisomerases of the chlorophenol-degrading strain *Rhodococcus erythropolis* 1CP (Gorlatov et al., 1989), biochemical evidence which suggests that the chlorocatechol pathway present in this strain diverged from catechol catabolism independently of chlorocatechol pathways of gram-negative bacteria was obtained (Solyanikova et al., 1995). Both cycloisomerases, in contrast to their counterparts in gram-negative strains, strongly discriminated between the two possible directions of 2-chloro-*cis,cis*-muconate cycloisomerization by forming only (+)-5-chloro-muconolactone, the product of 3,6-cycloisomerization. Also in contrast to their counterparts in gram-negative strains, both *R. erythropolis* cycloisomerases were unable to convert (+)-2-chloromuconolactone, which can be formed by muconate cycloisomerases from gram-negative bacteria from 2-chloro-*cis,cis*-muconate by 1,4-cycloisomerization (Vollmer et al., 1994). If the differences in the ability to discriminate between cycloisomerization directions and to convert 2-chloromuconolactone indicate a basic divergence of cycloisomerases, then the altered substrate specificity allowing efficient turnover of 3-chloro- and 2,4-dichloro-*cis,cis*-muconate should have evolved at least twice independently, at least once among the gram-negative bacteria and at least once among the gram-positive bacteria. Such a functionally convergent evolution could provide a basis for new insight into the adaptations necessary for productive chlorocatechol conversion, and it would have to be taken into consideration in ecological investigations concerning the occurrence and diversity of chlorocatechol pathways in nature. A proof for the hypothesis that chlorocatechol catabolism in *R. erythropolis* 1CP diverged from catechol catabolism independently of chlorocatechol pathways of gram-negative strains can be provided only by sequence information on both the catechol and the chlorocatechol gene clusters of this strain or its relatives. In the present paper, we report on the cloning and characterization of part of the catechol gene cluster from *R. erythropolis* 1CP.

(Some of the results presented here have recently been reported in preliminary communications [Eulberg et al., 1995; Eulberg & Schlömann, 1996].)

MATERIALS AND METHODS

Strains, plasmids, and cultivation conditions.

R. erythropolis 1CP has previously been isolated with 2,4-dichlorophenol as a carbon source (Gorlatov et al., 1989). Among other substrates, it also utilizes 4-chlorophenol, phenol, and benzoate. *Escherichia coli* DH5α was obtained from GIBCO BRL. The plasmids used in this study are summarized in Table 1.

R. erythropolis 1CP cells for the purification of catechol 1,2-dioxygenase were grown in a 10-liter fermentor at 30°C in a mineral medium (Dorn et al., 1974) with 50 mM phosphate buffer (pH 7) and with five portions of 5 mM sodium benzoate. Cells were harvested by centrifugation, frozen in liquid nitrogen, and stored at -20°C. Biomass for the purification of muconate cycloisomerase and muconolactone isomerase was available from a previous cultivation (Solyanikova et al., 1995).

Usually, *E. coli* was grown aerobically with constant shaking at 37°C in Luria-Bertani (LB) medium or TB medium (Tartof & Hobbs, 1987), if appropriate, with 100 µg of ampicillin per ml. For induction of *E. coli* DH5α harboring pRER1, 0.4 ml of overnight LB precultures was used to inoculate 200 ml of LB medium (incubation at 37°C). After induction with 0.4 mM IPTG (isopropylthio-β-D-galactoside) at an optical density at 600 nm of 1, incubation was further continued for 3 h at 30°C.

Preparation of cell extracts.

Frozen cells of *R. erythropolis* 1CP were thawed on ice. $MnSO_4$ was added to a final concentration of 2 mM. The cells were disintegrated by being ground with glass beads in a Bachhofen Dyno-Mill type KDL homogenizer (80 ml of cell suspension with 120 ml of 0.3-mm-diameter glass beads, 6 min at 0 to 8°C). The extracts were washed from the glass beads twice with 50 mM Tris-HCl (pH 7.5)–2 mM $MnSO_4$. Cell debris and unbroken cells were removed by centrifugation (30 min, 130,000 × *g*, 4°C). The supernatant solutions were passed through 0.22 µm-pore-size filters and were used as crude cell extracts for the enzyme purifications. *E. coli* cells were harvested by centrifugation and resuspended in 0.01 volume of 50 mM Tris-HCl (pH 7.5)–1 mM $MnSO_4$.

TABLE 1. Plasmids used in this study

Plasmid	Relevant characteristics[a]	Reference or source
pBluescript II SK (+)	Phagemid derived from pUC19; P_{lac}, *lacZ'*; Ap^r; f1(+) origin; ColE1 origin	Stratagene
pBluescript II KS (+)	As pBluescript II SK (+), but multiple cloning site in opposite orientation	Stratagene
pRERT1	Ap^r; 1-kb PCR product of primers N80.50 and N-NT in *Eco*RV site of pBluescript II KS (+)	This study
pRERT2	Ap^r; 0.85-kb PCR product of primers N50.19 and N-NT in *Eco*RV site of pBluescript II SK (+)	This study
pRER1	Ap^r; 4-kb *Bam*HI fragment of *R. erythropolis* 1CP DNA in pBluescript II KS (+)	This study
pRER11	Ap^r; 0.9 kb from pRER17 on *Pst*I-*Sac*II fragment in pBluescript II KS (+)	This study
pRER12	Ap^r; 0.45 kb from pRER17 on *Pst*I-*Sac*II fragment in pBluescript II KS (+)	This study
pRER13	Ap^r; 0.28 kb from pRER1 on *Pst*I fragment in pBluescript II KS (+)	This study
pRER14	Ap^r; 0.18 kb from pRER1 on *Pst*I fragment in pBluescript II KS (+)	This study
pRER17	Ap^r; 1.4 kb from pRER1 on *Pst*I fragment in pBluescript II KS (+)	This study

[a] Ap^r, plasmid carries information for ampicillin resistance.
Fragment sizes are given as determined by agarose gel electrophoresis.

Disruption was performed by passage through a precooled Aminco French pressure cell (115 MPa), and cell debris was removed by centrifugation as described above.

Enzyme assays and estimation of protein concentration.

The activities of catechol 1,2-dioxygenase and muconate cycloisomerase were measured spectrophotometrically at 260 nm, and those of muconolactone isomerase, and 3-oxoadipate enol-lactone hydrolase were measured spectrophotometrically at 230 nm, as described by Schlömann et al. (1990). The assay mixtures for muconolactone isomerase and 3-oxoadipate enol-lactone hydrolase contained 0.67 mM racemic muconolactone (prepared by the method of Elvidge et al. [1950]) and in addition partially purified preparations of 3-oxoadipate enol-lactone hydrolase or muconolactone isomerase, respectively (Ornston, 1966a, b). *cis,cis*-Muconic acid for the assays was kindly provided by J. E. Adamus (Celgene Corp., Warren, N.J.). The following extinction coefficients were used: for the formation or consumption of *cis,cis*-muconate, 16,800 $M^{-1} \cdot cm^{-1}$ (Dorn & Knackmuss, 1974), and for the conversion of muconolactone to 3-oxoadipate, 1,430 and 2,050 $M^{-1} \cdot cm^{-1}$, if preparations of auxiliary enzymes contained muconate cycloisomerase (Ornston, 1966a, b).

Protein concentrations during purification and expression experiments were determined by the method of Bradford (1976) with bovine serum albumin as the standard. The determination of the protein concentration for a tryptic digest of muconate cycloisomerase was carried out by the more accurate Scopes (1974) procedure.

Protein purifications.

Muconate cycloisomerase was purified as described by Solyanikova et al. (1995). Cell extract (volume, 320 ml; protein, 592 mg; total activity, 182 U; specific activity, 0.31 U/mg) was incubated at 60°C for 20 min, centrifuged, and then chromatographed first on a Pharmacia Q Sepharose Fast Flow XK 50/20 column (bed volume, 200 ml) and subsequently on a Pharmacia Phenyl Superose HR 10/10 column. This resulted in a preparation (volume, 14 ml; protein, 2.31 mg; total activity, 27.9 U) with a specific activity of 12.1 U/mg (39-fold purification; 15% yield). The fraction with the highest activity was used for tryptic digestion (2.25 U/ml, 197 µg of protein/ml).

For the purification of muconolactone isomerase, cell extract (volume, 190 ml; protein, 160 mg; total activity, 195 U; specific activity, 1.2 U/mg) was chromatographed on a Q Sepharose HP column (HR 16/10; bed volume, 20 ml) with 50 mM Tris-HCl (pH 7.5) and a linear NaCl gradient (0 to 0.5 M over 300 ml) for elution. The most active fractions (eluting at ca. 0.3 M NaCl) were pooled (volume, 15 ml; protein, 12.7 mg; total activity, 207 U). Proteins were precipitated by $(NH_4)_2SO_4$ at 70% saturation, and the preparation was stored at 4°C for 3 days. After centrifugation and dissolution of the resulting pellet in 1.5 ml of 50 mM Tris-HCl (pH 7.5), $(NH_4)_2SO_4$ was added to a final concentration of ca. 2 M, and the preparation was centrifuged again. The supernatant was loaded onto a Phenyl Superose HR

10/10 column from which proteins were eluted by a decreasing gradient of 2 to 0 M $(NH_4)_2SO_4$ in 50 mM Tris-HCl (pH 7.5) over 100 ml [activity peak at ca. 0.67 M $(NH_4)_2SO_4$]. The combined fractions (volume, 3 ml; protein, 0.63 mg; total activity, 64 U; specific activity, 102 U/mg) were desalted by using Pharmacia PD-10 columns and were subjected to chromatography on Pharmacia Mono Q (HR 5/5) by using 50 mM Tris-HCl (pH 7.5) and an NaCl gradient (0 to 0.25 M over 10 ml, 0.25 to 0.45 M over 60 ml, and 0.45 to 1 M over 14 ml) for elution. The fractions with the highest level of activity were pooled (volume, 2 ml; protein, 0.48 mg; total activity, 56 U), desalted, and rechromatographed on Mono Q (NaCl gradient: 0 to 0.16 M over 10 ml, 0.16 to 0.35 M over 70 ml, and 0.35 to 0.5 M over 10 ml). The most active fractions (activity peak at ca. 0.24 M NaCl) resulted in a preparation (volume, 3 ml; protein, 0.26 mg; total activity, 40 U) with a specific activity of 154 U/mg, equivalent to a 128-fold purification.

Purification of catechol 1,2-dioxygenase was achieved by following a scheme different from that previously published by Maltseva et al. (1991) for this enzyme. Cell extract (volume, 170 ml; protein, 612 mg; total activity, 192 U; specific activity, 0.31 U/mg) was chromatographed on a Q Sepharose HP column (HR 16/10; bed volume, 20 ml) with 50 mM Tris-HCl (pH 7.5) and an increasing NaCl gradient (0 to 0.15 M over 60 ml, 0.15 to 0.5 M over 350 ml, and 0.5 to 1 M over 60 ml) for elution. Dioxygenase containing fractions (eluting at about 0.27 to 0.3 M NaCl) were pooled (volume, 20 ml; protein, 38.6 mg; total activity, 77.4 U; specific activity, 2.0 U/mg). After addition of $(NH_4)_2SO_4$ to a 1.4 M final concentration, the preparation was filtered and subjected to Phenyl Superose HR 10/10 chromatography. Elution was achieved with a decreasing gradient of 1.4 to 0.56 M $(NH_4)_2SO_4$ over 85 ml and 0.56 to 0 M over 15 ml. The fraction with the highest activity, eluting at 0.80 to 0.85 M $(NH_4)_2SO_4$ (volume, 2 ml; protein, 1.19 mg; total activity, 28.2 U; specific activity, 23.7 U/mg), was then loaded onto a Pharmacia Superdex 200 Prep-Grade gel filtration column (HiLoad 16/60; bed volume, 120 ml). Proteins were eluted with 50 mM Tris-HCl (pH 7.5) plus 0.15 M NaCl, which resulted in a preparation (volume, 1 ml; protein, 0.20 mg; total activity, 5.64 U) with a specific activity of 28.2 U/mg, equivalent to a 91-fold purification.

SDS-polyacrylamide gel electrophoresis.

Sodium dodecyl sulfate (SDS)-polyacrylamide gel electrophoresis was carried out to determine the purity of enzyme preparations. It was performed by a modified Laemmli (1970) procedure on self-casted, 0.5-mm-thick, 7-cm-long vertical slab gels with 10% (wt/vol) acrylamide in the separation gel. The gels were stained by a modification of the method of Merril et al. (1981) with a Bio-Rad silver-staining kit.

Protein cleavage, isolation of peptides, and sequencing of peptides and N termini.

Trypsin digestion of muconate cycloisomerase and subsequent separation of tryptic peptides by reversed-phase high-pressure liquid chromatography (HPLC) were performed as described by Stone et al. (1989). The amount of muconate cycloisomerase after precipitation, washing, and drying was 61 µg. The protein was digested for 24 h at 37°C with 2.4 µg of HPLC-pure trypsin from Sigma (dissolved in 0.01% trifluoroacetic acid). Peptides were separated by reversed-phase HPLC using a Nucleosil (Grom, Herrenberg, Germany) C_{18} reversed-phase column (particle size, 5 µm; length, 25 cm; internal diameter, 4 mm), an aqueous solution of 0.06% (vol/vol) trifluoroacetic acid as solvent A, 0.052% (vol/vol) trifluoroacetic acid and 80% acetonitrile in water (vol/vol) as solvent B, and the following gradient: 0 to 60 min, 2 to 37% solvent B; 60 to 90 min, 37 to 75% solvent B; and 90 to 120 min, 75 to 98% solvent B (flow rate, 0.5 ml/min; detection at 210 nm). The column effluent during detection of distinct peaks was collected (100 to 300 µl, containing about 1 nmol of the respective peptide).

Cyanogen bromide cleavage of purified catechol 1,2-dioxygenase was performed as described by Matsudaira (1990). After concentration of the preparation to 0.6 mg/ml, an aliquot of 100 µl was desalted by repeated dilution with water and subsequent ultrafiltration. The protein was dried in a vacuum centrifuge and then solubilized in 100 µl of 70% formic acid. Two crystals of CNBr were added and dissolved by gentle vortexing. The tube was flushed with nitrogen and capped. The reaction mixture was incubated in the dark at room temperature for 18 h. The digest was quenched by evaporating the formic acid under a vacuum in the presence of NaOH pellets for 15 min. It was then dried completely in a vacuum centrifuge, solubilized in 6 M

TABLE 2. Isolated tryptic peptides and the N terminus of muconate cycloisomerase with deduced oligonucleotides for PCR

Peptide (elution time in min) or N terminus	Amino acid sequence[a]	Sequence of deduced oligonucleotide	Name of primer
40.14	YVP		
45.37	TWTR		
50.19	EVVAIAK	TTBGCGATBGCSACSACYTC	N50.19
70.69	AAVDVALHDAW		
80.50	YADGQVFLPEGPG	GAAVACYTGVCCRTCBGCGTA	N80.50
82.84	LVEGGVELIEQPTPGEQLEVLAELNR	CCBGGSGTBGGYTGYTCGAT	N82.84
N-terminus[b]	TDLSIVSVETTILDVPLVRP	ATCGTBGARACSACSATCYT	N-NT

[a] Segments used for construction of oligonucleotides are underlined.
[b] Information from Solyanikova et al. (1995).

guanidine-HCl–0.1 M Tris-HCl (pH 8.5)–0.1 M dithiothreitol, and injected onto a Pharmacia ProRPC HR 5/10 reversed-phase column. The peptides were eluted by a linear gradient from 0.1% trifluoroacetic acid in water to 0.1% trifluoroacetic acid in acetonitrile over 18 ml (flow rate, 0.3 ml/min). The column effluent during detection of distinct peaks was collected (50 to 300 µl, containing about 1 nmol of the respective peptide).

Selected peptide-containing fractions from reversed-phase HPLC were subjected to automated sequencing (Applied Biosystems model 473A). Purified muconolactone isomerase from *R. erythropolis* 1CP prior to sequencing was partially desalted by changing the buffer to 5 mM sodium phosphate buffer (pH 7.0) by ultrafiltration.

Purification of genomic and plasmid DNAs.

Genomic DNA from *R. erythropolis* 1CP was prepared from 50 ml cultures grown in the same mineral medium as described above (30°C, 125 rpm), but with 2 g of glucose per liter and 50 mg of 4-chlorophenol per liter as carbon and energy sources in the presence of 20 g of glycine per liter. The cells were centrifuged, washed with

TABLE 3. Enzyme activities expressed from pRER1

Enzyme	Sp act (U/mg)[a] of *E. coli* DH5α carrying	
	pRER1	pBluescript II KS (+)
Catechol 1,2-dioxygenase	0.015	< 0.001
Muconate cycloisomerase	0.127	< 0.001
Muconolactone isomerase	1.65	< 0.02
3-Oxoadipate enol-lactone hydrolase	< 0.1	< 0.1

[a] Details on induction and activity assays are given under Materials and Methods.

50 mM Tris-HCl (pH 8), and centrifuged again. They were then resuspended in 3 ml of sucrose (100g/liter)–10 mg of lysozyme per ml in 50 mM Tris-HCl (pH 8) and incubated at 37°C for 1.5 h. The cells were then pelleted by centrifugation and resuspended in 2.8 ml of TE buffer (10 mM Tris-HCl [pH 8], 1 mM sodium EDTA [pH 8]). Pronase E (Fluka) and SDS were added to final concentrations of 100 µg/ml and 5 g/liter, respectively, in a total volume of 3 ml. The mixture was incubated at 37°C for 2 h. Purification of DNA was achieved by two extractions with 3 ml of phenol and one extraction with 3 ml of phenol-chloroform-isoamyl alcohol (25:24:1 [vol/vol/vol]). The aqueous phase was then dialyzed overnight against TE buffer at 4°C.

Plasmid DNA from *E. coli* DH5α on a small scale was isolated with a Pharmacia Flexiprep kit. The method of Lee and Rasheed (1990) was scaled up and used for plasmid isolation from 25-ml *E. coli* cultures.

General in vitro manipulations of DNA.

Vector DNA digested with only one enzyme was dephosphorylated prior to ligation. For cloning of PCR products, a T-vector was prepared as described by Marchuk et al. (1991). Insert DNA for ligation was isolated from gels by use of a GeneClean II kit (Bio 101, Vista, Calif.). Transformation of *E. coli* DH5α was achieved by the method of Chung et al. (1989) or that of Inoue et al. (1990). Loss of LacZ complementation by insertion of DNA into vectors was detected by using LB plates with 0.13 mM IPTG and 32 µg of X-Gal (5-bromo-4-chloro-3-indolyl-β-D-galactoside) per ml.

PCR.

Oligonucleotides were custom synthesized according to the sequences of the previously determined N terminus (Solyanikova et al., 1995) and the sequences of three internal peptides (Table 2). Degeneracy of the oligonucleotides was reduced by using codon usage tables previously published for *Rhodococcus* genes (Hart et al., 1990; Ikehata et al., 1989). The reaction mixtures (50 µl) contained 50 pmol of each primer, 0.5 µg of chromosomal template DNA, 100 µM deoxynucleotide triphosphates, 1× optimized PCR buffer (Biometra), 0.2 of 1.0 U of DNA polymerase from *Thermus brockianus* F500 (Biometra), and various concentrations of denaturing agents, such as dimethyl sulfoxide (2 to 10%) or formamide (5 to 10%) (Varadaraj & Skinner, 1994). The PCR was performed with 30 cycles of denaturing (95°C, 30 s), annealing (50°C, 1 min), and polymerization (72°C, 1 min), with additional 4.5 min ofdenaturing during the first cycle and an additional 14 min polymerization during the last cycle.

Cloning strategy and hybridization procedures.

The PCR products were initially ligated into the T-tailed *Eco*RV site of pBluescript II SK (+) and in one case were subcloned after *Hin*dIII/*Xba*I digestion into pBluescript II KS (+), thus yielding pRERT1 and pRERT2, respectively. The insert of pRERT1 was labeled with digoxigenin by using a DIG DNA Labeling and Detection Kit Nonradioactive (Boehringer). All labeling and hybridization procedures were performed as described in the Boehringer manual. The probe was then used to detect the corresponding fragment on a Southern blot of 5 µg of *Bam*HI-digested *R. erythropolis* DNA run on a 1% agarose gel with TAE (4.84 g of Tris-base, 1.14 ml of glacial acetic acid, 2 ml of 0.5 M EDTA [pH 8] per liter). Prior to blotting of the DNA onto a Pall Biodyne B transfer membrane (0.45 µm), the gel had been incubated in 0.25 M HCl twice for 15 min and subsequently in 1.5 M NaCl–0.5 M NaOH for denaturation. From a second gel, an area which corresponded in size to the hybridization signal (ca. 3 to 5 kb) was excised. DNA was eluted from the gel slice and ligated into pBluescript II KS (+). After transformation of the ligation mixture into *E. coli* DH5α, the labeled insert of pRERT1 was used to identify the correct clones by colony hybridization. For this, cell material was carried over to Pall membranes which were subsequently incubated in 1.5 M NaCl–0.5 M NaOH twice for 5 min each and neutralized in 0.5 M Tris-HCl (pH 7.5)–1.5 M NaCl twice for 5 min each. Cell debris and nonlysed cells were removed from the membranes with Whatman 3MM paper. The membranes were washed in 50 mM NaCl and air dried. Fixation of DNA on the membranes was achieved by incubation at 70°C for 2 to 12 h.

DNA sequence analysis.

For generation of nested deletions in pRER1, a double-stranded nested deletion kit from Pharmacia was used. The nucleotide sequence of pRER1 was determined partly by the dideoxy chain termination method of Sanger et al. (1977), using a Pharmacia ^{T7}Sequencing kit with Deaza G/A ^{T7}Sequencing mixes in order to eliminate band compressions in sequencing gels, and partly by cycle sequencing using an Applied Biosystems Prizm kit with subsequent electrophoresis and analysis in an Applied Biosystems A373 sequencer. Computer-based sequence analyses were performed mainly with the PC/GENE program package (Intelligenetics Inc., Mountain View, Calif.). FASTA (Pearson & Lipman, 1988), as implemented in PC/GENE, was used under default conditions to screen databases, while multiple sequence alignments were performed by the PC/GENE version of CLUSTAL (Higgins & Sharp, 1989) with open and unit gap costs set to 10.

Dendrograms based on the Fitch-Margoliash algorithm were obtained by using the programs PROTDIST, FITCH, and DRAWTREE of the PHYLIP program package (Phylogeny Inference Package, version 3.5c, 1993, J. Felsenstein, Department of Genetics, University of Washington, Seattle) with default settings unless otherwise specified.

Nucleotide sequence accession number.

The 3,945-bp sequence of the insert on pRER1 shown in Fig. 3 will appear in the EMBL, GenBank, and DDBJ nucleotide sequence databases under accession no. X99622.

RESULTS

Cloning of the muconate cycloisomerase encoding region from *R. erythropolis* 1CP.

In order to obtain sufficient amounts of protein for the isolation of tryptic fragments, the muconate cycloisomerase was purified from an extract of benzoate-grown cells of *R. erythropolis* 1CP basically by scaling up a previously developed procedure (Solyanikova et al., 1995). An aliquot of the purified protein was subjected to trypsin digestion, and the resulting peptide mixture was separated by reversed-phase HPLC. The sequence information obtained from some of the isolated peptides (Table 2) was used for the design of oligonucleotides which then served as primers for PCR experiments. With primers N-NT and N50.19, a 0.85-kb fragment was produced, and with N-NT and N80.50 a 1-kb fragment was produced. Neither fragment was detectable when a PCR was performed under identical conditions but

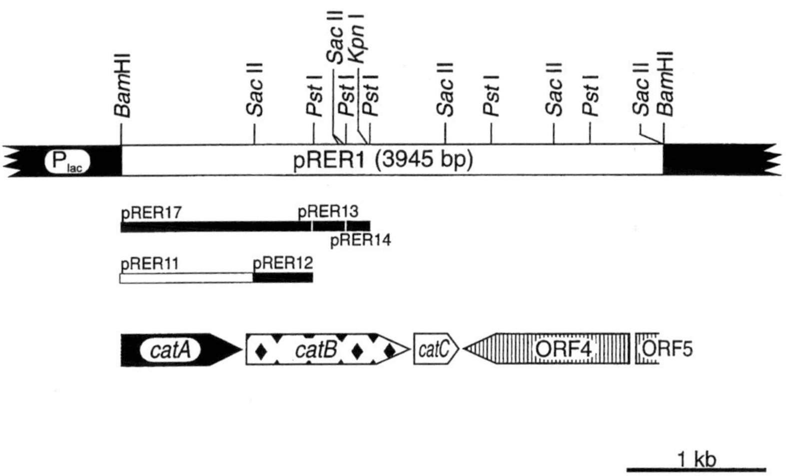

FIG. 2. Restriction map of the insert of pRER1 carrying 3,945 bp of *R. erythropolis* 1CP DNA (white bar) in the multiple cloning site of pBluescript II KS (+) (grey bar). The arrangement of some of the smaller subclones was evident only after DNA sequencing. The inserts of subclones hybridizing to the insert of pRERT1 (black bars). and the location and orientation of open reading frames (bottom) are indicated. ORF, open reading frame.

with only one of the two primers. The 0.85-kb fragment and the 1.0-kb fragment were cloned into pBluescript vectors. DNA sequencing into the cloned inserts demonstrated that they contained the respective primers and between them a DNA fragment with sequence similarities to known cycloisomerases (see below). The larger insert (in pRERT1) was digoxigenin labeled and then used for the identification of corresponding bands on a Southern blot as well as for the identification of colonies of the desired clones. A clone carrying a 4-kb *Bam*HI insert in pBluescript II KS (+) was isolated and designated pRER1 (Fig. 2).

Expression of *cat* genes from pRER1.

E. coli DH5α strains harboring pRER1 in addition to muconate cycloisomerase activity expressed catechol 1,2-dioxygenase and muconolactone isomerase activities (Table 3). None of the three enzymes was expressed in *E. coli* DH5α harboring pBluescript II KS (+) without an insert. A 3-oxoadipate enol-lactone hydrolyzing enzyme could not be detected in the extracts of *E. coli* DH5α(pRER1).

Sequence analysis of pRER1.

DNA sequencing of the insert of pRER1 revealed five open reading frames (Fig. 3). The first one, positions 1 to 813, was incomplete and lacked the N terminus. It showed high sequence similarities to known catechol and chlorocatechol 1,2-dioxygenases (Fig. 4; Table 4), especially to the catechol 1,2-dioxygenase of *Arthrobacter* sp. strain mA3 (Eck & Belter, 1993), with which it shares 58.9% identical positions in the alignment of Fig. 4. Both cyanogen bromide fragments of purified catechol 1,2-dioxygenase which were subjected to amino acid sequencing were found to occur in the predicted sequence (Fig. 3). Thus, the first open reading frame clearly is part of the *catA* gene.

The second open reading frame, positions 843 to 1964, was similar to muconate and chloromuconate cycloisomerases (Fig. 5; Table 4) and was therefore designated *catB*. All determined sequences of internal peptides of the muconate cycloisomerase of *R. erythropolis* 1CP (Table 2) were found to be contained in the open reading frame (Fig. 3). The predicted subunit molecular mass of the protein expressed from this open reading frame is 39,608 Da.

```
1    GGATCCGGCTCCGCCGCCACCGACAAGTTCAAGGCCGAGCGCGCCACAGCCGACACCTCGCCGGAGCGGCTCGCGGCCATCGCCAAGGACGCACTCGGCGCACTCAACGACGTGATCCTG
     G S G S A A T D K F K A E R A T A D T S P E R L A A I A K D A L G A L N D V I L
   catA' →
121  AAGCACGGCGTCACCTACCCCGAGTACCGCGTGTTCAAGCAGTGGCTCATCGACGTGGGCGAGGGCGGCGAATGGCCGCTGTTCCTCGACGTGTTCATCGAGCACTCGGTCGAAGAAGTC
     K H G V T Y P E Y R V F K Q W L I D V G E G G E W P L F L D V F I E H S V E E V

241  CTCGCTCGCAGCCGCAAGGGCACCATGGGCAGCATCGAGGGCCCGTACTACATCGAGAACTCGCCCGAGCTGCCGTCGAAGTGCACCCTGCCGATGCGGGAAGAGGACGAGAAGATCACC
     L A R S R K G T M G S I E G P Y Y I E N S P E L P S K C T L P M R E E D E K I T

361  CCGCTCGTCTTCTCCGGCCAGGTCACCGATCTCGACGGCAACGGCCTCGCCGGCGCGAAGGTCGAACTGTGGCACGCCGACAACGACGGCTACTACTCCCAGTTCGCCCCGCACCTGCCC
     P L V F S G Q V T D L D G N G L A G A K V E L W H A D N D G Y Y S Q F A P H L P

481  GAGTGGAACCTGCGCGGCACCATCATCGCCGACGAGGAGGGCCGCTACGAGATCACCACGATCCAGCCGGCGCCCTACCAGATCCCGACCGACGGCCCGACCGGTCAGTTCATCGAGGCG
     E W N L R G T I I A D E E G R Y E I T T I Q P A P Y Q I P T D G P T G Q F I E A

601  CAGAACGGTCACCCGTGGCGTCCCGCGCACCTGCACCTCATCGTGTCGGCGCCGGGCAAGGAGTCGGTGACCACGCAGCTGTACTTCAAGGGTGGCGAGTGGATCGACAGCGACGTCGCG
     Q N G H P W R P A H L H L I V S A P G K E S V T T Q L Y F K G G E W I D S D V A

721  TCGGCTACCAAGCCGGAACTCATCCTCGATCCGAAGACCGGTGACGACGGCAAGAACTACGTCACCTACAACTTCGTGCTCGACCCCGCGTGACCCGTTCCGCCCGTAGAGAAAGTGATC
     S A T K P E L I L D P K T G D D G K N Y V T Y N F V L D P A STOP

841  CGATGACCGACCTGTCGATCGTCTCCGTCGAAACGACGATCCTCGATGTGCCGTTGGTGCGTCCCCACAAGTTCGCCACCACGTCGATGACGGCGCAGCCGCTGCTGCTCGTCGCCGTCA
      M T D L S I V S V E T T I L D V P L V R P H K F A T T S M T A Q P L L L V A V T
      catB →
961  CGACCGCGGGCGGCGTGACCGGTTACGGCGAGGGCGTCGTCCCCGGCGGCCCGTGGTGGGGCGGCGAATCGGTGGAGACGATGCAGGCGATCGTCGAGCGGTACATAGTCCCGGTCCTGC
      T A G G V T G Y G E G V V P G G P W W G G E S V E T M Q A I V E R Y I V P V L L

1081 TGGGGCGTGGTGTCGACGAGATCACCGGCATCATGCCGGACATCGAACGAGTCGTCGCCAATGCACGTTTCGCGAAAGCCGCCGTCGACGTCGCGTTGCACGACGCCTGGGCCCGAAGCC
      G R G V D E I T G I M P D I E R V V A N A R F A K A A V D V A L H D A W A R S L

1201 TGGGTGTGCCCGTGCACACGCTGCTCGGCGGCGCCTTCCGAAAGAGTGTCGACGTCACGTGGGCCCTCGGCGCCGCACCCGCCGAGGAGATCATCGAGGAGGCCCTCGATCTCGTCGAGT
      G V P V H T L L G G A F R K S V D V T W A L G A A P A E E I I E E A L D L V E S

1321 CGAAGCGGCACTTCAGTTTCAAACTGAAGATGGGTGCGCTCGATCCCGCCGTCGACACTGCCCGGGTGGTCCAGATCGCGCAGGCCCTGCAGGGCAAGGCCGGCGTCCGCATCGACGTCA
      K R H F S F K L K M G A L D P A V D T A R V V Q I A Q A L Q G K A G V R I D V N

1441 ACGCCCGCTGGGACAGGCTCACCGCGCTGAAGTACGTGCCCCGCCTCGTCGAAGGCGGCGTCGAACTGATCGAGCAGCCCACACCCGGTGAGCAACTCGAGGTCCTCGCCGAGCTCAACC
      A R W D R L T A L K Y V P R L V E G G V E L I E Q P T P G E Q L E V L A E L N R

1561 GACTCGTCCCCGTCCCGGTGATGGCGGACGAGAGCGTGCAGACTCCGCACGACGCCCTCGAGGTCGCACGCCGCGGCGCCGCGGACGTCATCGCCCTCAAGACCACCAAATGTGGCGGCC
      L V P V P V M A D E S V Q T P H D A L E V A R R G A A D V I A L K T T K C G G L

1681 TGCAGAAGAGCCGCGAGGTGGTCGCAATTGCCAAGGCAGCCGGAATCGCCTGCCACGGAGCCACGTCCATCGAAGGCCCGATCGGGACGGCGGCGTCCATCCACTTCGCGTGCGCGGAAC
      Q K S R E V V A I A K A A G I A C H G A T S I E G P I G T A A S I H F A C A E P

1801 CCGGCATCGACTTCGGTACCGAACTGTTCGGACCGCTGCTGTTCAGCGAGGAGTTGCTGCAGGAACCGATCCGCTACGCCGACGGCCAGGTGTTCCTGCCCGAGGGGCCCGGACTCGGAG
      G I D F G T E L F G P L L F S E E L L Q E P I R Y A D G Q V F L P E G P G L G V

1921 TCGAGCTCAACATGGACGCAGTCAAGACCTGGACCAGGAACTAAGGAGCACACCACCCGATGGCACTCTTTCACGTCCGCATGGACGTCGCCATTCCCCGTGACCTCGACCCGAAGGTGC
      E L N M D A V K T W T R N STOP              M A L F H V R M D V A I P R D L D P K V R
                                                  catC →
2041 GGGACGAGACCATCGCCAAGGAGAAGGCGTACTCGCAGGAGCTCCAACGCTCCGGCAAGTGGCCCGAGATCTGGCGCATCGTGGGGCAGTACAGCAACATCAGCATCTTCGACGTCGAGT
      D E T I A K E K A Y S Q E L Q R S G K W P E I W R I V G Q Y S N I S I F D V E S

2161 CGGCCGACGAACTGCACGAGATCCTGTGGAACCTTCCACTGTTCCCGTACATGAACATCGAGATCATGCCGCTCACCAAGCACGGTTCCGACGTCAAATAGGCCGTCCGGGCCCGTGCGT
      A D E L H E I L W N L P L F P Y M N I E I M P L T K H G S D V K STOP

2281 GGTCAGCGAGTCTCTGGACTCGTCAACCGCTCACGGGCGCGGAGCACCTGCGAGCAGCTGGTCCACCGCGGGCACGCTGAGGACGTGGTCGAGTGCCATGGTGGCGCTACCGACGACGCC
                              AGTGCCCGCGCCTCGTGGACGCTCGTCGACCAGGTGGCGCCCGTGCGACTCCTGCACCAGCTCACGGTACCACCGCGATGGCTGCTGCGG
                             STOP P R P A G A L L Q D V A P V S L V H D L A M T A S G V V G

2401 CGACAGTTCCCCGTGCGTCCAGGGGAGGATCTGAAGCTGTTGGGTGGCAACGGCGATGGCGTTGCCGTAGAGGGTTTCGCGTAGCCCCGCGACGAACGTGTCGTAGGCCTGCGCCATGTC
     GCTGTCAAGGGGCACGCAGGTCCCCTCCTAGACTTCGACAACCCACCGTTGCCGCTACCGCAACGGCATCTCCCAAAGCGCATCGGGGCGCTGCTTGCACAGCATCCGGACGCGGTACAG
      S L E G H T W P L I Q L Q Q T A V A I A N G Y L T E R L G A V F T D Y A Q A M D

2521 GCCGCCGACGATCACGACCTCCGGGTTGAGGAGGTTGATCGCGCCCGACAGGACCTCGCCGATCTGCCGCCCGCTCTCACGGATCATCCGCCGCGCCTCGGCGTCCCCGGCGAGGGCGAG
     CGGCGGCTGCTAGTGCTGGAGGCCCAACTCCTCCAACTAGCGCGGGCTGTCCTGGAGCGGCTAGACGGCGGGCGAGAGTGCCTAGTAGGCGGCGCGGAGCCGCAGGGGCCGCTCCCGCTC
      G G V I V V E P N L L N I A G S L V E G I Q R G S E R I M R R A E A D G A L A L

2641 GGTGATCACGTCGCGGATGTGGGTGACTTCGCGTCCCTGCTCCTGCAGATTGCGGACCAGTGCCCACCCGCCGGCCACGGCCTCGATACAACCCACATCACCGCAGCGGCACACCACACC
     CCACTAGTGCAGCGCCTACACCCACTGAAGCGCAGGGACGAGGACGTCTAACGCCTGGTCACGGGTGGGCGGCCGGTGCCGGAGCTATGTTGGGTGTAGTGGCGTCGCCGTGTGGTGTGG
      T I V D R I H T V E R G Q E Q L N R V L A W G G A V A E I C G V D G C R C V V G

2761 TTGTGCCGCTGCGGTTTTCGTGTGCCCGATTTCGCCCGCCGCGCCGAGGGCGCCCCGCTGGAGCACGCCACCGGACACGAGTCCGGCTCCCAGTCCGGTCGACGCCTTGATGAGCAGCAT
     AACACGGCGACGCCAAAAGCACACGGGCTAAAGCGGGCGGCGCGGCTCCCGCGGGGCGACCTCGTGCGGTGGCCTGTGCTCAGGCCGAGGGTCAGGCCAGCTGCGGAACTACTCGTCGTA
      Q A A A T K T H G I E G A A G L A G R Q L V G G S V L G A G L G T S A K I L L M
```

FIG. 3. Sequence of the 3,945 bp *Bam*HI fragment carried on pRER1. Shown below the DNA sequences are predicted amino acid sequences, and those which correspond to separately determined sequences of N termini or peptides from tryptic or cyanogen bromide cleavage are indicated (underlined). The second cyanogen bromide fragment shown in the *catA'* gene was obtained in considerably lower yield than the first and apparently resulted from nonspecific cleavage. For an open reading frame presumedly transcribed in the opposite orientation, the complementary (here, coding) strand is additionally shown. The *catA* gene is not complete on the insert and has therefore been designated as *catA'*. ORF, open reading frame.

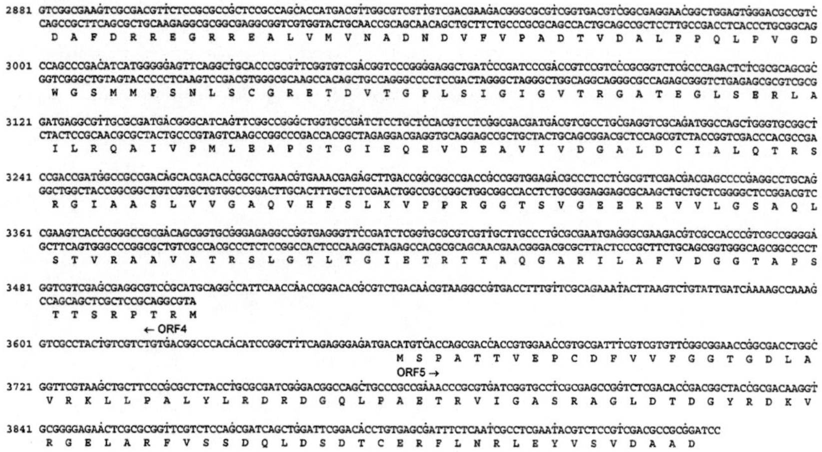

FIG. 3—*Continued*

The third open reading frame, positions 1980 to 2261, showed high sequence similarities to the muconolactone isomerases of *Pseudomonas putida* strains (47.3 and 49.5% identical positions, respectively, in the alignment of Fig. 6) and to the enzyme of *Acinetobacter calcoaceticus* (61.3% identical positions). The predicted amino acid sequence of the N terminus of the third open reading frame was found to be identical to the sequence obtained for the muconolactone isomerase purified from benzoate-grown cells of *R. erythropolis* 1CP (Fig. 3). The predicted subunit molecular mass of the protein expressed from this open reading frame is 10,911 Da.

A fourth open reading frame (bases 3504 to 2311), probably transcribed in the direction opposite to that of the *cat* genes, was detected downstream from *catC*. It showed significant sequence similarity to regulatory proteins of carbohydrate catabolism, e.g., to XylR, a repressor of xylose utilization by *Bacillus subtilis* (accession number M27248), and to NagC, a repressor of N-acetylglucosamine utilization by *E. coli* (accession number X14135).

```
                                                                                                                   100
CatA P.put.     MTVKISHTADIQAFFNKV----AGLDHAEG-NPRFKQIILRVLQDTARLVEDLEITEDEFWHAIDYLNRLGGRNEAGLLAAGLGIEHFLDLLQDAKDAEA
PheB P.EST      MTVKIYDTPEVQDFLKIV----AGLDQEGG-NDRGKQIIHRILSDLYRTIDDFDITAEQYWSAVSLLNALGQASQFGLLSPGLGFDHYMDMRMDAADAEA
CatA A.cal.     MEVKIFNTQDVQDFLRVA----SGLEQEGG-NPRVKQIIHRVLSDLYKAIEDLNITSDEYWAGVAYLNQLGANQEAGLLSPGLGFDHYLDMRMDAEDAAL
CatA A.cal.Ph.  M---MMNRQQIDSLVQQM----NVATATGEVNLRVQQIVVRLLGDLFQAIEDLNMSQTELWKGLEYLTDAGQANELGLLAAGLGLEHYLDLRADEADAKA
TfdC pJP4       VN----------------------------KRVKDVVDAIVAAVQRVLDQKEVTEAEYRTAVHYLMQVAEQRETALL-----CDVFFNSTVAATKARI
ClcA pAC27      MD----------------------------KRVAEVAGAIVEAVRKILLDKRVTEAEYRAGVDYLTEVAQTRETALL-----LDVFLNSTIIEGKAQR
TcbC pP51       MN----------------------------ERVKQVASALVDAIQKTLTEQRVTEEEWRAGVGYMMKLAEAKEVAVL-----LDAFFNHTIVDLKAQA
CatA Arthr.     MSTETEATAAASGAGATARFRETKHVAAGTSKERVSALAGRVIKAINDTVLEEKVTYDEYNALKAWLISVGETGEWPLF-----LDVWVEHSVEEVANEN
CatA R.ery.     MTTTESPTAAGSGSAATDKFK-AERATADTSPERLAAIAKDALGALNDVILKHGVTYPEYRVFKQWLIDVGEGGEWPLF-----LDVFIEHSVEEVLARS

                                                                                                                   200
CatA P.put.     GLGGGTPRTIEGPLYVAGAPLVQGERRMDDGTDP--GVVMFLKGQVFDAEGKPLAGATVDLWHANTQGTYSYFDST--QSEYNLRRRIITDAEGRYRARS
PheB P.EST      KRTGGTPRTIEGPLYVAGAPEAEGFARMDDDPDT-DGETMWLHGQVRDTAGKPIPGAKVEIWHCNSKGGYSFFDKS--QTPYNLRRTIIADNEGYYRARS
CatA A.cal.     GIENATPRTIEGPLYVAGAPESVGYARMDDGSDP-NGHTLILHGTIFDADGKPLPNAKVEIWHANTKGFYSHFDPTGEQQAFNMRRSIITDENGQYRVRT
CatA A.cal.Ph.  GITGGTPRTIEGPLYVAGAPESVGFARMDDGSESAHVDALIIEGNVTDTAGQIIPNAKVEIWHANSLGNYSFFDKS--QSAFNLRRSIFTDTQGQYIAQT
TfdC pJP4       SE--GSTPAIEGPYYRDDAPLVDDR--LKTYDTDDH-KPLLIQGTVKAVDGSVVEDVTIDVWHSTPDGKYSGFHDD--IPTDFYRGKLRVGTDGSFRVRT
ClcA pAC27      SR--TSAPAIQGPYFLEGAPVVEGV--LKTYDTDDH-KPLIIRGTVRSDTGELLAGAVIDVWHSTPDGLYSGIHDN--IPVDYYRGKLVTDSQGNYRVRT
TcbC pP51       TR--GSRPAMQGPYFLEGAPVVAGA--LKTYEDDSH-HPLVIRGAVRTDDGAPAAGAVIDVWHSTPDGKYSGIHDQ--IPTDMYRGKVVADAQGKYAVRT
CatA Arthr.     RH--GSKGTIEGPYYIPNAPTQNTPATLPMRD-DEPGTPLLFQGQVRNLAGEPLAGAKIELWHADDLGFYSQFAPG--LPEWNLRGSIIADDQGNFQINT
CatA R.ery.     RK--GTMGSIEGPYYIENSPELPSKCTLPMREEDEKITPLVFSGQVTDLDGNGLAGAKVELWHADNDGYYSQFAPH--LPEWNLRGTIIADEEGRYEITT
                                                                                   ↑
                                                                                                                   300
CatA P.put.     IVPSGYGCDPQGPTQECLDLLGRHGQRPAHVHFFISAPGHRHLTTQINFEGDKYLWDDFAYATRDGLIGELRFVEDAAAARDRGVQGARFAQLAFDFHLQ
PheB P.EST      VIPSGYGVPEGAPTDQVLKLLGRHGERPAHIHYFISAPGHQHLTTQINLAGDPYTYDDFAFATRQDLAAEGKRVENHPAAQQYGVEGT-VTEVIFNIELS
CatA A.cal.     ILPAGYGCPPEGPTQQLLNQLGRHGNRPAHIHYFVSADGHRKLTTQINVAGDPYTYDDFAYATREGLVVDAVEHTDPEAIKANDVEGP-FAEMVFDLKLT
CatA A.cal.Ph.  TMPVGYGCPPEGTTQALLNLLGRHGNRPSHVHYFVSAPGYRKLTTQFNIEGDKYLWDDFAFATRDGLIATALDVTDLAKIKQYNLNKA-FKHIKFNFQL-
TfdC pJP4       TMPVPYQIPDQGPTGALLETMGGHSWRPAHVHFKVKAPGYETLTTQYYFEGGDWITDDCCNGVQSSLI----------TPDIVEEGVRLMNINFVIE--
ClcA pAC27      TMPVPYQIPYEGPTGRLLGHLGSHTWRPAHVHFKVRKDGFEPLTTQYYFEGGKWVDDDCCHGVTPDLI----------TPETIEDGVRVMTLDFVIE--
TcbC pP51       TMPAPYQIPNKGPTGVLLEMMGSHTWRPAHVHFKVRKDGFAPLTTQYYFEGGDWVDSDCCKGVAPDLV----------MPTKTEGGAQVMDIDFVIE--
CatA Arthr.     MQPAPYQIPTDGACGALIAAAGWHAWRPAHLHLKVSAPGHQLITTQLYFEGDEHVADDIASAVKPELVLA--------PTDRADGHGRE-VTYHFVLD--
CatA R.ery.     IQPAPYQIPTDGPTGQFIEAQNGHPWRPAHLHLIVSAPGKESVTTQLYFKGGEWIDSDVASATKPELILD--------P--KTGDDGKNYVTYNFVLD--
                     ↑                   ↑ ↑

                                    320
CatA P.put.     GATAVEAEARSHRPRALQEG
PheB P.EST      P---TAEEELQARP------
CatA A.cal.     RLVDGVDNQVVDRPR--LAV
CatA A.cal.Ph.  ----VQDADQVPLQRLIVVE
TfdC pJP4       -----PARAQ-----AGANP
ClcA pAC27      -----REQAEQRKSATETVA
TcbC pP51       -----RAREH---------V
CatA Arthr.     -----PQD------------
CatA R.ery.     -----PA-------------
```

FIG. 4. Sequence alignment of catechol 1,2-dioxygenases (CatA and PheB) and chlorocatechol 1,2-dioxygenases (TfdC, ClcA, and TcbC) as calculated by the CLUSTAL program. At positions 175 to 178, gaps have been aligned manually. Numbers above the sequences refer to positions in the alignment, not in single sequences. Amino acids in positions in which at least eight of the nine sequences are identical (highlighted) and histidine and tyrosine residues previously reported to be involved in iron binding (Hartnett et al., 1990; Lipscomb & Orville, 1992) (arrows) are indicated. In some regions (positions 1 to 32, 99 to 104, 124 to 137, 175 to 184, 269 to 320) the positioning of gaps is questionable, as indicated by the fact that in these regions the alignment given here differs from a previous one of six of the sequences (Eck & Belter, 1993). The N-terminal 10 amino acids of the *R. erythropolis* CatA sequence have been predicted from the nucleotide sequence of an overlapping clone (Eulberg, unpublished results). Accession numbers and references for the published sequences (order as in the alignment) are as follows: U12557 (Houghton et al., 1995), M57500 (Kivisaar et al., 1991), M76991 (Neidle et al., 1988), Z36909 (Ehrt et al., 1995), M35097 (Romero-Arroyo et al., 1995), M16964 (Frantz & Chakrabarty, 1985), M57629 (van der Meer et al., 1991), and M94318 (Eck & Belter, 1993). Two more catechol 1,2-dioxygenase sequences (D37782 and D37783 [Nakai et al., 1995]) which are very similar to the one from *P. putida* PRS2000 shown here have been omitted for clarity. *P.put.*, *P. putida* PRS2000; *P.*EST, *Pseudomonas* sp. strain EST1001; *A.cal.*, *A. calcoaceticus* ADP1 (catechol catabolism); *A. cal.* Ph., *A. calcoaceticus* NCIB8250 (phenol catabolism); *Arthr.*, *Arthrobacter* sp. strain mA3; *R.ery.*, *R. erythropolis* 1CP.

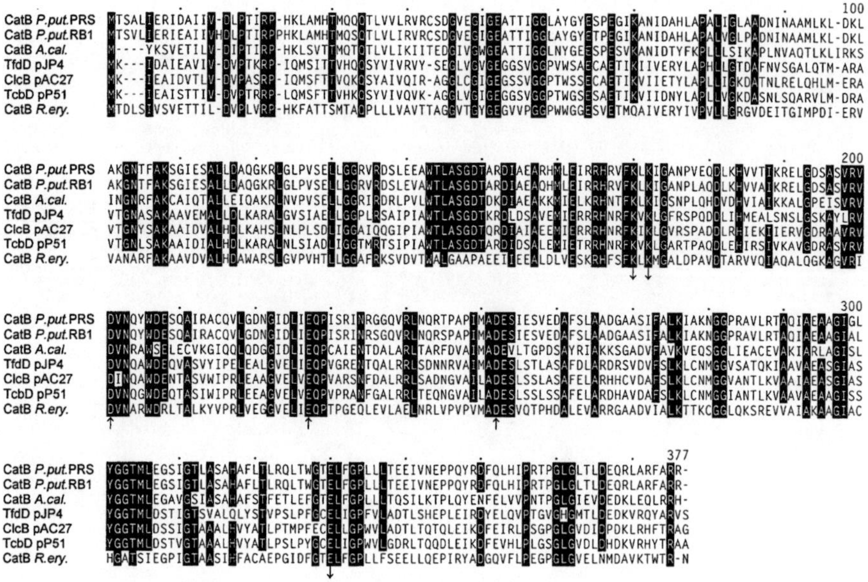

FIG. 5. Sequence alignment of muconate cycloisomerases (CatB) and chloromuconate cycloisomerases (TfdD, ClcB, and TcbD) as calculated by the CLUSTAL program. At positions 23 and 97, gaps have been aligned manually. Numbers above the sequences refer to positions in the alignment, not in single sequences. Amino acids in those positions in which at least six of the seven sequences are identical (highlighted), aspartate and glutamate residues involved in manganese coordination (arrows pointing upward), as well as lysine and glutamate residues directly involved in the enzyme mechanism (arrows pointing downward) (Gerlt & Gassman, 1992; Hoier et al., 1994) are indicated. Accession numbers and references for the published sequences (order as in the alignment) are as follows: U12557 (Houghton et al., 1995), M19460 (Aldrich & Chakrabarty, 1988), M76991 (Shanley et al., 1994), M35097 (Perkins et al., 1990), M16964 (Frantz & Chakrabarty, 1987), and M57629 (van der Meer et al., 1991). The N-terminal amino acid of TfdD has been determined as methionine (Hammer et al., 1993), although the respective codon is GTG (Perkins et al., 1990). *P.put.*, *P. putida*; *A.cal.*, *A. calcoaceticus* ADP1; *R.ery.*, *R. erythropolis* 1CP.

```
                                                                                                                  98
CatC P.put.PRS   M-LFHVKMTVKLPVDMDPAKATQLKADEKELAQRLQREGTWRHLWRIA-GHYANYSVFDVPSVEALHDTLMQLPLFPYMDIEVDGLCRHPSSIHSDDR
CatC P.put.RB1   M-LFHVKMTVKLPVDMDPAKAARLKADEKELAQRLQREGTWRHLWRIAVGHYANYSVFDVSSVEACNDTLMQLPLFPYMDIEVDGLCRHPSSIHSDDR
CatC A.cal.      M-LFQVRMDVHLPVSMPTDQANQIKSVEKAYSQELQRQGKWRHIWRIT-GQYSNISIFDVESNEELHTILQGLPLYPYMKIEVMALNRHPSSVRDDDS
CatC R.ery.      MALFHVRMDVAIPRDLDPKVRDETIAKEKAYSQELQRSGKWPEIWRIV-GQYSNISIFDVESADELHEILWNLPLFPYMNIEIMPLTKHGSDVK----
```

FIG. 6. Sequence alignment of muconolactone isomerases as calculated by the CLUSTAL program. The gap at position 49 was aligned manually. Numbering above the sequences refers to positions in the alignment, not in single sequences. Amino acids in positions in which all sequences are identical (highlighted) and amino acid residues previously reported to contribute to the active site (Katti et al., 1989) (arrows) are indicated. Accession numbers and references for the published sequences (order as in the alignment) are as follows: U12557 (Houghton et al., 1995), M19460 (Aldrich & Chakrabarty, 1988), and M76991 (Shanley et al., 1994). *P.put.*, *P. putida*; *A.cal.*, *A. calcoaceticus* ADP1; *R.ery.*, *R. erythropolis* 1CP

The fifth open reading frame extended from base 3656 to the end of the cloned fragment. The predicted amino acid sequence in a FASTA run yielded the highest scores with the sequences of several glucose-6-phosphate dehydrogenases, e.g., from *Zymomonas mobilis* (accession number M37982) and *Escherichia coli* (accession number M55005).

DISCUSSION

The cloned *R. erythropolis* 1CP DNA which was characterized in the present investigation does not contain the complete *catA* gene for catechol 1,2-dioxygenase. The comparison of the predicted amino acid sequence to that of the corresponding enzyme from *Arthrobacter* sp. strain mA3 (Eck & Belter, 1993) suggests that 30 bp encoding the 10 N-terminal amino acids are missing. Moreover, the clone comprises only one dioxygenase gene, while the catechol 1,2-dioxygenase of *R. erythropolis* 1CP has previously been reported to consist of two subunits of 33 and 35 kDa (Maltseva et al., 1991). Nevertheless, the protein expressed from pRER1 clearly had catechol 1,2-dioxygenase activity (Table 3), implying that one subunit is sufficient for a functional enzyme. In addition, SDS gel electrophoresis of catechol 1,2-dioxygenase purified from benzoate-grown wild-type cells and sequencing of cyanogen bromide fragments of the enzyme did not give an indication for the presence of two different subunits. Correspondingly, the catechol 1,2-dioxygenase from *R. erythropolis* AN-13 has also previously been reported to consist of one or more copies of a single subunit (Aoki et al., 1984). However, our data also do not exclude the possibility that the enzyme of strain 1CP may, under certain conditions, occur in an $\alpha\beta$ form which has been described for the catechol 1,2-dioxygenase of *P. putida* C-1 (Nakai et al., 1990).

In the cluster of the *R. erythropolis cat* genes, *catA* is directly followed by *catB* and *catC* (Fig. 2 and 7). This arrangement as a whole is unique among the known clusters of catechol and chlorocatechol catabolic genes. However, *catC* has been observed to follow *catB* in all *cat* gene clusters examined so far, and therefore this might be an ancient property. (There is no *catC* equivalent in chlorocatechol degradation.) That *catB* directly follows *catA* as in *R. erythropolis* 1CP has previously not been observed for other *cat* genes, but, interestingly, a corresponding arrangement has been described for all chlorocatechol gene clusters of plasmids from gram-negative bacteria (Fig. 7).

Previously, the characterization of the catalytic properties of various muconate and chloromuconate cycloisomerases, especially with respect to 2-chloro-*cis,cis*-

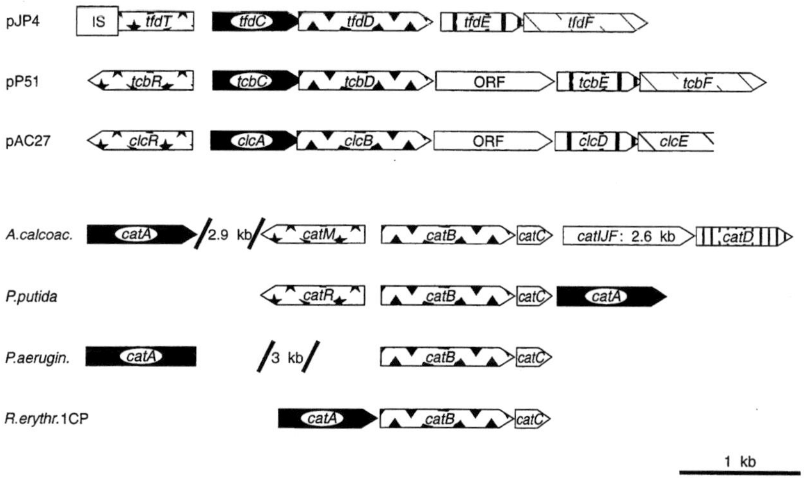

FIG. 7. Structures of catechol and chlorocatechol catabolic gene clusters. Homologous genes are presented in the same shade of grey. Information was taken from Fig. 3, references given in an earlier review (Schlömann, 1994), and other publications (Houghton et al., 1995; Kukor et al., 1988; Leveau et al., 1995; Romero-Arroyo et al., 1995). The gene cluster shown for *P. putida* is that of strain PRS2000 (Houghton et al., 1995). With respect to the distances between genes, it differs from that of strain RB1 (Aldrich & Chakrabarty, 1988). Since sequences for *P. aeruginosa* are not available, the direction of transcription of the *catA* gene is not given and the genes are assumed to be of lengths similar to those in *P. putida*. The insertion sequence-like element (IS), reported to occur in the *tfdT* gene (Leveau et al., 1995), is not necessarily drawn in the correct position. *A.calcoac.*, *A. calcoaceticus*; *P.aerugin.*, *P. aeruginosa*; *R.erythr.*; *R. erythropolis*; ORF, open reading frame.

muconate conversion, had shown that muconate and chloromuconate cycloisomerases of *R. erythropolis* 1CP share properties not shared by the corresponding enzymes from gram-negative strains and vice versa (Solyanikova et al., 1995). These findings suggested that the muconate and chloromuconate cycloisomerases of gram-positive strains are more closely related to each other than to muconate and chloromuconate cycloisomerases of proteobacterial origin. This would imply that the adaptation to chlorosubstituted substrates occurred independently among gram-negative and gram-positive bacteria. Simple comparisons of cycloisomerase sequences set the muconate cycloisomerase of *R. erythropolis* 1CP apart from the enzymes of gram-negative strains, quite in line with

TABLE 4. Sequence similarities between different groups of catechol and chlorocatechol 1,2-dioxygenases as well as muconate and chloromuconate cycloisomerases

Groups compared	Avg ratio of identical positions in pairwise comparisons (range) [a]	
	1,2-Dioxygenases	Cycloisomerases
Catechol enzymes of gram-negative bacteria versus chlorocatechol enzymes of gram-negative bacteria	28.1 (25.5 - 30.6)	41.5 (39.5 - 44.1)
Catechol enzymes of gram-negative bacteria versus catechol enzymes of gram-positive bacteria	28.8 (27.3 - 30.9)	39.0 (38.1 - 39.9)
Catechol enzymes of gram-positive bacteria versus chlorocatechol enzymes of gram-negative bacteria	34.7 (33.8 - 36.2)	38.0 (37.0 - 39.7)

[a] The calculations (expressed as percentages) are based on the sequence alignments shown in Fig. 4 and 5.

the hypothesis outlined above. Thus, the *Rhodococcus* enzyme shares ca. 39% identical residues with proteobacterial muconate cycloisomerases and ca. 38% identical residues with corresponding chloromuconate cycloisomerases, while the average degree of identical positions shared by the latter groups is 41.5% (Table 4).

However, the same analyses of the catechol and chlorocatechol 1,2-dioxygenases revealed a different pattern of sequence similarities. Here, the catechol 1,2-dioxygenases of the gram-positive *Arthrobacter* and *Rhodococcus* strains turned out to be relatively similar to the chlorocatechol dioxygenases of gram-negative strains (ca. 35% identical positions), while the catechol dioxygenases of *Pseudomonas* and *Acinetobacter* strains showed less sequence similarity to the other two groups (Table 4). The different similarity patterns are also obvious in dendrograms based on the unweighted pair-group method with arithmetic averages (UPGMA) (Fig. 8A). There are examples of gene clusters for phenol degradation which comprise catechol 1,2-dioxygenase genes but apparently no muconate cycloisomerase genes (Ehrt et al., 1995; Kivisaar et al., 1991), indicating that the dioxygenases and cycloisomerases do not necessarily coevolve. However, in most cases, dioxygenase and cycloisomerase genes have been found in the same

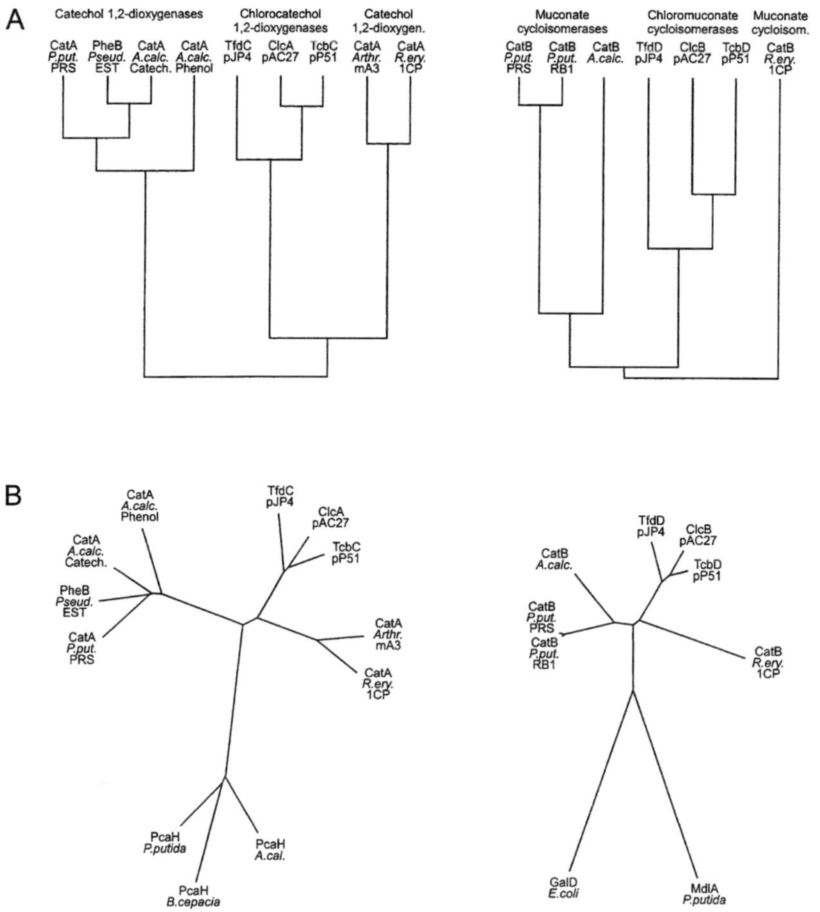

FIG. 8. Dendrograms showing the relatedness of catechol and chlorocatechol 1,2-dioxygenases (left) as well as muconate and chloromuconate cycloisomerases (right). Clustering was performed by the UPGMA of the program CLUSTAL (A) and by the Fitch-Margoliash procedure of the PHYLIP program package (B). The dioxygenase and the cycloisomerase dendrograms in panel B are drawn to the same scale (in centimeters per unit branch length). To indicate the position of the roots in the dendrograms of the Fitch-Margoliash procedure, the following sequences served as out-groups: PcaH, the β-subunit of protocatechuate 3,4-dioxygenases (M33798, M30791, and L14836), known to be homologous to catechol and chlorocatechol 1,2-dioxygenases (Hartnett et al., 1990); and MdlA, the mandelate racemase of *P. putida* (J05293) and GalD (DgoD), the galactonate dehydratase of *E. coli* (L10328 and U19577), which are homologous to muconate and chloromuconate cycloisomerases (Babbitt et al., 1995; Tsou et al., 1990). The Fitch-Margoliash dendrograms shown were calculated from the complete alignments including

Legend FIG. 8—*Continued*

regions in which the alignment was not certain. Basically the same tree topologies were obtained also when only regions in which the alignments were considered correct were used, as judged, for example, by proper alignment of iron-coordinating amino acid residues (Fig. 4) or manganese- or magnesium-coordinating and other active-site residues (Fig. 5).

operons or superoperonic clusters (Fig. 7). Thus, their dendrograms could be expected to have similar branching patterns, implying that one of those in Fig. 8A might not reflect the evolutionary relationships correctly.

Sequence analyses using the Fitch-Margoliash algorithm for the dioxygenases resulted basically in the same picture as the UPGMA (Fig. 8), while for the cycloisomerases the two methods gave dendrograms with different branching patterns. In correspondence to the dioxygenase tree, the dendrogram of Fig. 8B shows the muconate cycloisomerase of *R. erythropolis* on the same branch as the chloromuconate cycloisomerases of plasmids from gram-negative bacteria. It is also obvious that the branch leading to the *Rhodococcus* enzyme is considerably longer than those to the other cycloisomerases. Thus, differences in the evolutionary rates of the cycloisomerases are likely to have resulted in a misleading dendrogram when the UPGMA was used, which assumes an evenly running evolutionary clock. It might be pointed out, however, that the branch leading to the muconate cycloisomerase of *R. erythropolis* 1CP is not significantly longer than those to the catechol 1,2-dioxygenases of the gram-positive strains (drawn to the same scale in Fig. 8B). In contrast, the branches to the muconate and chloromuconate cycloisomerases of gram-negative bacteria are not only shorter than that to the *Rhodococcus* enzyme, but also considerably shorter than the branches to the corresponding dioxygenases (Fig. 8B).

The proximity of the branching points of the major clusters to each other as well as bootstrap analyses (data not shown) suggests that the topology of the dendrograms in Fig. 8B may have to be changed upon incorporation of new sequences or use of other analytical methods. However even the finding that the chlorocatechol enzymes encoded by plasmids of gram-negative bacteria appear to have originated from the branches to enzymes of gram-positive strains is still compatible with the hypothesis, derived from biochemistry of the cycloisomerases, that chlorocatechol conversion among the gram-positive bacteria evolved in functional convergence to that in proteobacteria. Two assumptions are necessary. (i) The common precursor of the cycloisomerases would be assumed to have the catalytic properties shared by the muconate and chloromuconate cycloisomerases of the gram-negative bacteria. (ii) The chlorocatechol pathway of the gram-positive bacteria diverged from the branch to the catechol enzymes of these bacteria later than the chlorocatechol enzymes encoded by plasmids of gram-negative strains. Work to test the second hypothesis is in progress.

ACKNOWLEDGMENTS

We are indebted to H.-J. Knackmuss for providing excellent facilities and for stimulating discussions. We thank I. P. Solyanikova for biomass from *R. erythropolis* and for a preparation of genomic DNA. For amino acid sequencing, we thank H. Weber, Fraunhofer-Institut für Grenzflächen- und Bioverfahrenstechnik, Stuttgart, and R. Getzlaff, Gesellschaft für Biotechnologische Forschung, Braunschweig, Germany. Thanks are due to H. Weber also for valuable advice on trypsin digestion and to J. E. Adamus (Celgene Corp.) for *cis,cis*-muconic acid. We thank V. Seibert and M. D. Vollmer for their cooperation during the initial radioactive sequencing; R. Schmid as well as H. Atomi, Institut für Technische Biochemie, for providing the facility for automated sequencing; and S. Bürger for performing the sequencing.

This work was supported initially by the Federal Ministry of Research (A10U; Zentrales Schwerpunktprojekt Bioverfahrenstechnik, Stuttgart, Germany), and later by a fellowship of the Landesgraduiertenförderung to D. E.

REFERENCES

Aldrich, T. L., and A. M. Chakrabarty. 1988. Transcriptional regulation, nucleotide sequence, and localization of the promoter of the *catBC* operon in *Pseudomonas putida*. J. Bacteriol. **170:** 1297-1304.

Amy, P. S., J. W. Schulke, L. M. Frazier, and R. J. Seidler. 1985. Characterization of aquatic bacteria and cloning of genes specifying partial degradation of 2,4-dichlorophenoxyacetic acid. Appl. Environ. Microbiol. **49:** 1237-1245.

Aoki, K., T. Konohana, R. Shinke, and H. Nishira. 1984. Purification and characterization of catechol 1,2-dioxygenase from aniline-assimilating *Rhodococcus erythropolis* AN-13. Agric. Biol. Chem. **48:** 2087-2095.

Babbitt, P. C., G. T. Mrachko, M. S. Hasson, G. W. Huisman, R. Kolter, D. Ringe, G. A. Petsko, G. L. Kenyon, and J. A. Gerlt. 1995. A functionally diverse enzyme superfamily that abstracts the α protons of carboxylic acids. Science **267:** 1159-1161.

Bradford, M. M. 1976. A rapid and sensitive method for the quantitation of microgram quantities of protein utilizing the principle of protein-dye binding. Anal. Biochem. **72:** 248-254.

Chung, C. T., S. L. Niemela, and R. H. Miller. 1989. One-step preparation of competent *Escherichia coli*: transformation and storage of bacterial cells in the same solution. Proc. Natl. Acad. Sci. USA **86:** 2172-2175.

Dorn, E., and H.-J. Knackmuss. 1978. Chemical structure and biodegradability of halogenated aromatic compounds. Substituent effects on 1,2-dioxygenation of catechol. Biochem. J. **174:** 85-94.

Dorn, E., M. Hellwig, W. Reineke, and H.-J. Knackmuss. 1974. Isolation and characterization of a 3-chlorobenzoate degrading pseudomonad. Arch. Microbiol. **99:** 61-70.

Eck, R., and J. Belter. 1993. Cloning and characterization of a gene coding for the catechol 1,2-dioxygenase of *Arthrobacter* sp. mA3. Gene **123:** 87-92.

Ehrt, S., F. Schirmer, and W. Hillen. 1995. Genetic organization, nucleotide sequence and regulation of expression of genes encoding phenol hydroxylase and catechol 1,2-dioxygenase in *Acinetobacter calcoaceticus* NCIB8250. Mol. Microbiol. **18:** 13-20.

Elvidge, J. A., R. P. Linstead, B. A. Orkin, P. Sims, H. Baer, and D. B. Pattison. 1950. Unsaturated lactones and related substances. Part IV. Lactonic products derived from muconic acid. J. Chem. Soc. **1950:** 2228-2235.

Eulberg, D. Unpublished results.

Eulberg, D., L. A. Golovleva, and M. Schlömann. 1995. Cloning and sequencing of the muconate cycloisomerase gene from the chlorophenols utilizing strain *Rhodococcus erythropolis* 1CP. Biospektrum, special issue, PA012, p. 56.

Eulberg, D., and M. Schlömann. 1996. Organization of genes involved in catechol degradation of the gram-positive, chlorophenols utilizing strain *Rhodococcus erythropolis* 1CP. Biospektrum, special issue, PE142, p. 123.

Frantz, B., and A. M. Chakrabarty. 1987. Organization and nucleotide sequence determination of a gene cluster involved in 3-chlorocatechol degradation. Proc. Natl. Acad. Sci. USA **84:** 4460-4464.

Fulthorpe, R. R., C. McGowan, O. V. Maltseva, W. E. Holben, and J. M. Tiedje. 1995. 2,4-Dichlorophenoxyacetic acid-degrading bacteria contain mosaics of catabolic genes. Appl. Environ. Microbiol. **61:** 3274-3281.

Gerlt, J. A., and P. G. Gassman. 1992. Understanding enzyme-catalyzed proton abstraction from carbon acids: details of stepwise mechanisms for β-elimination reactions. J. Am. Chem. Soc. **114:** 5928-5934.

Gorlatov, S. N., O. V. Maltseva, V. I. Shevchenko, and L. A. Golovleva. 1989. Degradation of chlorophenols by a culture of *Rhodococcus erythropolis*. Mikrobiologiya **58:** 802-806. (Microbiology **58:** 647-651.)

Hammer, A., T. Hildenbrand, H. Hoier, K.-L. Ngai, M. Schlömann, and J. J. Stezowski. 1993. Crystallization and preliminary X-ray data of chloromuconate cycloisomerase from *Alcaligenes eutrophus* JMP134 (pJP4). J. Mol. Biol. **232:** 305-307.

Hart, S., R. Kirby, and D. R. Woods. 1990. Structure of a *Rhodococcus* gene encoding pigment production in *Escherichia coli*. J. Gen. Microbiol. **136:** 1357-1363.

Hartnett, C., E. L. Neidle, K.-L. Ngai, and L. N. Ornston. 1990. DNA sequences of genes encoding *Acinetobacter calcoaceticus* protocatechuate 3,4-dioxygenase: evidence indicating shuffling of genes and of DNA sequences within genes during their evolutionary divergence. J. Bacteriol. **172:** 956-966.

Helin, S., P. C. Kahn, B. L. Guha, D. G. Mallows, and A. Goldman. 1995. The refined X-ray structure of muconate lactonizing enzyme from *Pseudomonas putida* PRS2000 at 1.85 Å resolution. J. Mol. Biol. **254:** 918-941.

Higgins, D. G., and P. M. Sharp. 1989. Fast and sensitive multiple sequence alignments on a microcomputer. CABIOS **5:** 151-153.

Hoier, H., M. Schlömann, A. Hammer, J. P. Glusker, H. L. Carrell, A. Goldman, J. J. Stezowski, and U. Heinemann. 1994. Crystal structure of chloromuconate cycloisomerase from *Alcaligenes eutrophus* JMP134 (pJP4) at 3 Å resolution. Acta Cryst. D**50:** 75-84.

Holben, W. E., B. M. Schroeter, V. G. M. Calabrese, R. H. Olsen, J. K. Kukor, V. O. Biederbeck, A. E. Smith, and J. M. Tiedje. 1992. Gene probe analysis of soil microbial populations selected by amendment with 2,4-dichlorophenoxyacetic acid. Appl. Environ. Microbiol. **58:** 3941-3948.

Houghton, J. E., T. M. Brown, A. J. Appel, E. J. Hughes, and L. N. Ornston. 1995. Discontinuities in the evolution of *Pseudomonas putida cat* genes. J. Bacteriol. **177:** 401-412.

Ikehata, O., M. Nishiyama, S. Horinouchi, and T. Beppu. 1989. Primary structure of nitrile hydratase deduced from the nucleotide sequence of a *Rhodococcus* species and its expression in *Escherichia coli*. Eur. J. Biochem. **181:** 563-570.

Inoue, H., H. Nojima, and H. Okayama. 1990. High efficiency transformation of *Escherichia coli* with plasmids. Gene **96:** 23-28.

Ka, J. O., W. E. Holben, and J. M. Tiedje. 1994. Genetic and phenotypic diversity of 2,4-dichlorophenoxyacetic acid (2,4-D)-degrading bacteria isolated from 2,4-D-treated field soils. Appl. Environ. Microbiol. **60:** 1106-1115.

Kaschabek, S. R., and W. Reineke. 1992. Maleylacetate reductase of *Pseudomonas* sp. strain B13: dechlorination of chloromaleylacetates, metabolites in the degradation of chloroaromatic compounds. Arch. Microbiol. **158:** 412-417.

Katti, S. K., B. A. Katz, and H. W. Wyckoff. 1989. Crystal structure of muconolactone isomerase at 3.3 Å resolution. J. Mol. Biol. **205:** 557-571.

Kivisaar, M., L. Kasak, and A. Nurk. 1991. Sequence of the plasmid-encoded catechol 1,2-dioxygenase-expressing gene, *pheB*, of phenol-degrading *Pseudomonas* sp. strain EST1001. Gene **98:** 15-20.

Kukor, J. J., R. H. Olsen, and D. P. Ballou. 1988. Cloning and expression of the *catA* and *catBC* gene clusters from *Pseudomonas aeruginosa* PAO. J. Bacteriol. **170:** 4458-4465.

Laemmli, U. K. 1970. Cleavage of structural proteins during the assembly of the head of bacteriophage T4. Nature (London) **227:** 680-685.

Lee, S.-Y., and S. Rasheed. 1990. A simple procedure for maximum yield of high-quality plasmid DNA. BioTechniques **9:** 676-679.

Leveau, J., and J. R. van der Meer. 1995. Comparative analysis of chlorocatechol degradative regulons. Biospektrum, special issue, PA010, p. 56.

Lipscomb, J. D., and A. M. Orville. 1992. Mechanistic aspects of dihydroxybenzoate dioxygenases, p. 243-298. *In* H. Sigel and A. Sigel (ed.), Metal ions in biological systems, vol. 28. Degradation of environmental pollutants by microorganisms and their metalloenzymes. Marcel Dekker, Inc., New York.

Maltseva, O. V., I. P. Solyanikova, and L. A. Golovleva. 1991. Catechol 1,2-dioxygenases of a chlorophenol-degrading strain of *Rhodococcus erythropolis*: purification and properties. Biokhimiya **56:** 2188-2197. (Biochemistry **56:** 1548-1555.)

Marchuk, D., M. Drumm, A. Saulino, and F. S. Collins. 1991. Construction of T-vectors, a rapid and general system for direct cloning of unmodified PCR products. Nucleic Acids Res. **19:** 1154.

Matsudaira, P. 1990. Limited N-terminal sequence analysis. Methods Enzymol. **182:** 602-613.

Merril, C. R., D. Goldman, S. A. Sedman, and M. H. Ebert. 1981. Ultrasensitive stain for proteins in polyacrylamide gels shows regional variation in cerebrospinal fluid proteins. Science **211:** 1437-1438.

Nakai, C., K. Horiike, S. Kuramitsu, H. Kagamiyama, and M. Nozaki. 1990. Three isozymes of catechol 1,2-dioxygenase (pyrocatechase), αα, αβ, and ββ, from *Pseudomonas arvilla* C-1. J. Biol. Chem. **265:** 660-665.

Nakai, C., H. Uyeyama, H. Kagamiyama, T. Nakazawa, S. Inouye, F. Kishi, A. Nakazawa, and M. Nozaki. 1995. Cloning, DNA sequencing, and amino acid sequencing of catechol 1,2-dioxygenases (pyrocatechase) from *Pseudomonas putida* mt-2 and *Pseudomonas arvilla* C-1. Arch. Biochem. Biophys. **321:** 353-362.

Neidle, E. L., C. Hartnett, S. Bonitz, and L. N. Ornston. 1988. DNA sequence of the *Acinetobacter calcoaceticus* catechol 1,2-dioxygenase I structural gene *catA*: evidence for evolutionary divergence of intradiol dioxygenases by acquisition of DNA sequence repetitions. J. Bacteriol. **170:** 4874-4880.

Ornston, L. N. 1966a. The conversion of catechol and protocatechuate to β-ketoadipate by *Pseudomonas putida*. II. Enzymes of the protocatechuate pathway. J. Biol. Chem. **241:** 3787-3794.

Ornston, L. N. 1966b. The conversion of catechol and protocatechuate to β-ketoadipate by *Pseudomonas putida*. III. Enzymes of the catechol pathway. J. Biol. Chem. **241:** 3795-3799.

Pearson, W. R., and D. J. Lipman. 1988. Improved tools for biological sequence comparison. Proc. Natl. Acad. Sci. USA **85:** 2444-2448.

Perkins, E. J., M. P. Gordon, O. Caceres, and P. F. Lurquin. 1990. Organization and sequence analysis of the 2,4-dichlorophenol hydroxylase and dichlorocatechol oxidative operons of plasmid pJP4. J. Bacteriol. **172:** 2351-2359.

Romero-Arroyo, C. E., M. A. Schell, G. L. Gaines III, and E. L. Neidle. 1995. *catM* encodes a LysR-type transcriptional activator regulating catechol degradation in *Acinetobacter calcoaceticus*. J. Bacteriol. **177:** 5891-5898.

Sanger, F., S. Nicklen, and A. R. Coulson. 1977. DNA sequencing with chain-terminating inhibitors. Proc. Natl. Acad. Sci. USA **74:** 5463-5467.

Schlömann, M. 1994. Evolution of chlorocatechol catabolic pathways. Conclusions to be drawn from comparisons of lactone hydrolases. Biodegradation **5:** 301-321.

Schlömann, M., E. Schmidt, and H.-J. Knackmuss. 1990. Different types of dienelactone hydrolase in 4-fluorobenzoate-utilizing bacteria. J. Bacteriol. **172:** 5112-5118.

Schmidt, E., and H.-J. Knackmuss. 1980. Chemical structure and biodegradability of halogenated aromatic compounds. Conversion of chlorinated muconic acids into maleoylacetic acid. Biochem. J. **192:** 339-347.

Scopes, R. K. 1974. Measurement of protein by spectrophotometry at 205 nm. Anal. Biochem. **59:** 277-282.

Shanley, M. S., A. Harrison, R. E. Parales, G. Kowalchuk, D. J. Mitchell, and L. N. Ornston. 1994. Unusual G+C content and codon usage in *catIJF*, a segment of the *ben-cat* supra-operonic cluster in the *Acinetobacter calcoaceticus* chromosome. Gene **138:** 59-65.

Solyanikova, I. P., O. V. Maltseva, M. D. Vollmer, L. A. Golovleva, and M. Schlömann. 1995. Characterization of muconate and chloromuconate cycloisomerase from *Rhodococcus erythropolis* 1CP: indications for functionally convergent evolution among bacterial cycloisomerases. J. Bacteriol. **177:** 2821-2826.

Stanier, R. Y., and L. N. Ornston. 1973. The β-ketoadipate pathway. Adv. Microb. Physiol. **9:** 89-151.

Stone, K. L., M. B. LoPresti, J. M. Crawford, R. DeAngelis, and K. R. Williams. 1989. Enzymatic digestion of proteins and HPLC peptide isolation, p. 31-47. *In* P. T. Matsudaira (ed.), A practical guide to protein and peptide purification for microsequencing. Academic Press, Inc., San Diego, Calif..

Tartof, K. D., and C. A. Hobbs. 1987. Improved media for growing plasmid and cosmid clones. Bethesda Res. Lab. Focus **9:** 12.

Top, E. M., W. E. Holben, and L. J. Forney. 1995. Characterization of diverse 2,4-dichlorophenoxyacetic acid-degradative plasmids isolated from soil by complementation. Appl. Environ. Microbiol. **61:** 1691-1698.

Tsou, A. Y., S. C. Ransom, J. A. Gerlt, D. D. Buechter, P. C. Babbitt, and G. L. Kenyon. 1990. Mandelate pathway of *Pseudomonas putida*: sequence relationships involving mandelate racemase, (*S*)-mandelate dehydrogenase, and benzoylformate decarboxylase and expression of benzoylformate decarboxylase in *Escherichia coli*. Biochemistry **29:** 9856-9862.

van der Meer, J. R., R. I. L. Eggen, A. J. B. Zehnder, and W. M. de Vos. 1991. Sequence analysis of the *Pseudomonas* sp. strain P51 *tcb* gene cluster, which encodes metabolism of chlorinated catechols: evidence for specialization of catechol 1,2-dioxygenases for chlorinated substrates. J. Bacteriol. **173:** 2425-2434.

Varadaraj, K., and D. M. Skinner. 1994. Denaturants or cosolvents improve the specificity of PCR amplification of a G + C-rich DNA using genetically engineered DNA polymerases. Gene **140:** 1-5.

Vollmer, M. D., K. Stadler-Fritzsche, and M. Schlömann. 1993. Conversion of 2-chloromaleylacetate in *Alcaligenes eutrophus* JMP134. Arch. Microbiol. **159:** 182-188.

Vollmer, M. D., P. Fischer, H.-J. Knackmuss, and M. Schlömann. 1994. Inability of muconate cycloisomerases to cause dehalogenation during conversion of 2-chloro-*cis,cis*-muconate. J. Bacteriol. **176:** 4366-4375.

Eingereicht zur Veröffentlichung beim Journal of Bacteriology

Characterization of a Protocatechuate Catabolic Gene Cluster from *Rhodococcus "erythropolis"* 1CP: Evidence for a Merged Enzyme with 4-Carboxymuconolactone Decarboxylating and 3-Oxoadipate enol-lactone Hydrolyzing Activity

Dirk Eulberg,[1] Silvia Lakner,[1] Ludmila A. Golovleva,[2] and Michael Schlömann[1]*

Institut für Mikrobiologie, Universität Stuttgart, D-70550 Stuttgart, Germany,[1] and Institute of Biochemistry and Physiology of Microorganisms, Russian Academy of Sciences, Pushchino, Russia[2]

Running title: *Rhodococcus "erythropolis"* protocatechuate gene cluster

* Corresponding author. Mailing address: Institut für Mikrobiologie, Universität Stuttgart, Allmandring 31, D-70569 Stuttgart, Germany. Phone: (49)-711-6855489. Fax: (49)-711-6855725. E-mail: imbms@po.uni-stuttgart.de.

ABSTRACT

The catechol and the protocatechuate branch of the 3-oxoadipate pathway, which are important for the bacterial degradation of aromatic compounds, converge at the common intermediate 3-oxoadipate enol-lactone. A 3-oxoadipate enol-lactone hydrolyzing enzyme, purified from benzoate-grown cells of *Rhodococcus "erythropolis"* strain 1CP, was found to have a larger molecular mass under denaturing conditions than the corresponding enzymes previously purified from γ-proteobacteria. Sequencing of the N terminus and of tryptic peptides allowed cloning of the gene coding for the 3-oxoadipate enol-lactone hydrolase by using PCR with degenerate primers. Sequencing showed that the gene belongs to a protocatechuate catabolic gene cluster. Most interestingly, the hydrolase gene, usually termed *pcaD*, was fused to a second gene, usually termed *pcaC*, which encodes the enzyme catalyzing the preceding reaction, i.e. 4-carboxymuconolactone decarboxylase. Both enzymatic activities could not be separated chromatographically. At least six genes of protocatechuate catabolism appear to be transcribed in the same direction and in the following order: *pcaH* and *pcaG*, coding for the subunits of protocatechuate 3,4-dioxygenase, as shown by N terminal sequencing of the subunits of the purified protein; a gene termed *pcaB* due to the homology of its gene product to 3-carboxy-*cis,cis*-muconate cycloisomerases; *pcaL*, the fused gene coding for PcaD and PcaC activities; *pcaR*, presumedly coding for a regulator of the IclR-family; and a gene designated *pcaF*, because its product resembles 3-oxoadipyl CoA thiolases. The presumed *pcaI*, coding for a subunit of succinyl CoA:3-oxoadipate CoA transferase, was found to be transcribed divergently from *pcaH*.

INTRODUCTION

Many aromatic compounds under aerobic conditions are degraded by bacteria via the catechol or protocatechuate branch of the 3-oxoadipate pathway (Stanier & Ornston, 1973; Harwood & Parales, 1996). Following *ortho* cleavage of protocatechuate by protocatechuate 3,4-dioxygenase (EC 1.13.11.3) five additional enzymes, i.e. 3-carboxy-*cis,cis*-muconate cycloisomerase (EC 5.5.1.2), 4-carboxymuconolactone decarboxylase (EC 4.1.1.44), 3-oxoadipate enol-lactone hydrolase (EC 3.1.1.24), succinyl CoA:3-oxoadipate CoA transferase (EC 2.8.3.6), and 3-oxoadipyl CoA thiolase, convert the ring-cleavage product to intermediates of the tricarboxylic acid cycle (Fig. 1). In *Acinetobacter calcoaceticus* the corresponding genes are clustered into one *pca*-operon which is governed by PcaU (Doten et al., 1987; Kowalchuk et al., 1994; Gerischer et al., 1993), while in *Pseudomonas putida* several operons with *pca*-structural genes (Romero-Steiner et al., 1994; Parales & Harwood, 1993) and in *Agrobacterium tumefaciens* several operons and several regulatory proteins appear to be involved (Parke, 1995, 1997). *ortho*-Cleavage of catechol yields 3-oxoadipate enol-lactone, the first common intermediate of the catechol and the protocatechuate branch, in three reactions catalyzed by catechol 1,2-dioxygenase (EC 1.13.11.1), muconate cycloisomerase (EC 5.5.1.1), and muconolactone isomerase (EC 5.3.3.4) (Fig. 1). While in *P. putida* the *cat*-gene cluster comprises only the genes for these three enzymes plus for a LysR-type regulator (Houghton et al., 1995), *A. calcoaceticus* expresses isoenzymes for the reactions common to the catechol and the protocatechuate branch of the 3-oxoadipate pathway (Hartnett & Ornston, 1994; Shanley et al., 1994). *Ralstonia eutropha* (*Alcaligenes eutrophus*) is intermediate between these species in so far as it induces different enol-lactone hydrolases, but not different CoA-transferases and thiolases (Johnson & Stanier, 1971).

Rhodococcus "erythropolis" strain 1CP has previously been isolated due to its ability to grow with 4-chlorophenol and 2,4-dichlorophenol (Gorlatov et al., 1989). The characterization of its chlorocatechol catabolic enzymes revealed unusual properties (Maltseva et al., 1994a, 1994b; Solyanikova et al., 1995). Interestingly, the muconate and the chloromuconate cyloisomerases of strain 1CP in their product

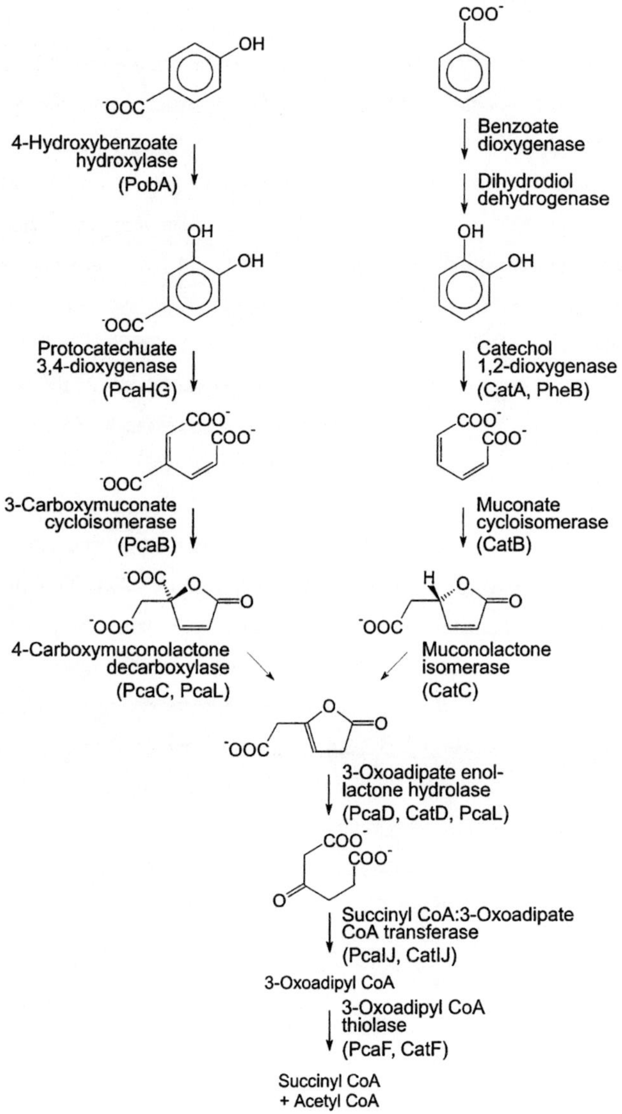

FIG. 1. The protocatechuate and the catechol branch of the 3-oxoadipate pathway. In addition to enzyme names their designations as gene products are given. For the reactions common to both branches, some bacteria possess only a single set of genes, while others harbor separate *pca* and *cat* genes for one or more of the steps.

formation from 2-chloro-*cis,cis*-muconate and in their inability to convert (+)-2-chloromuconolactone were more similar to each other than to muconate and chloromuconate cycloisomerases of proteobacteria (Solyanikova et al., 1995). If this phenotypic similarity of the *Rhodococcus* enzymes indicates a higher degree of relatedness as compared to proteobacterial enzymes, then the improved turnover of 3-chloro- and 2,4-dichloro-*cis,cis*-muconate by the chloromuconate cycloisomerases should have evolved independently among gram-positive bacteria and proteobacteria by functionally convergent evolution. Despite the structural similarity of 3-oxoadipate enol-lactone and dienelactones (4-carboxymethylenebut-2-en-4-olides), the enol-lactone hydrolase was apparently not adapted to convert dienelactones during evolution of the proteobacterial chlorocatechol pathway (Schlömann, 1994). Rather, some other lactone hydrolyzing enzyme was recruited from an unknown pathway. An independent evolution of the chlorocatechol pathway among the gram-positive bacteria would imply that a different solution to the chemical problem of dienelactone hydrolysis might have been found. And especially since the dienelactone hydrolase of *R. "erythropolis"* strain 1CP has an unusual substrate specificity (Maltseva et al., 1994b), we considered it appropriate to include the lactone hydrolases into sequence comparisons of enzymes for catechol and chlorocatechol catabolism. We have previously reported on the sequences of the catechol 1,2-dioxygenase, the muconate cycloisomerase, and the muconolactone isomerase (Eulberg et al., 1997). In an accompanying paper (Eulberg et al., submitted) we characterize a gene cluster for chlorocatechol degradation of *R. "erythropolis"* 1CP. Here we describe the cloning and sequence analysis of a DNA fragment comprising the 3-oxoadipate enol-lactone hydrolase of strain 1CP. We found the gene to be part of a protocatechuate catabolic gene cluster and to be merged to the *pcaC* gene, which in proteobacteria codes for a separate 4-carboxymuconolactone decarboxylase.

MATERIALS AND METHODS

Strains, 16S rDNA analysis, plasmids, and cultivation conditions.

Strain 1CP has previously been isolated with 2,4-dichlorophenol as carbon source and, based on phenotypic properties, has been assigned to the species *Rhodococcus erythropolis* (Gorlatov et al., 1989). To check this assignment, a ca. 1,500-bp fragment of the *R. "erythropolis"* 1CP rDNA was amplified in a 50 µl-reaction mixture containing 50 pmol of amplification primers 27f (AGAGTTTGATCCTGGCTCAG) and 1522rN (CATGCGGCCGCAAGGAGGTGATC CA(A/G)CCGCA), 0.1 mM dNTPs, 1.5 mM $MgCl_2$, ca. 0.2 µg of genomic *R. "erythropolis"* 1CP-DNA, Goldstar polymerase reaction buffer (75 mM Tris-HCl [pH 9.0], 20 mM $(NH_4)_2SO_4$, 0.01% [wt/vol] Tween 20), 5% (vol/vol) of dimethylsulfoxide, and 0.5 U of Goldstar DNA polymerase (Eurogentech). The temperature program comprised: initial denaturation (94°C; 3 min) before addition of the polymerase, and 22 cycles of annealing (45°C; 30 sec), polymerization (72°C; 2 min), and denaturation (94°C, 30 sec), as well as a final cycle with prolonged annealing and polymerization times. The PCR product was sequenced directly, in some regions only on one strand, by using universal 16S rDNA primers (Johnson, 1994). The resulting sequence contained 13 unsafe positions (508, 602, 615-616, 624-626, 631, 689, 710, 763, 780, 853, *E. coli* numbering).

For the purpose of this study *R. "erythropolis"* strain 1CP was cultivated in a 10-liter glass fermenter at 30°C in a mineral medium (Dorn et al., 1974) with 50 mM phosphate buffer (pH 7) and with sodium benzoate as the only carbon and energy source. To provide biomass for the purification of protocatechuate dioxygenase, sodium 4-hydroxybenzoate was used as the only carbon and energy source. Cells were harvested by centrifugation, frozen in liquid nitrogen, and stored at -20°C until used.

Escherichia coli DH5α (Bethesda Research Laboratories, 1986), obtained from GIBCO BRL, was cultivated aerobically with constant shaking at 37°C in Luria-Bertani (LB) medium (Sambrook et al., 1989), if appropriate, supplied with 100 µg of

TABLE 1. Plasmids used in this study

Plasmid	Relevant characteristics[a]	Reference/source
pBluescript II KS (+)	Plasmid derived from pUC19; P_{lac} *lacZ'* Ap^r; f1(+) origin; colE1 origin	Stratagene (Alting-Mees et al., 1992)
pARO523	Ap^r; *pcaHG* and *pcaB* from *Agrobacterium tumefaciens* A348 on mobilizable pUC19 derivative pARO190	(Parke, 1995)
pRERE1	Ap^r; 0.17-kb PCR product in *Eco*RV site of pBluescript II KS (+)	This study
pRERE2	Ap^r; 0.44-kb PCR product in *Eco*RV site of pBluescript II KS (+)	This study
pRER3	Ap^r; 3.6-kb *Eco*RI fragment of *R. "erythropolis"* 1CP DNA in pBluescript II KS (+)	This study
pRER4	Ap^r; 2.5-kb *Pst*I fragment of *R. "erythropolis"* 1CP DNA in pBluescript II KS (+)	This study

[a] Ap^r, plasmid carries information for ampicillin resistance. Fragment sizes are given as determined by agarose gel electrophoresis.

ampicillin per ml. For induction of *E.coli* DH5α harboring pARO523 (Parke, 1995), 5 ml of overnight precultures were used to inoculate 200 ml of LB medium (incubation at 37°C). After induction with 1 mM IPTG (isopropyl-β-D-galactoside) at an optical density at 600 nm of 0.6, incubation was further continued for 3 h at 30°C.

Properties of plasmids used in this study are summarized in Table 1.

Preparation of cell extracts.

Extracts of *R. "erythropolis"* 1CP were prepared by resuspension in 50 mM Tris-HCl (pH 7.5), disintegration by grinding with glass beads, and clarification of the preparation as described previously (Eulberg et al., 1997).

E. coli cells were harvested by centrifugation, washed with 0.25 volumes 50 mM Tris-HCl (pH 7), and resuspended in 0.01 volumes of the same buffer. The cells were disintegrated by being passed through a precooled Aminco French pressure cell (115 MPa), and cell debris was removed by centrifugation as described above.

Enzyme assays and estimation of protein concentration.

The activity of 3-oxoadipate enol-lactone hydrolase was measured spectrophotometrically at 230 nm as described previously (Schlömann et al., 1990). The assay mixtures contained 0.67 mM racemic muconolactone (prepared by the method of Elvidge et al. [1950]) and in addition partially purified preparations of muconolactone isomerase (Ornston, 1966a, b). The activity of 4-carboxymuconolactone decarboxylase was also measured at 230 nm (Ornston, 1966a). The assay mixture (1 ml) initially contained 50 mM Tris-Cl (pH 7.5), 0.167 mM protocatechuate and 6 µl of crude extract from IPTG-induced *E. coli* DH5α (pARO523) (corresponding to 0.21 mg of protein) with the protocatechuate 3,4-dioxygenase and the 3-carboxymuconate cycloisomerase from *A. tumefaciens*. The mixture was incubated for 40 min at room temperature to generate 4-carboxymuconolactone before addition of preparations of partially purified 3-oxoadipate enol-lactone hydrolase and of the fraction that was to be measured. The activities of protocatechuate 3,4-dioxygenase were measured at 290 nm as described previously (Stanier & Ingraham, 1954). The following extinction coefficients were used: for the conversion of 3-oxoadipate enol-lactone to 3-oxoadipate, 1,430 $M^{-1} \cdot cm^{-1}$ (Ornston, 1966b); for the conversion of 4-carboxymuconolactone to 3-oxoadipate, 4,200 $M^{-1} \cdot cm^{-1}$ (Ornston & Stanier, 1966); and for the conversion of protocatechuate to 3-carboxy-*cis,cis*-muconate, 2,300 $M^{-1} \cdot cm^{-1}$ (Stanier & Ingraham, 1954). Protein concentrations during purification and expression experiments and for determination of the amount of trypsin that had to be used for the digestion of purified enol-lactone hydrolase were measured by the method of Bradford (1976) with bovine serum albumin as the standard.

Protein purifications.

For the initial purification of 3-oxoadipate enol-lactone hydrolase (for sequencing purposes), extract from benzoate-grown cells (volume, 160 ml; protein, 370 mg; total activity, 157 U; specific activitiy, 0.42 U/mg) was chromatographed on a Pharmacia Q Sepharose High Performance column (HR 16/10; bed volume, 20 ml) with 50 mM Tris-HCl (pH 7.5), 0.1 mM dithiothreitol, and an NaCl gradient (0 to 0.15 M over 60 ml, and 0.15 to 0.5 M over 350 ml) for elution. The most active fractions (eluting at ca. 0.4 M NaCl) were pooled (volume, 25 ml; protein, 17.9 mg; total activity, 135 U;

specific activity, 7.5 U/mg). After addition of $(NH_4)_2SO_4$ to 1 M final concentration, the preparation was filtered and subjected to Pharmacia Phenyl Superose HR 10/10 chromatography. Elution was achieved with a decreasing $(NH_4)_2SO_4$ gradient of 1 to 0.9 M over 5 ml, 0.9 to 0.4 M over 120 ml, and 0.4 to 0 M over 10 ml. The fractions with the highest activities, eluting at about 0.8 to 0.75 M $(NH_4)_2SO_4$ (volume, 4.5 ml; protein, 0.42 mg; total activity, 38 U; specific activity, 90 U/mg), were pooled and desalted by using Pharmacia PD-10 columns. The pool was then subjected to chromatography on Pharmacia MonoQ (HR 5/5) by using an NaCl gradient (0 to 0.2 M over 5 ml, and 0.2 to 0.5 M over 70 ml) for elution which resulted in a preparation (volume, 2 ml; protein, 0.14 mg; total activity, 21.9 U) with a specific activity of 153 U/mg, equivalent to a 364-fold purification. The details for a second enrichment of 3-oxoadipate enol-lactone hydrolase, performed to track the presumed 4-carboxymuconolactone decarboxylase activity of the enzyme, are given in Table 2.

Protocatechuate 3,4-dioxygenase was purified by subjecting an extract from 4-hydroxybenzoate-grown cells (volume, 120 ml; protein, 492 mg; total activity, 153 U, specific activity, 0.32 U/mg) to Q Sepharose High Performance (HR 16/10) chromatography with 50 mM Tris-HCl (pH 7.6) and an increasing NaCl gradient (0 to 1 M over 400 ml) for elution. Dioxygenase-containing fractions (eluting at ca. 0.35 M NaCl) were pooled (volume, 10 ml; protein, 29.5 mg; total activity, 77 U; specific activity, 2.6 U/mg). After addition of $(NH_4)_2SO_4$ to a 1.5 M final concentration, the preparation was centrifuged (30 min, 130,000 × *g*, 4°C), and then loaded onto a Phenyl Superose HR 10/10 column. Proteins were eluted with 50 mM Tris-HCl (pH 7.6) and a decreasing $(NH_4)_2SO_4$ gradient from 1.5 to 0 M $(NH_4)_2SO_4$ over 120 ml (activity peak at ca. 0.56 M $(NH_4)_2SO_4$). The combined fractions (volume, 3 ml; protein, 0.6 mg; total activity, 29.5 U; specific activity, 49 U/mg) were then subjected to gel filtration (Pharmacia Superdex 200 prep grade HiLoad 16/60; bed length, 60 ml). Elution was performed with 50 mM Tris-HCl (pH 7.6) plus 0.1 M NaCl, which resulted in a preparation (volume, 1 ml; protein, 62 µg; total activity, 3.3 U) with a specific activity of 53 U/mg, equivalent to a 166-fold purification.

TABLE 2. Copurification of the 3-oxoadipate enol-lactone hydrolyzing and 4-carboxymuconolactone decarboxylating activities of *R. "erythropolis"* 1CP

			3-Oxoadipate enol-lactone hydrolyzing enzyme			4-Carboxymuconolactone decarboxylating enzyme		
Preparation[a]	Vol (ml)	Protein (mg)	Total activity (U)	Sp act (U/mg)	Purification (fold)	Total activity (U)	Sp act (U/mg)	Purification (fold)
Cell extract	142	256	157	0.61	1.0	145	0.57	1.0
Q-Sepharose HP eluate[b]	20	8.3	102	12.4	20.3	74	8.8	15.4
Phenyl Superose eluate[c]	4	0.15	9.1	61	100	8.0	53	93

[a] The purification was performed basically as the first one, but with different loading, with the buffer set to pH 7, and with changes in the chromatographic conditions as specified below.
[b] The NaCl gradient for this step was 0 to 0.15 M over 10 ml and 0.15 to 0.5 M over 400 ml.
[c] A Phenyl Superose HR5/5 column was used with the following $(NH_4)_2SO_4$ gradient: 1 to 0.9 M over 3 ml, and 0.9 to 0.5 M over 70 ml

SDS-polyacrylamide gel electrophoresis and Western blotting.

For purity checks of enzyme preparations, discontinuous sodium dodecyl sulfate (SDS)-polyacrylamide gel electrophoresis was carried out and gels were stained as described previously (Eulberg et al., 1997). For N terminal sequencing of the protocatechuate 3,4-dioxygenase subunits, ca. 7 µg of the purified enzyme were loaded onto an SDS-polyacrylamide gel for separation of the α- and the β-subunit. Transfer of the subunits onto an Immobilon-P membrane (Millipore) was achieved by following a protocol from Moos (1993). Electrotransfer was performed for 90 min at 80 V and 4°C in a Bio-Rad Trans-Blot cell. The membrane was stained with a 0.2% (wt/vol) Coomassie-brilliant blue R-250 solution in 45% (vol/vol) methanol and 10% (vol/vol) acetic acid for 15 min. It was then incubated in destaining solution (90% [vol/vol] methanol, 7% [vol/vol] acetic acid, and 3% [vol/vol] water) for 2 min with constant shaking. The protein bands now visible were cut out and rinsed once in destaining solution and 3 times in water to remove residual salts and glycine from the transfer buffer. The membrane-fixed protein bands were air-dried and subjected to N terminal sequencing.

Protein cleavage, isolation of peptides, and sequencing of peptides and N termini.

Trypsin digestion of 3-oxoadipate enol-lactone hydrolase and subsequent separation of tryptic peptides by reversed-phase high-performance liquid chromatography were performed by the procedure of Stone et al. (1989) as described previously (Eulberg et al., 1997). The amount of enol-lactone hydrolase after trichloroacetate precipitation, washing and drying was 40 µg.

Purified 3-oxoadipate enol-lactone hydrolase prior to sequencing was partially desalted by changing the buffer to 5 mM sodium phosphate buffer (pH 7) by ultrafiltration and repeated dilution, while selected peptide-containing fractions from reversed-phase HPLC as well as the blotted subunits of the protocatechuate 3,4-dioxygenase were sequenced directly in automated sequencers (Applied Biosystems model 473A or model 491, respectively).

Purification and general in vitro manipulations of DNA.

Genomic DNA of *R. "erythropolis"* 1CP was obtained as described previously (Eulberg et al., 1997). Plasmid DNA from *E. coli* DH5α was isolated with Pharmacia Flexiprep kits. Vector DNA digested with only one enzyme was dephosphorylated prior to ligation. Insert DNA for ligation or digoxigenin-labeling was isolated from gels by use of a Bio 101 Gene Clean II or a Biozym Easy Pure kit. Transformation of *E.coli* DH5α was achieved by the method of Chung el al. (1989) or Inoue et al. (1990). Loss of LacZ complementation by insertion of DNA into vectors was detected by using LB plates with 0.13 mM IPTG and 32 µg of X-Gal (5-bromo-4-chloro-3-indolyl-β-D-galactoside) per ml.

Amplification of segments of the 3-oxoadipate enol-lactone hydrolase gene.

Oligonucleotides were custom synthesized according to the sequences of the N terminus and of two internal peptides (Table 3). To reduce the degeneracy of the oligonucleotides, a codon usage table for the previously sequenced genes *catA*, *catB* and *catC* of strain 1CP (Eulberg et al., 1997) was used. PCR mixtures (50 µl) for the amplification of genomic DNA contained 50 pmol of each primer, 0.1 - 0.2 µg of chromosomal template DNA, 0.1 mM of each deoxynucleotide triphosphate,

Goldstar polymerase reaction buffer, 1.5 mM $MgCl_2$, and 0.5 U of Eurogentech Goldstar DNA Polymerase. As denaturing agent (Varadaraj & Skinner, 1994), formamide was used in concentrations between 5 and 7 % (vol/vol). The PCR was performed with a touchdown thermocycle program (Don et al., 1991): initial denaturation (94°C; 3 min) before addition of the polymerase; 6 cycles with decreasing annealing temperature (66 to 56°C; 1 min), polymerization (72°C; initially 1 min, plus 1 additional sec for each cycle), and denaturation (94°C; 30 sec); 28 more cycles with 54°C as annealing temperature; an additional 14 min of polymerization during the last cycle. Of the two products initially obtained, the larger one (ca. 440 bp) required reamplification by the same program to increase the amounts of DNA for cloning.

Cloning strategy and hybridization procedures.

The PCR products were ligated into a T-tailed vector (Marchuk et al., 1991) prepared from pBluescript II KS (+), yielding pRERE1 and pRERE2, respectively. The ca. 170 bp-sized insert of pRERE1 was digoxigenin-labeled by using a Boehringer Mannheim DIG DNA Labeling and Detection Kit Nonradioactive. A Southern blot of 3 µg *Eco*RI-digested *R. "erythropolis"* 1CP-DNA (run on a 1% agarose gel with TAE buffer [4.84 g of Tris base, 1.14 ml of glacial acetic acid, 2 ml of EDTA

TABLE 3. Sequences of N termini, tryptic peptides, and deduced primers

Protein or peptide	Amino acid sequence[a]	Deduced primer sequence
3-Oxoadipate enol-lactone hydrolase		
N terminus	VALA(H)EIS<u>GPRNGAA</u>?APVVVLLG?L	GGYCCSCGNAACGGYGCSGC
ELH52.80	GHGES<u>PAPDGPY</u>SVVR	GTASGGRCCGTCSGGSGCSGG
ELH70.65	WF<u>SEGFAAK</u>	CTTSGCSGCGAARCCYTCSG
ELH71.92	SMWDPQIAALSDE	
Protocatechuate 3,4-dioxygenase		
N terminus α-subunit	MIDTQNP	
N terminus β-subunit	MLHLPAH	

[a] Segments used for the design of oligonucleotides for cloning are underlined.

(pH 8) per liter]) was then hybridized with the digoxigenin-labeled probe to detect the corresponding fragment (procedure as described in the Boehringer manual). To obtain a clone containing the DNA fragment of interest, an area that corresponded in size to the hybridization signal (about 2.5 to 4 kb) was excised from a second gel. The DNA eluted from the gel slice was ligated into pBluescript II KS (+). This ligation mixture was used to transform *E. coli* DH5α. By colony hybridization with the labeled insert of pRERE1 (performed analogous to the procedure in reference Eulberg et al., 1997), a clone carrying pRER3, which contains a ca. 3.6 kb insert of *R. "erythropolis"* DNA, was identified. After sequencing had shown that the gene coding for 3-oxoadipate enol-lactone hydrolase was not complete on the insert, a clone with an overlapping, ca. 2.5-kb *Pst*I insert (pRER4) was isolated in an analogous way by using a digoxigenin-labeled, ca. 650-bp *Bam*HI fragment of pRER3 as a probe.

DNA sequence analysis.

The nucleotide sequence of the overlapping inserts of pRER3 and pRER4 was determined by sequencing subclones in pBluescript II KS (+), by sequencing of nested deletions generated with a double-stranded nested deletion kit (Pharmacia), and by sequencing with custom synthesized oligonucleotides as primers. For sequencing reactions, an Applied Biosystems Prizm kit was used with subsequent electrophoresis and analysis in an Applied Biosystems A373 sequencer. Computer-based sequence analyses were performed mainly with the PC/GENE program package (Intelligenetics Inc., Mountain View, Calif.). The PC/GENE version of FASTA (Pearson & Lipman, 1988) as well as the BLAST programs (Altschul et al., 1990; Gish & States, 1993) were used to screen the EBI and NCBI databases. Multiple sequence alignments were performed by the PC/GENE version of CLUSTAL (Higgins & Sharp, 1989) with open and unit gap costs set to 10.

Nucleotide sequence accession number.

The 5475-bp sequence of the overlapping inserts of pRER3 and pRER4 shown in Fig. 4 will appear in the EMBL, GenBank and DDBJ nucleotide sequence databases under accession number AF003947.

RESULTS

Strain assignment.

Analysis of the 16S rDNA revealed that in all positions which could unambiguously be determined, the sequence is identical to the one of *Rhodococcus* sp. DSM43943 (accession number X80616), a forest soil isolate from Hungary. The most closely related validly described species are *R. marinonascens* (strain DSM43752^{T} with 99.0% identical positions), and *R. opacus* (DSM43205^{T} and DSM43206 with 99.5 and 99.7% identical positions, respectively). Like *R. erythropolis*, they belong to the *Rhodococcus* rDNA group IV (Rainey et al., 1995). Although these results suggest that strain 1CP should rather be considered a *R. opacus* strain than a member of the species *R. erythropolis*, until a more detailed taxonomic investigation is available, we prefer to put the old species designation in quotation-marks to indicate that it is questionable.

Cloning of *pca*-genes based on sequences from the purified 3-oxoadipate enol-lactone hydrolyzing enzyme.

As a basis for cloning of the corresponding gene, the 3-oxoadipate enol-lactone hydrolyzing enzyme was purified to homogeneity from an extract of benzoate-grown cells of *R. "erythropolis"* strain 1CP. Surprisingly, the subunit molecular mass of the enzyme turned out to be ca. 42 kDa (Fig. 2), considerably bigger than reported for the 3-oxoadipate enol-lactone hydrolases of *P. putida* and *A. calcoaceticus*. On SDS gels, the latter enzymes appeared to have masses between 30 and 33 kDa (Yeh & Ornston, 1984; Mc Corkle et al., 1980), while for the *Acinetobacter catD* and *pcaD* gene products 29.3 and 29.1 kDa, respectively, can be calculated (Hartnett & Ornston, 1994; Shanley et al., 1994). Tryptic peptides were prepared from the *Rhodococcus* 3-oxoadipate enol-lactone hydrolase, and several of them as well as the N terminus were sequenced (Table 3). Degenerate oligonucleotides were derived from these sequences and allowed the amplification of a 170-bp and of a 440-bp fragment with genomic DNA of strain 1CP as template. After labeling with digoxigenin, the 170-bp fragment first served to identify hybridizing bands on a Southern blot of *Eco*RI-digested *Rhodococcus* DNA, and later to screen colonies of transformed *E. coli* DH5α for the presence of plasmids with the desired insert. A

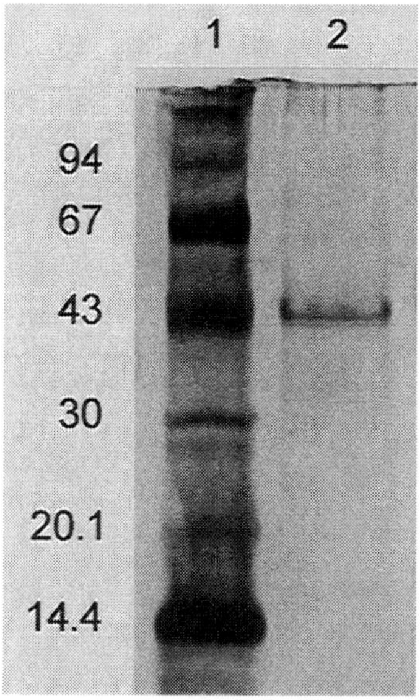

FIG. 2. Silver-stained SDS polyacrylamide gel showing purified 4-carboxymuconolactone decarboxylase:3-oxoadipate enol-lactone hydrolase from *R. "erythropolis"* 1CP in lane 2. Lane 1, Pharmacia low molecular weight marker: bovine α-lactalbumin (14.4 kDa), soybean trypsin inhibitor (20.1 kDa), bovine carbonic anhydrase (30 kDa), chicken egg-white ovalbumin (43 kDa), bovine serum albumin (67 kDa), and rabbit phosphorylase b (94 kDa).

clone containing the plasmid pRER3 with a 3622-bp *Eco*RI insert was isolated (Fig. 3). A labeled ca. 650-bp *Bam*HI fragment of pRER3 served to clone the overlapping 2451-bp *Pst*I insert present on pRER4.

Characterization of the inserts on pRER3 and pRER4.

The sequence of the overlapping inserts of pRER3 and pRER4 comprises five complete and two incomplete open reading frames (Figs. 3 and 4). The first two complete open reading frames start at positions 408 and 1121, respectively. They are transcribed in the same direction and overlap by one base pair. Their predicted N terminal sequences exactly match those determined for the two subunits of purified protocatechuate 3,4-dioxygenase (Table 3). The predicted sequences of the gene products were found to be homologous to PcaH and PcaG of *A. calcoaceticus*, *Burkholderia cepacia*, and *P. putida* (Fig. 5). Thus the two open reading frames,

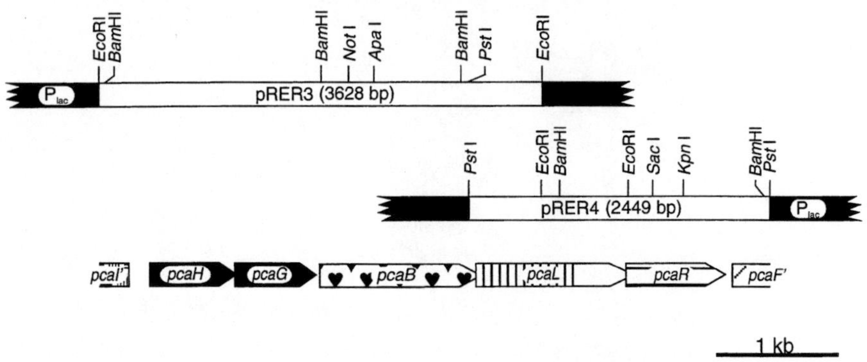

FIG. 3. Restriction map of the inserts of pRER3 and pRER4 together carrying 5475 bp of *R. "erythropolis"* 1CP DNA in the multiple cloning site of pBluescript II KS (+). Arrows indicate the length and orientation of open reading frames. Overlapping open reading frames (between *pcaH* and *pcaG*, 1 bp; between *pcaB*, *pcaL*, and *pcaR*, 4 bp) are indicated by blunt arrows.

coding for polypeptides with molecular masses of 26,837 and 22,936 Da, respectively, were designated *pcaH* and *pcaG*.

A third complete open reading frame extends from position 1791 to 3143 (Fig. 4). The predicted gene product is identical to the sequences predicted for 3-carboxymuconate cycloisomerases of *A. calcoaceticus, Bradyrhizobium japonicum,* and *P. putida* (L05770 [Kowalchuk et al., 1994]; Y10223 [Bedmar, 1996], L17082 [Williams et al., 1992]) in 36.9%, 42.0%, and 40.1%, respectively, of the positions. Thus, the third complete open reading frame was considered to represent the *pcaB* gene coding for 3-carboxymuconate cycloisomerase.

Overlapping *pcaB* by 4 bp a fourth complete open reading frame was detected, which extends from position 3140 to 4342 (Fig. 4). All sequences of tryptic peptides and of the N terminus of the 3-oxoadipate enol-lactone hydrolyzing enzyme occur in the protein sequence predicted from the open reading frame (Table 3, Fig. 4). In addition, the calculated molecular mass of the gene product (42,230 Da) corresponds to that of the purified protein (Fig. 2). Most interestingly, comparisons of the sequence to databases revealed similarities to both 3-oxoadipate enol-lactone hydrolases and 4-carboxymuconolactone decarboxylases. Further analyses showed that the N terminal two thirds of the protein are homologous to the hydrolases while the C terminal third is homologous to the decarboxylases (Fig. 6). These results suggested that the protein encoded by the fourth open reading frame has 4-carboxymuconolactone decarboxylating activity in addition to 3-oxoadipate enol-lactone hydrolyzing activity. In order to test this hypothesis, it was attempted to purify the enzymes responsible for these activities from an extract of benzoate-grown cells of *R. "erythropolis"* strain 1CP. As shown in Figure 7 and Table 2, the 4-carboxymuconolactone decarboxylase activity and the 3-oxoadipate enol-lactone hydrolase activity could neither be separated from each other by anion exchange chromatography, nor by hydrophobic interaction chromatography. The fused gene coding for both PcaC and PcaD activities was designated *pcaL*, in order to differentiate it from both precursor genes.

The fifth complete open reading frame, between positions 4339 and 5136, overlaps *pcaL* by 4 bp. The predicted gene product shares 43% identical position with PcaR of *P. putida* (L33795 [Romero-Steiner et al., 1994]), 34.7% with PcaU of *A. calcoaceticus* (U04359 [Gerischer, 1993]), and 37.4% identical positions with PobR of *A. calcoaceticus* (L13114 [DiMarco et al., 1993]). All three proteins belong to the IclR-family of regulators and are activators of *pca* or *pob* genes, respectively, in the two species. Thus, the fifth open reading frame was assumed to represent the regulatory gene *pcaR*.

```
1    GAATTCCTTGTTGGCGCCGACGTACGAGCTGATCGTGCGCCGGATCCGGTGCTGCTCGAGGAGCAGACCCAGACCGAAACCGTCGGTGCCGCAGTTGTTGCTGACCGTCTCGAGGTCGGT
     CTTAAGGAACAACCGCGGCTGCATGCTCGACTAGCACGCGGCCTAGGCCACGACGAGCTCCTCGTCTGGGTCTGGCTTTGGCAGCCACGGCGTCAACAACGACTGGCAGAGCTCCAGCCA
      F  E  K  N  A  G  V  Y  S  S  I  T  R  R  I  R  H  Q  E  L  L  L  G  L  G  F  G  D  T  G  C  N  N  S  V  T  E  L  D  T

121  GGCACCTTGCGCGAGGAGGGCGTCGATGAGGACCGAGGGGATACCCACGAGGCCGAAGCCGCCCACCGCGAGGGACGCTCCGTCGGGGACATCGGCAACGGCCTCGGCCGCCGTTGCGAA
     CCGTGGAACGCGCTCCTCCCGCAGCTACTCCTGGCTCCCCTATGGGTGCTCCGGCTTCGGCGGGTGGCGCTCCCTGCGAGGCAGCCCCTGTAGCCGTTGCCGGAGCCGGCGGCAACGCTT
      A  G  Q  A  L  L  A  D  I  L  V  S  P  I  G  V  L  G  F  G  G  V  A  L  S  A  G  D  P  V  D  A  V  A  E  A  A  T  A  F

241  GACTTTGTTGACCATGTGACCCAGGCTACCGCAAAATGTTCGAGTAGTGAACACCCATCCACATTGCGAACAAATTGCGCCCCGCCTGTTGGCCCCATCACAGAACGCGACTACTATGTG
     CTGAAACAACTGGTA
      V  K  N  V  M   ← pcaI'

361  CGAATAGCGGCCGACTGTTCACATCGAGAACGTGAGGATCTTTTTCCATGCTGCATCTGCCAGCCCACCACCACGCCGGGCACGAAGCGAATGCCCCGCTGCTGTTCCCCGAGTACAAGA
                                          pcaH →  M  L  H  L  P  A  H  H  H  A  G  H  E  A  N  A  P  L  L  F  P  E  Y  K  T

481  CGACTCGGCTGCGCAGCCCCAAGAACGACCTGATCCTGGTTCCGCAGCGACTCGGCGAGATCACCGGTCCGGTCTTCGGCAACGCCGACATCGCCAAGGGTGAGAACGACATGACCCACG
      T  R  L  R  S  P  K  N  D  L  I  L  V  P  Q  R  L  G  E  I  T  G  P  V  F  G  N  A  D  I  A  K  G  E  N  D  M  T  H  A

601  CCAACGGCGGCGAGGCCCAGGGACAGCGCATCATCGTCCACGGCCGCGTCCTCGACAGTGCGGGCAAACCCATCCCCGACACCCTCATCGAGGTGTGGCAGGCCAACGCCGGAGGCCGCT
      N  G  G  E  A  Q  G  Q  R  I  I  V  H  G  R  V  L  D  S  A  G  K  P  I  P  D  T  L  I  E  V  W  Q  A  N  A  G  G  R  Y

721  ACCGCCACAAAATGGACTCCTGGCCGGCCCCACTCGACCCCCACTTCAACGGTGTCGCCCGCTGCCTGACCGACAAGCAGGGCCACTACGAGTTCACGACCATCAAGCCCGGCGCCTACC
      R  H  K  M  D  S  W  P  A  P  L  D  P  H  F  N  G  V  A  R  C  L  T  D  K  Q  G  H  Y  E  F  T  N  I  K  P  G  A  Y  P

841  CGTGGGGCAACCACCACAACGCGTGGCGGCCCGCGCACATCCACTTCTCCCTGTTCGGTCAGGCGTTCACCCAGCGGCTGGTCACGCAGATGTACTTCCCGGACGATCCGTTCTTCTTCC
      W  G  N  H  H  N  A  W  R  P  A  H  I  H  F  S  L  F  G  Q  A  F  T  Q  R  L  V  T  Q  M  Y  F  P  D  D  P  F  F  F  Q

961  AGGACCCGATCTACAACTCCGTGCCCGAAGCCGCCCGCGAGCGGATGATCAGCACGTTCGACTACGACCACACCCGCGACAACTGGGCCGTCGGATTCAAGTTCGACATCGTCCTGCGCG
      D  P  I  Y  N  S  V  P  E  A  A  R  E  R  M  I  S  T  F  D  Y  D  H  T  R  D  N  W  A  V  G  F  K  F  D  I  V  L  R  G

1081 GTCAGGACGCCACCCCGTTCGAGGACCCGGAGGGCCACTGATGATCGACACCCAGAACCCCGACGCCCCCCGCTACCCGGTCTTCGCCAAGAGCCAGGACGAGGTGCCGTTCGGCGTCAC
      Q  D  A  T  P  F  E  D  P  E  G  H  STOP
                          pcaG →  M  I  D  T  Q  N  P  D  A  P  R  Y  P  V  F  A  K  S  Q  D  E  V  P  F  G  V  T

1201 CCCGTCCCAGACCGTCGGCCCGTACGTCCACATCGGCCTGTTCCCCACGTGGGAGAACAGCGGTGAGGCCGTCCCCGAGGATGCGCCGGGACGAATCGACGTGTCCTTCAACGTCATCGA
      P  S  Q  T  V  G  P  Y  V  H  I  G  L  F  P  T  W  E  N  S  G  E  A  V  P  E  D  A  P  G  R  I  D  V  S  F  N  V  I  D

1321 CGGCGCCGGACAGCCCATCGGCGACGCGATGATCGAAACCTGGCAGGCGGATGCAGCCGGCCGGTTCAACAGCCCGACCGATCCCCGCGGTGCCGCCGAGGCGACCCCCGCCGGATTCCG
      G  A  G  Q  P  I  G  D  A  M  I  E  T  W  Q  A  D  A  A  G  R  F  N  S  P  T  D  P  R  G  A  A  E  A  T  P  A  G  F  R

1441 CAGCCTGGCACGCGTGTTCGCCGACGAGAGCGGCACGATCGTGGTGCACACGGTCAAGCCGGGCGCACTTCCCGCCGAGGACGGCGCCGTCGAGGCTCCGCACATCAACGTCGGACTGTT
      S  L  A  R  V  F  A  D  E  S  G  T  I  V  V  H  T  V  K  P  G  A  L  P  A  E  D  G  A  V  E  A  P  H  I  N  V  G  L  F

1561 CGCCCGCGGCATGCTCGAGCGGCTGTACACGCGGCTCTACTTCCCCGAGGACACGGACGCGCACGCATCGGACCCCGTGCTCTCCGCCGTCCCGGAAGCAGATCGCCCCAAGCTGATCGC
      A  R  G  M  L  E  R  L  Y  T  R  L  Y  F  P  E  D  T  D  A  H  A  S  D  P  V  L  S  A  V  P  E  A  D  R  P  K  L  I  A

1681 GGAGAAGACGGATCGCGGATACCACCTGACGATCCACGTGCAGAACACAGAAGGACGGGAAACCCCGTTCTTCGCCCTGTAACCGTTCACAACCCAGAAAGGTGTCGCGCGTGAACTCTC
      E  K  T  D  R  G  Y  H  L  T  I  H  V  Q  N  T  E  G  R  E  T  P  F  F  A  L  STOP                      pcaB →  V  N  S  P

1801 CGGAGCCTTCCCGGGGTGCCCTGTTCGATCCGACGTTCGGTGCCGGCGAGTTGTCGGCACTGCTCTCGGACCGGGCGTGGGTCACCGCGATGGTCGAGGTCGAGGCCGCACTGGCCCGGG
      E  P  S  R  G  A  L  F  D  P  T  F  G  A  G  E  L  S  A  L  L  S  D  R  A  W  V  T  A  M  V  E  V  E  A  A  L  A  R  A

1921 CGGAAGCGAAATGCGACGTCATCCCCGCCGCGTCCGCCGACGCCATTTCGTCGGTGTTCGCGCGCGTCGTCGCCGAGGGATCCGTGGATGTGGGCGCCCTCGGCGAGGCGGCCGCAGCGG
      E  A  K  C  D  V  I  P  A  A  S  A  D  A  I  S  S  V  F  A  R  V  V  A  E  G  S  V  D  V  G  A  L  G  E  A  A  A  A  G

2041 GGGGTAATCCCGTGATCCCGCTGGTGAAACTGCTCCGCGGCGAGGTCGCTGCCGCCGATCTCGGAGTGCCCGGAAGCCACGTGCACAAGGGCGCCACGAGTCAGGACATTCTCGACACCG
      G  N  P  V  I  P  L  V  K  L  L  R  G  E  V  A  A  A  D  L  G  V  P  G  S  H  V  H  K  G  A  T  S  Q  D  I  L  D  T  A

2161 CCCTGATGCTGCTCTGCCGCCGGTCGGGTGCGCACATCCTGGCGTCCCTCGACGAGGCGGTGCTCTGCGCCGAGGCGCTCGCACGGGCCCAGCGCGACACCCCGATCGCCGGCCGCACAC
      L  M  L  L  C  R  R  S  G  A  H  I  L  A  S  L  D  E  A  V  L  C  A  E  A  L  A  R  A  Q  R  D  T  P  I  A  G  R  T  L

2281 TCGGCCAGCAGGCCATCCCCACCACGTTCGGCGTGCTCGCCGCCGGGTGGATGACGGCGTTGCACAGGGCTTCTCGCGCGCTTTTCGACGCACTGGACGGCCTCCCCGTGCAACTGGGAG
      G  Q  Q  A  I  P  T  T  F  G  V  L  A  A  G  W  M  T  A  L  H  R  A  S  R  A  L  F  D  A  L  D  G  L  P  V  Q  L  G  G

2401 GCGCGGCCGGCACGTCCGCTGCGCTCCACCCGCACGGCCTCGACGTCGCCGACGTGCTCGCCGACGAACTCGGGCTGGCACGTCAGGACGTGCCCTGGCACACCGATCGCACCCGCATCG
      A  A  G  T  S  A  A  L  H  P  H  G  L  D  V  A  D  V  L  A  D  E  L  G  L  A  R  Q  D  V  P  W  H  T  D  R  T  R  I  A

2521 CACTGCTCGCGTCGGCGCTCGGAACGGCCGCGGGCGCGGTGTCCAAGATCGCCACCGACCTCGTGTTCCTCTCGTCCACCGAGGTCGGCGAGGTCAGCGAAGGGTCACCCGGCGGTTCGT
      L  L  A  S  A  L  G  T  A  A  G  A  V  S  K  I  A  T  D  L  V  F  L  S  S  T  E  V  G  E  V  S  E  G  S  P  G  G  S  S

2641 CGGCCATGCCGCACAAGCGCAATCCGGTCGCCGCGATCGCGGCCCGCGCCGCGTCCCGCCGCACCCCGGGACTCGTCGCGACGATCCTCGGCTCGATGGATCACGAGCAGCAGCGCGCCG
      A  M  P  H  K  R  N  P  V  A  A  I  A  A  R  A  A  S  R  R  T  P  G  L  V  A  T  I  L  G  S  M  D  H  E  Q  Q  R  A  A

2761 CGGGCGCCTGGCACGCCGAGTGGGAAACGCTCACCGACCTGCTGCGCCTCACCGGCGGAGCCGTCGCGCGCATCGCCGACTCGCTCGGCGGACTGAACGTCCACCCCGATGCGATGGCCC
      G  A  W  H  A  E  W  E  T  L  T  D  L  L  R  L  T  G  G  A  V  A  R  I  A  D  S  L  G  G  L  N  V  H  P  D  A  M  A  R

2881 GCAACCTCGACATCACCGGCGGCCTGCTCCTCGCGGAACGAGTCACCGGCGCCCTGTCCGCCCGCACCGACAACGCGCGCGACCTCGTGACCGCCGCGTGCGAGACCGGACACCCTCTCG
      N  L  D  I  T  G  G  L  L  L  A  E  R  V  T  G  A  L  S  A  R  T  D  N  A  R  D  L  V  T  A  A  C  E  T  G  H  P  L  D

3001 ACGAGGATCCGGGGCTCCTCGAATACCTGCAGGTGGACGAGATCCGCGCCCTGCTCGACCCCGCCGGATACCTCGGCCACGCCCACGACATCGTCGACCGCGCACTGGAGACAGTGGCCC
      E  D  P  G  L  L  E  Y  L  Q  V  D  E  I  R  A  L  L  D  P  A  G  Y  L  G  H  A  H  D  I  V  D  R  A  L  E  T  V  A  R

3121 GCGGCCGGGAAGGAACGCGATGACAGTCGCACTCGCACACGAAATCTCCGGACCCCGAAACGGCGCGGCGGACGCCCCCGTCGTGGTCCTGCTCGGATCGCTCGGTTCCAACCGGTCCAT
      G  R  E  G  T  R  STOP
        pcaL →    M  T  V  A  L  A  H  E  I  S  G  P  R  N  G  A  A  D  A  P  V  V  V  L  L  G  S  L  G  S  N  R  S  M

3241 GTGGGACCCGCAGATCGCGGCGCTGTCCGACGAATGCCGGGTGGTCGCCGTCGATCAACGCGGCCACGGCGAGTCGCCGGCACCGGACGGCCCGTACTCCGTCCGCGACCTGTCCGAGGA
      W  D  P  Q  I  A  A  L  S  D  E  C  R  V  V  A  V  D  Q  R  G  H  G  E  S  P  A  P  D  G  P  Y  S  V  R  D  L  S  E  D
```

FIG. 4. Sequence of the 5475 bp carried on pRER3 and pRER4. The predicted amino acid sequences are shown below the DNA sequence. Amino acid sequences derived from direct sequencing of N termini or tryptic fragments are underlined. For *pcaI'*, presumedly transcribed in the opposite orientation, the complementary (here, coding) strand is additionally shown.

```
3361 CGTTCTCGCCCTCCTCGACTCGCTCGGCGTGGACGCCGCCCACTTCGTCGGACTGTCCATGGGCGGTGCGATCGCCCAGTGGCTTGGCGCGCACACTCCGCGCCGGGTGCTGTCGCTGTC
      V  L  A  L  L  D  S  L  G  V  D  A  A  H  F  V  G  L  S  M  G  G  A  I  A  Q  W  L  G  A  H  T  P  R  R  V  L  S  L  S
3481 GCTGCTGTGCACCGCCGCGAAATTCGGTGAACCGCAGGCTTGGACCGAGCGGGCCGCGGCATCACGCACCGACGGTCCGGAGTCGCTCGCGGACGCCGTTGTCGCCCGGTGGTTCAGCGA
      L  L  C  T  A  A  K  F  G  E  P  Q  A  W  T  E  R  A  A  A  S  R  T  D  G  P  E  S  L  A  D  A  V  V  A  R  W  F  S  E
3601 GGGGTTCGCCAAACGTGATCCGGAATTCGTCCGGCACTACCGCGAGATGATCGCGTCGACGTCCCCCGAGGGATACGCCGCGTGCTGCGACGCCCTGGCGGACTGGGATTTCACCGCCGA
      G  F  A  K  R  D  P  E  F  V  R  H  Y  R  E  M  I  A  S  T  S  P  E  G  Y  A  A  C  C  D  A  L  A  D  W  D  F  T  A  D

3721 CCTGTCCCGAATCAGCGCGCCGACGCTGGTGATCGCGGGTGAGGAGGATCCGTCCACCCCGCCGTCGGTCATGCAGATCCTCGCGGACGGCATCACCGGTGCCCGGTTCGAGGTACTCTC
      L  S  R  I  S  A  P  T  L  V  I  A  G  E  E  D  P  S  T  P  P  S  V  M  Q  I  L  A  D  G  I  T  G  A  R  F  E  V  L  S
3841 CCCCGCCGCCCACGTCGCGAACCTCGAGCAGGCAGGCGCCGTCACGGCGCTGCTGCGCGAACACATCGCCGGCGGCGGGTACGCGCGCGGACGTCGCGCCGCGCACGCACAGGGAATGAC
      P  A  A  H  V  A  N  L  E  Q  A  G  A  V  T  A  L  L  R  E  H  I  A  G  G  G  Y  A  R  G  R  R  A  A  H  A  Q  G  M  T
3961 GGTGCGCCGCTCGGTTCTCGGCGACGCGCACGTGGACCGCTCCGTGGCGGGAACCACCGACTTCACGGCACCGTTCCAGGACTTCATCACCCGCACCGCGTGGGGCGACATCTGGTCGCG
      V  R  R  S  V  L  G  D  A  H  V  D  R  S  V  A  G  T  T  D  F  T  A  P  F  Q  D  F  I  T  R  T  A  W  G  D  I  W  S  R
4081 CCCCGGACTGGACCACGAGTTGCGACGGCTGCTCACGATCGCCGTCCTCACTGCGGTCGGAAACGAGCACGAACTCGACATGCACATCCGCGCCGCCCTCCGCGCGGGTGTCGACGCCGA
      P  G  L  D  H  E  L  R  R  L  L  T  I  A  V  L  T  A  V  G  N  E  H  E  L  D  M  H  I  R  A  A  L  R  A  G  V  D  A  D
4201 CACCATCGGTGAGGTGCTCCTGCACACCGCCGTCTACGCCGGAGTGCCCAACAGCAATCTCGGGTTCGCGCTCGGCAAACAGGCCCTCGCCGACCTGTCCTCCACCGAGACCGGGGCCAC
      T  I  G  E  V  L  L  H  T  A  V  Y  A  G  V  P  N  S  N  L  G  F  A  L  G  K  Q  A  L  A  D  L  S  S  T  E  T  G  A  T
4321 GGAGGAGAATTCGCAGACATGACCGCTACCGAACCGACGGAGAAGATCCTCCCGTCCCCCGACTACGTGCAGTCGCTGGCCCGGGGCCTCGCCGTGATCCGCTGCTTCGACAACCGGAAT
      E  E  N  S  Q  T  STOP
                     pcaR →  M  T  A  T  E  P  T  E  K  I  L  P  S  P  D  Y  V  Q  S  L  A  R  G  L  A  V  I  R  C  F  D  N  R  N
4441 CAGCGGCGCACGCTCAGTGACGTCGCCCGCGCCACCGACCTGACCCGCGCCACCGCACGCCGATTTCTGCTCACCCTCGTCGAGCTCGGCTACGTGGCCACGGACGGTTCCGCGTTCTGG
      Q  R  R  T  L  S  D  V  A  R  A  T  D  L  T  R  A  T  A  R  R  F  L  L  T  L  V  E  L  G  Y  V  A  T  D  G  S  A  F  W
4561 CTCACCCCGCGGGTGCTCGAACTGGGATACAGCTACCTGTCGAGCCTGTCGCTGCCGGAGGTCGCGCAGCCGCACCTCGAGAGGCTGAGCCACAAGGTCCACGAGTCGTCGTCGGTGTCG
      L  T  P  R  V  L  E  L  G  Y  S  Y  L  S  S  L  S  L  P  E  V  A  Q  P  H  L  E  R  L  S  H  K  V  H  E  S  S  S  V  S
4681 ATCCTCGACGGTGCCGACATCGTCTACGTCGCCCGGGTGCCCGTCAGCCGGATCATGACGGTGGGCATCACCATCGGTACCCGGCTCCCCGCGTACGCCACCTCGATGGGCCGAGTCCTG
      I  L  D  G  A  D  I  V  Y  V  A  R  V  P  V  S  R  I  M  T  V  G  I  T  I  G  T  R  L  P  A  Y  A  T  S  M  G  R  V  L
4801 CTGGCGGGACTGCCCGACGACGAACTCGACGCGTACCTCGAAAAGCTCGACATCCAGCGGCTCACCGAACGCACGATCACGGCCCGCGACGACCTGAAGGCTGCGATTCTCGCGGTCCGC
      L  A  G  L  P  D  D  E  L  D  A  Y  L  E  K  L  D  I  Q  R  L  T  E  R  T  I  T  A  R  D  D  L  K  A  A  I  L  A  V  R
4921 GCGGACGGTATCTGCGTTCTCGACCAGGAACTCGAGGCAGGCCTGCGGTCGATGGCCGCCCCGATCCGCAACGCCTCCGGGCTGACCGTCGCCGCGGTGAACATCTCCACTCCGGCCGCG
      A  D  G  I  C  V  L  D  Q  E  L  E  A  G  L  R  S  M  A  A  P  I  R  N  A  S  G  L  T  V  A  A  V  N  I  S  T  P  A  A
5041 CGATACAGCCTCGAGGATCTGCATTCCGATCTCATCCCGTCGCTGCGGGTCACCGCAACCGACATCGAACAGGACCTCGCCACCGTCAATCGCTGACGCAGTGCCCGAGGAATCTTCATG
      R  Y  S  L  E  D  L  H  S  D  L  I  P  S  L  R  V  T  A  T  D  I  E  Q  D  L  A  T  V  N  R  STOP             pcaF' →  M
5161 AAAGGTCTTTCCATGCGTGACGTCGTCATCTGCGAGCCCCTGCGAACGCCGGTCGGGCGCTTCGGCGGAGTGTTCAAGGACATCACCCCTCAGAGCCTCGCGGCCACCGTCATCACGGCG
      K  G  L  S  M  R  D  V  V  I  C  E  P  L  R  T  P  V  G  R  F  G  G  V  F  K  D  I  T  P  Q  S  L  A  A  T  V  I  T  A
5281 CTCGTCGAACGCACCGGCATCGAGGGCAGCCAGATCGACGACGTCATCCTGGGTCAGGCGTCCCCGGGCGGGGAAGCCCCGGCCCTCGGCCGGATCGCGGCCCTCGACGCCGGACTCGGC
      L  V  E  R  T  G  I  E  G  S  Q  I  D  D  V  I  L  G  Q  A  S  P  G  G  E  A  P  A  L  G  R  I  A  A  L  D  A  G  L  G
5401 ATCGACGTCCCCGGCATGCAGGTGGATCGCCGCTGCGGATCCGGTCTGCAAGCGGTCATCACCGCCGTGCTGCAG
      I  D  V  P  G  M  Q  V  D  R  R  C  G  S  G  L  Q  A  V  I  T  A  V  L  Q
```

FIG. 4—*Continued*

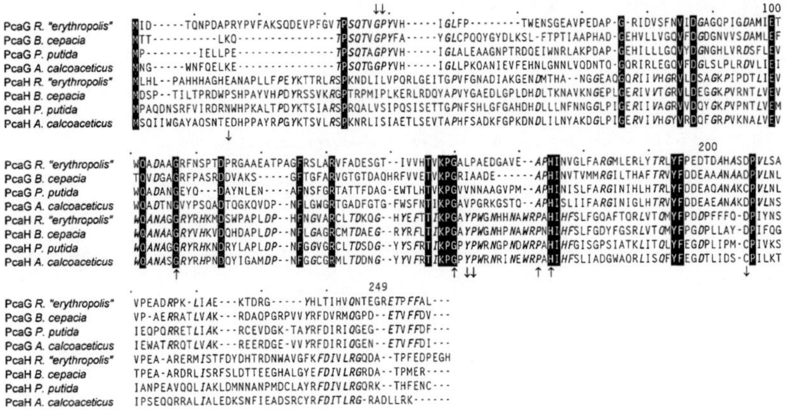

FIG. 5. Sequence alignment of the subunits of protocatechuate 3,4-dioxygenases. Positions identical in both α- and β-subunits of all four enzymes are highlighted by black boxes, those identical in only one subunit of all four enzmes are in bold italics. Numbers above the sequences refer to positions in the alignment, not in a single sequence. Amino acid residues which for the enzyme of *P. putida* ATCC 23975 have been found to be involved in the active site are indicated by down arrows, iron ligands by up-arrows (above the alignment for α-subunit, below the alignment for β-subunit) (Ohlendorf et al., 1994). Accession numbers and references for the published sequences: M30791 (Zylstra et al., 1989), M33798 (Hartnett et al., 1990), L14836 (Frazee et al., 1993).

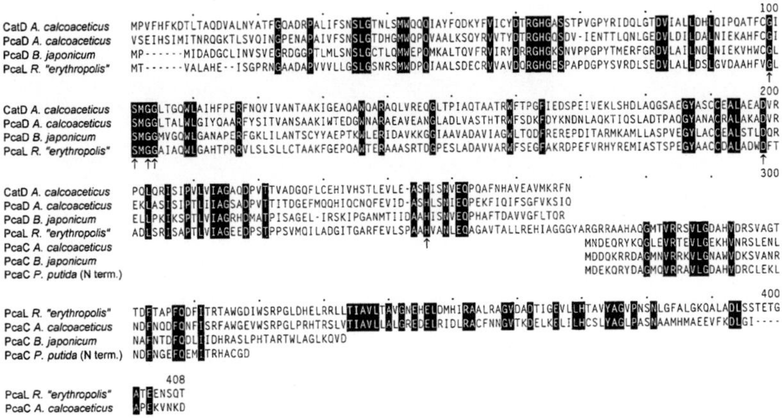

FIG. 6. Sequence alignment of the 4-carboxymuconolactone decarboxylase:3-oxoadipate enol-lactone hydrolase PcaL of *R. "erythropolis"* 1CP to the 4-carboxymuconolactone decarboxylases PcaC of *A. calcoaceticus* (M33798 [Hartnett et al., 1990]) and *B. japonicum* (Y10223 [Bedmar, 1996]), to the N terminus of PcaC from *P. putida* (Yeh et al., 1980) as well as to the 3-oxoadipate enol-lactone hydrolases PcaD of *B. japonicum* (Y10223 [Bedmar, 1996]), and CatD plus PcaD of *A. calcoaceticus* (L05770 [Hartnett & Ornston, 1994], M76991 [Shanley et al., 1994]). Positions identical in all compared sequences are highlighted. Possible catalytic triad residues (Ollis et al., 1992; Hartnett & Ornston, 1994) of the hydrolases are indicated by up-arrows. The numbering above the sequences refers to positions in the alignment, not in a single sequence.

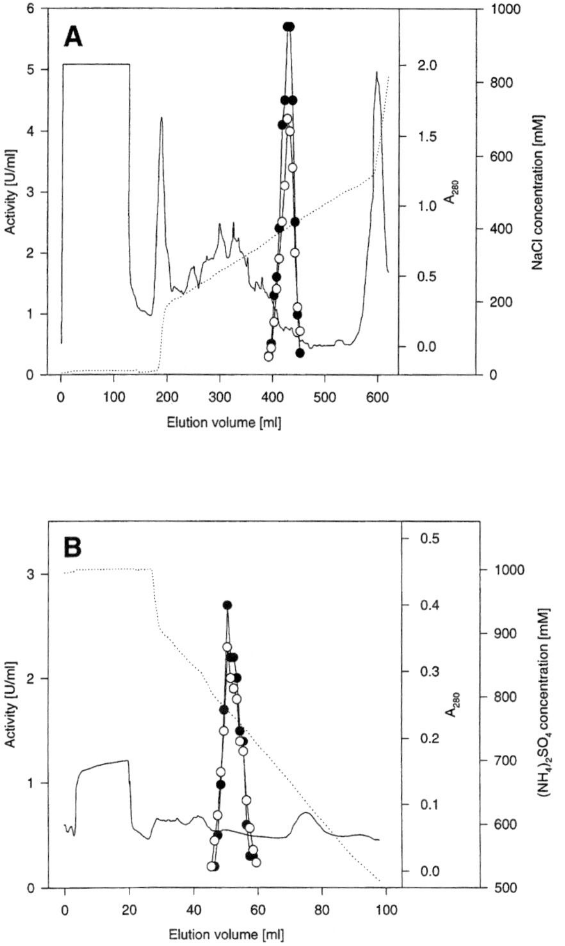

FIG. 7. Elution profiles of 3-oxoadipate enol-lactone hydrolyzing and 4-carboxymuconolactone decarboxylating activities during chromatography on Q-Sepharose High Performance (A) and Phenyl Superose (B). Experimental details are given in Table 3. Full circles and hollow circles represent 3-oxoadipate enol-lactone hydrolase and 4-carboxymuconolactone decarboxylase activities, respectively. Dotted lines indicate NaCl or $(NH_4)_2SO_4$ concentration, solid lines absorption at 280 nm.

Downstream of the presumed *pcaR* (start at position 5158) and transcribed in the same direction, an incomplete open reading frame was detected. The predicted gene product appeared to be homologous to 3-oxoadipyl CoA thiolases, as shown by 38.8% identical positions to PcaF of *A. calcoaceticus* (L05770 [Kowalchuk et al., 1994]) and *P. putida* (U10895 [Harwood et al., 1994]). Therefore, this incomplete open reading frame was designated *pcaF'*.

Transcribed divergently from *pcaH* another incomplete open reading frame was identified (start at position 255). It was termed *pcaI'* due to the similarity of the predicted gene product to PcaI, a subunit of succinyl CoA:3-oxoadipate CoA transferases, of *A. calcoaceticus* (L05770 [Kowalchuk et al., 1994]) and *P. putida* (M88763 [Parales & Harwood, 1992]) (ratio of identical positions 37.7 and 41.2%, respectively).

DISCUSSION

Characterization of the gene coding for the 3-oxoadipate enol-lactone hydrolyzing enzyme induced during growth of *R. "erythropolis"* 1CP with benzoate showed it to be part of a protocatechuate catabolic gene cluster. This was unexpected, since Rann and Cain (1973) as well as Cain (1981) had argued that in their *Rhodococcus* strains two different 3-oxoadipate enol-lactone hydrolases are induced for the catechol and the protocatechuate branch of the 3-oxoadipate pathway. The isoenzymes could be distinguished by their denaturation kinetics at 41°C, by their K_m values, and by their gel filtration behavior. Whether the reason for the dicrepancy between our results and those of Cain's group is the investigation of different strains, or whether other factors are responsible is so far not known.

The 3-oxoadipate enol-lactone hydrolyzing enzyme of *R. "erythropolis"* 1CP did not reveal any unusual similarities to the dienelactone hydrolases of chlorocatechol catabolic pathways. The enzyme was, however, found to be quite unique in being able to catalyze two subsequent reactions, 4-carboxymuconolactone decarboxylation as well as 3-oxoadipate enol-lactone hydrolysis. This conclusion was infered from the occurence of a *pcaD*-like segment as well as a *pcaC*-like segment within one open reading frame, from the molecular mass being consistent with such a merged protein, and from the impossibility to separate the two activities chromatographically. The proteobacterial 4-carboxymuconolactone decarboxylases, in contrast, are separate enzymes (Ornston, 1966a), i.e. not part of a bigger enzyme with additional hydrolytic activity (and vice versa). Since the general trend of protein evolution goes from simple to more complex enzymes and since gene fusions play a major role in this process (Bork, 1992; Jensen, 1996; Schulz & Schirmer, 1979), the situation in proteobacteria may be considered as the more ancient enzymatic setup. Consequently, during evolution of the protocatechuate pathway found in *Rhodococcus*, the original *pcaD* and *pcaC* genes were fused to code for a protein with both decarboxylase and hydrolase activities. This merger of two proteins catalyzing sequential reactions might be beneficial to the cells because of two reasons: (i) It might contribute to minimizing the distance which a metabolic intermediate has to diffuse to the next active site. (ii) Alternatively, if the distances are already optimized by the enzymes of the 3-oxoadipate pathway forming a multienzyme complex, as suggested by Meagher et al. (1972), this complex might be somewhat stabilized by two of the components being fused into one protein. The fusion could apparently occur without other major rearrangements: in the γ-proteobacterium *P. putida* as well as in the α-proteobacteria *A. tumefaciens* and *B. japonicum pcaC* is located directly downstream of *pcaD* within the same operon (Fig. 8) (Bedmar, 1996; Hughes et al., 1988; Parke, 1997). In *A. calcoaceticus* this order is also present, but the genes are interrupted by *pcaK*, a gene for a transporter (Kowalchuk et al., 1994). The order that the PcaC segment follows the PcaD segment is retained in the fused protein, which we designated PcaL. The PcaD-homologous region of PcaL extends to position 268 of the alignment, and the PcaC-homologous segment already starts at position 271 (Fig. 6). Thus, it was apparently not necessary to introduce any major loops for the new protein to accomodate both domains.

Other features of the protocatechuate gene clusters have also been conserved: Thus, *pcaD* directly follows *pcaB*, the gene for 3-carboxymuconate cycloisomerase, also in *A. calcoaceticus, B. japonicum,* and *P. putida* (Bedmar, 1996; Hughes et al., 1988; Kowalchuk et al., 1994), whereas in *A. tumefaciens* a different order occurs (Parke, 1995). Moreover *pcaG*, the gene for the β-subunit of protocatechuate 3,4-dioxygenase, has been reported to be located downstream of *pcaH*, the gene for the α-subunit, for *A. tumefaciens*, *B. cepacia*, *A. calcoaceticus*, and *P. putida*, representatives of the α-, β-, and γ-proteobacteria (Frazee et al., 1993; Hartnett et al., 1990; Parke, 1995; Zylstra et al., 1989).

From the order of the *Rhodococcus pca* genes it is clear that *pcaI* and probably *pcaJ*, the genes coding for the two subunits of succinyl CoA:3-oxoadipate CoA transferase, are transcribed independently from the other genes for protocatechuate catabolism. This corresponds to data of Cain (1981) that the transferase acitivity showed a different behavior in the presence of glucose as a catabolite repressor than the other enzymes of the protocatechuate or catechol branch. It is unclear, however, whether *pcaH*, *G*, *B*, *L*, *R*, and *F* are transcribed together as one operon or in separate units which might possibly be governed by the same regulator and

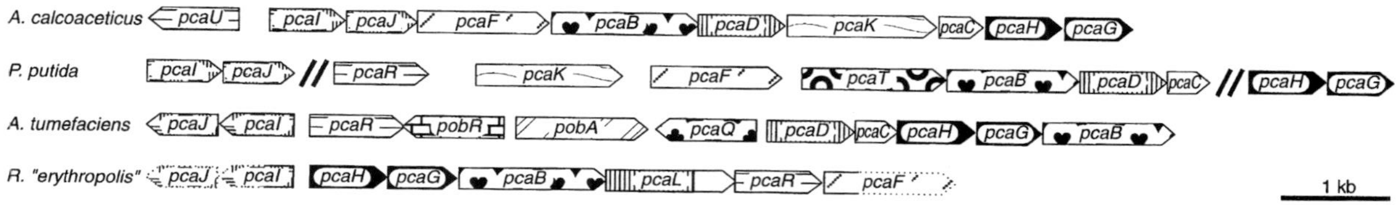

FIG. 8. Structures of gene clusters for protocatechuate catabolism. Homologous genes are shaded in the same way. Arrows with dotted borderlines represent *Rhodococcus* genes for which no or only partial sequence information is available. The information was compiled from the following sources: *P. putida*, references Buck & Houghton, 1996; Harwood et al., 1994; Hughes et al., 1988; Romero-Steiner et al., 1994; *A. calcoaceticus*, references Gerischer, 1993 (U04359); Kowalchuk et al., 1994; *A. tumefaciens*, references Parke, 1995, 1997.

coinducer. A quite unusual feature of this organisation is that *pcaR*, the presumed regulatory gene, overlaps *pcaL* by 4 bp, which suggests that these genes are transcribed together and may even be translationally coupled (Normark et al., 1983; van de Guchte et al., 1991). In contrast, *pcaU* of *A. calcoaceticus* and *pcaR* of *A. tumefaciens* are transcribed divergently from other *pca* genes (Gerischer et al., 1993; Parke, 1997), whereas in *P. putida pcaR* is transcribed in the same direction as the *pca* structural genes, but is separated from them by more than 400 bp (Harwood et al., 1994; Romero-Steiner et al., 1994). Activators of catabolic pathways, like many LysR-type proteins, often repress their own formation at the transcriptional level and thus tend to generate a relatively constant level of the regulator (Schell, 1993). Transcriptional repression of their own gene has also been found for the IclR-type regulators PobR (DiMarco & Ornston, 1994), PcaR (Houghton, personal communication), and PcaU (Popp et al., 1997). Although genes forming one operon may in addition be transcribed separately, as in the case of *P. putida catA* (Houghton & Shanley, 1994), the genetic organisation of the *pca* genes of *R. "erythropolis"* 1CP at first sight suggests that the presumed *pcaR* gene may be cotranscribed with the structural genes, presumedly resulting in varying levels of the activator. It would be interesting to study this regulation and the possible influence of other regulatory elements in more detail.

ACKNOWLEDGMENTS

We thank H.-J.Knackmuss for providing the environment in which we could do this work. We are indepted to R. Getzlaff and V. Noedinger for protein sequencing, to R. Schmid for the opportunity to use the automated DNA sequencer, and to S. Bürger for performing the DNA sequencing. Thanks are due to D. Parke for providing pARO523 and for helpful advice on setting up the decarboxylase assay.

The work was supported by a fellowship of the Landesgraduiertenförderung to D. E. and by grants from the Deutsche Forschungsgemeinschaft.

REFERENCES

Alting-Mees, M. A., J. A. Sorge, and J. M. Short. 1992. pBluescriptII: multifunctional cloning and mapping vectors. Methods Enzymol. **216:** 483-495.

Altschul, S. F., W. Gish, W. Miller, E. W. Myers, and D. J. Lipman. 1990. Basic local alignment search tool. J. Mol. Biol. **215:** 403-410.

Bedmar, E. J. 1996. Direct submission to the databases.

Bethesda Research Laboratories. 1986. BRL pUC host: *E. coli* DH5α competent cells. Bethesda Res. Lab. Focus **8(2):** 9.

Bork, P. 1992. Mobile modules and motifs. Curr. Opinion Struct. Biol. **2:** 413-421.

Bradford, M. M. 1976. A rapid and sensitive method for the quantitation of microgram quantities of protein utilizing the principle of protein-dye binding. Anal. Biochem. **72:** 248-254.

Buck, G. W., and J. E. Houghton. 1996. Cloning and sequencing of a dicarboxylic acid transport protein from *Pseudomonas putida*, abstr. K-123, p. 556. *In* Abstracts of the 96th General Meeting of the American Society for Microbiology 1996. American Society for Microbiology, Washington, D.C.

Cain, R. B. 1981. Regulation of aromatic and hydroaromatic pathways in nocardioform actinomycetes, p. 335-354. In K. P. Schaal and G. Pulverer (ed.), Actinomycetes. Gustav Fischer Verlag, Stuttgart, New York.

Chung, C. T., S. L. Niemela, and R. H. Miller. 1989. One-step preparation of competent *Escherichia coli*: transformation and storage of bacterial cells in the same solution. Proc. Natl. Acad. Sci. USA **86:** 2172-2175.

DiMarco, A. A., and L. N. Ornston. 1994. Regulation of *p*-hydroxybenzoate hydroxylase synthesis by PobR bound to an operator in *Acinetobacter calcoaceticus*. J. Bacteriol. **176:** 4277-4284.

DiMarco, A. A., B. Averhoff, and L. N. Ornston. 1993. Identification of the transcriptional activator *pobR* and characterization of its role in the expression of *pobA*, the structural gene for *p*-hydroxybenzoate hydroxylase in *Acinetobacter calcoaceticus*. J. Bacteriol. **175:** 4499-4506.

Don, R. H., P. T. Cox, B. J. Wainwright, K. Baker, and J. S. Mattick. 1991. 'Touchdown' PCR to circumvent spurious priming during gene amplification. Nucleic Acids Res. **19:** 4008.

Dorn, E., M. Hellwig, W. Reineke, and H.-J. Knackmuss. 1974. Isolation and characterization of a 3-chlorobenzoate degrading pseudomonad. Arch. Microbiol. **99:** 61-70.

Doten, R. C., K.-L. Ngai, D. J. Mitchell, and L. N. Ornston. 1987. Cloning and genetic organization of the *pca* gene cluster from *Acinetobacter calcoaceticus*. J. Bacteriol. **169:** 3168-3174.

Elvidge, J. A., R. P. Linstead, B. A. Orkin, P. Sims, H. Baer, and D. B. Pattison. 1950. Unsaturated lactones and related substances. Part IV. Lactonic products derived from muconic acid. J. Chem. Soc. 2228-2235.

Eulberg, D., E. M. Kourbatova, L. A. Golovleva, and M. Schlömann. Evolutionary relationship between chlorocatechol catabolic enzymes from *Rhodococcus "erythropolis"* 1CP and their counterparts in proteobacteria: sequence divergence and functional convergence. (Submitted to J. Bacteriol.)

Eulberg, D., L. A. Golovleva, and M. Schlömann. 1997. Characterization of catechol catabolic genes from *Rhodococcus erythropolis* 1CP. J. Bacteriol. **179:** 370-381.

Frazee, R. W., D. M. Livingston, D. C. LaPorte, and J. D. Lipscomb. 1993. Cloning, sequencing, and expression of the *Pseudomonas putida* protocatechuate 3,4-dioxygenase genes. J. Bacteriol. **175:** 6194-6202.

Gerischer, U. C. 1993. Direct submission to the databases.

Gerischer, U., S. Tran, and L. N. Ornston. 1993. Physiological effects exerted by *pcaU*, a newly discovered gene governing synthesis of enzymes for catabolism of protocatechuate in *Acinetobacter calcoaceticus*, abstr. H-267, p. 238. *In* Abstracts of the 93rd General Meeting of the American Society for Microbiology 1993. American Society for Microbiology, Washington, D.C.

Gish, W., and D. J. States. 1993. Identification of protein coding regions by database similarity search. Nat. Genet. **3:** 266-272.

Gorlatov, S. N., O. V. Maltseva, V. I. Shevchenko, and L. A. Golovleva. 1989. Degradation of chlorophenols by a culture of *Rhodococcus erythropolis*. Mikrobiologiya **58:** 802-806. (Microbiology **58:** 647-651.)

Hartnett, C., E. L. Neidle, K.-L. Ngai, and L. N. Ornston. 1990. DNA sequences of genes encoding *Acinetobacter calcoaceticus* protocatechuate 3,4-dioxygenase: evidence indicating shuffling of genes and of DNA sequences within genes during their evolutionary divergence. J. Bacteriol. **172:** 956-966.

Hartnett, G. B., and L. N. Ornston. 1994. Acquisition of apparent DNA slippage structures during extensive evolutionary divergence of *pcaD* and *catD* genes encoding identical catalytic activities in *Acinetobacter calcoaceticus*. Gene **142:** 23-29.

Harwood, C. S., and R. E. Parales. 1996. The β-ketoadipate pathway and the biology of self-identity. Annu. Rev. Microbiol. **50:** 553-590.

Harwood, C. S., N. N. Nichols, M.-K. Kim, J. L. Ditty, and R. E. Parales. 1994. Identification of the *pcaRKF* gene cluster from *Pseudomonas putida*: involvement in chemotaxis, biodegradation, and transport of 4-hydroxybenzoate. J. Bacteriol. **176:** 6479-6488.

Higgins, D. G., and P. M. Sharp. 1989. Fast and sensitive multiple sequence alignments on a microcomputer. CABIOS **5:** 151-153.

Houghton, J. E. Personal communication.

Houghton, J. E., T. M. Brown, A. J. Appel, E. J. Hughes, and L. N. Ornston. 1995. Discontinuities in the evolution of *Pseudomonas putida cat* genes. J. Bacteriol. **177:** 401-412.

Houghton, J. E., and M. S. Shanley. 1994. Catabolic potential of pseudomonads: a regulatory perspective, p. 11-32. *In* G. R. Chaudhry (ed.), Biological degradation and bioremediation of toxic chemicals. Dioscorides Press, Portland, Oregon.

Hughes, E. J., M. K. Shapiro, J. E. Houghton, and L. N. Ornston. 1988. Cloning and expression of *pca* genes from *Pseudomonas putida* in *Escherichia coli*. J. Gen. Microbiol. **134:** 2877-2887.

Inoue, H., H. Nojima, and H. Okayama. 1990. High efficiency transformation of *Escherichia coli* with plasmids. Gene **96:** 23-28.

Jensen, R. A. 1996. Evolution of metabolic pathways in enteric bacteria, p. 2649-2662. *In* F. C. Neidhardt, R. Curtiss III, J. L. Ingraham, E. C. C. Lin, K. B. Low, B. Magasanik, W. S. Reznikoff, M. Riley, M. Schaechter, and H. E. Umbarger (ed.), *Escherichia coli* and *Salmonella*: cellular and molecular biology, 2nd ed. ASM Press, Washington, D. C.

Johnson, B. F., and R. Y. Stanier. 1971. Regulation of the β-ketoadipate pathway in *Alcaligenes eutrophus*. J. Bacteriol. **107:** 476-485.

Johnson, J. L. 1994. Similarity analysis of rRNAs, p. 683-700. *In* P. Gerhardt, R. G. E. Murray, W. A. Wood, and N. R. Krieg (ed.), Methods for general and molecular bacteriology. American Society for Microbiology, Washington, D. C.

Kowalchuk, G. A., G. B. Hartnett, A. Benson, J. E. Houghton, K.-L. Ngai, and L. N. Ornston. 1994. Contrasting patters of evolutionary divergence within the *Acinetobacter calcoaceticus pca* operon. Gene **146:** 23-30.

Maltseva, O. V., I. P. Solyanikova, and L. A. Golovleva. 1994a. Chlorocatechol 1,2-dioxygenase from *Rhodococcus erythropolis* 1CP. Kinetic and immunochemical comparison with analogous enzymes from Gram-negative strains. Eur. J. Biochem. **226:** 1053-1061.

Maltseva, O. V., I. P. Solyanikova, L. A. Golovleva, M. Schlömann, and H.-J. Knackmuss. 1994b. Dienelactone hydrolase from *Rhodococcus erythropolis* 1CP: purification and properties. Arch. Microbiol. **162:** 368-374.

Marchuk, D., M. Drumm, A. Saulino, and F. S. Collins. 1991. Construction of T-vectors, a rapid and general system for direct cloning of unmodified PCR products. Nucleic Acids Res. **19:** 1154.

McCorkle, G. M., W.-K. Yeh, P. Fletcher, and L. N. Ornston. 1980. Repetitions in the NH_2-terminal amino acid sequence of β-ketoadipate enol-lactone hydrolase from *Pseudomonas putida*. J. Biol. Chem. **255:** 6335-6341.

Meagher, R. B., G. M. McCorkle, M. K. Ornston, and L. N. Ornston. 1972. Inducible uptake system for β-carboxy-*cis,cis*-muconate in a permeability mutant of *Pseudomonas putida*. J. Bacteriol. **111:** 465-473.

Moos, M. Jr. 1993. Isolation of proteins for microsequence analysis, p. 10.19.1-10.19.12. *In* F. M. Ausubel, R. Brent, R. E. Kingston, D. D. Moore, G. Seidman, J. A. Smith, K. Struhl (ed.), Current protocols in molecular biology, supplement 21. John Wiley & Sons, Inc., New York.

Normark, S., S. Bergström, T. Edlund, T. Grundström, B. Jaurin, F. P. Lindberg, and O. Olsson. 1983. Overlapping genes. Annu. Rev. Genet. **17:** 499-525.

Ohlendorf, D. H., A. M. Orville, and J. D. Lipscomb. 1994. Structure of protocatechuate 3,4-dioxygenase from *Pseudomonas aeruginosa* at 2.15 Å resolution. J. Mol. Biol. **224:** 586-608.

Ollis, D. L., E. Cheah, M. Cygler, B. Dijkstra, F. Frolow, S. M. Franken, M. Harel, S. J. Remington, I. Silman, J. Schrag, J. L. Sussman, K. H. G. Verschueren, and A. Goldman. 1992. The α/β hydrolase fold. Protein Eng. **5:** 197-211.

Ornston, L. N. 1966a. The conversion of catechol and protocatechuate to β-ketoadipate by *Pseudomonas putida*. II. Enzymes of the protocatechuate pathway. J. Biol. Chem. **241:** 3787-3794.

Ornston, L. N. 1966b. The conversion of catechol and protocatechuate to β-ketoadipate by *Pseudomonas putida*. III. Enzymes of the catechol pathway. J. Biol. Chem. **241:** 3795-3799.

Ornston, L. N., and R. Y. Stanier. 1966. The conversion of catechol and protocatechuate to β-ketoadipate by *Pseudomonas putida*. I. Biochemistry. J. Biol. Chem. **241:** 3776-3786.

Parales, R. E., and C. S. Harwood. 1992. Characterization of the genes encoding β-ketoadipate:succinyl-coenzyme A transferase in *Pseudomonas putida*. J. Bacteriol. **174:** 4657-4666.

Parales, R. E., and C. S. Harwood. 1993. Regulation of the *pcaIJ* genes for aromatic acid degradation in *Pseudomonas putida*. J. Bacteriol. **175:** 5829-5838.

Parke, D. 1995. Supraoperonic clustering of *pca* genes for catabolism of the phenolic compound protocatechuate in *Agrobacterium tumefaciens*. J. Bacteriol. **177:** 3808-3817.

Parke, D. 1997. Acquisition, reorganization, and merger of genes: novel management of the β-ketoadipate pathway in *Agrobacterium tumefaciens*. FEMS Microbiol. Lett. **146:** 3-12.

Pearson, W. R., and D. J. Lipman. 1988. Improved tools for biological sequence comparison. Proc. Natl. Acad. Sci. USA **85:** 2444-2448.

Popp, R., I. Steiner, and U. Gerischer. 1997. Regulation of the catabolism of aromatic compounds in *Acinetobacter calcoaceticus*. Biospektrum (special issue): abstract PF076, p. 115.

Rainey, F. A., J. Burghardt, R. M. Kroppenstedt, S. Klatte, and E. Stackebrandt. 1995. Phylogenetic analysis of the genera *Rhodococcus* and *Nocardia* and evidence for the evolutionary origin of the genus *Nocardia* from within the radiation of *Rhodococcus* species. Microbiology **141:** 523-528.

Rann, D. L., and R. B. Cain. 1973. Regulation of the enzymes of aromatic ring fission in the genus *Nocardia*. Biochem. Soc. Trans. **1:** 658-661.

Romero-Steiner, S., R. E. Parales, C. S. Harwood, and J. E. Houghton. 1994. Characterization of the *pcaR* regulatory gene from *Pseudomonas putida*, which is required for the complete degradation of *p*-hydroxybenzoate. J. Bacteriol. **176:** 5771-5779.

Sambrook, J., E. F. Fritsch, and T. Maniatis. 1989. Molecular cloning. A laboratory manual, 2nd ed. Cold Spring Harbor Laboratory Press, Plainview, N.Y.

Schell, M. A. 1993. Molecular biology of the LysR family of transcriptional regulators. Annu. Rev. Microbiol. **47:** 597-626.

Schlömann, M. 1994. Evolution of chlorocatechol catabolic pathways. Conclusions to be drawn from comparisons of lactone hydrolases. Biodegradation **5:** 301-321.

Schlömann, M., E. Schmidt, and H.-J. Knackmuss. 1990. Different types of dienelactone hydrolase in 4-fluorobenzoate-utilizing bacteria. J. Bacteriol. **172:** 5112-5118.

Schulz, G. E., and R. H. Schirmer. 1979. Priciples of protein structure. Springer-Verlag, New York.

Shanley, M. S., A. Harrison, R. E. Parales, G. Kowalchuk, D. J. Mitchell, and L. N. Ornston. 1994. Unusual G+C content and codon usage in *catIJF*, a segment of the *ben-cat* supra-operonic cluster in the *Acinetobacter calcoaceticus* chromosome. Gene **138:** 59-65.

Solyanikova, I. P., O. V. Maltseva, M. D. Vollmer, L. A. Golovleva, and M. Schlömann. 1995. Characterization of muconate and chloromuconate cycloisomerase from *Rhodococcus erythropolis* 1CP: indications for functionally convergent evolution among bacterial cycloisomerases. J. Bacteriol. **177:** 2821-2826.

Stanier, R. Y., and J. L. Ingraham. 1954. Protocatechuic acid oxidase. J. Biol. Chem. **210:** 799-808.

Stanier, R. Y., and L. N. Ornston. 1973. The β-ketoadipate pathway. Adv. Microb. Physiol. **9:** 89-151.

Stone, K. L., M. B. LoPresti, J. M. Crawford, R. DeAngelis, and K. R. Williams. 1989. Enzymatic digestion of proteins and HPLC peptide isolation, p. 31-47. *In* P.T. Matsudaira (ed.), A Practical Guide to Protein and Peptide Purification for Microsequencing. Academic Press, Inc., San Diego, Calif.

van de Guchte, M., J. Kok, and G. Venema. 1991. Distance-dependent translational coupling and interference in *Lactococcus lactis*. Mol. Gen. Genet. **227:** 65-71.

Varadaraj, K., and D. M. Skinner. 1994. Denaturants or cosolvents improve the specificity of PCR amplification of a G + C-rich DNA using genetically engineered DNA polymerases. Gene **140:** 1-5.

Williams, S. E., E. M. Woolridge, S. C. Ransom, J. A. Landro, P. C. Babbitt, and J. W. Kozarich. 1992. 3-Carboxy-*cis,cis*-muconate lactonizing enzyme from *Pseudomonas* *putida* is homologous to the class II fumarase family: a new reaction in the evolution of a mechanistic motif. Biochemistry **31:** 9768-9776.

Yeh, W.-K., and L. N. Ornston. 1984. *p*-Chloromercuribenzoate specifically modifies thiols associated with the active sites of β-ketoadipate enol-lactone hydrolase and succinyl CoA:β-ketoadipate CoA transferase. Arch. Microbiol. **138:**102-105.

Yeh, W.-K., P. Fletcher, and L. N. Ornston. 1980. Homologies in the NH_2-terminal amino acid sequences of γ-carboxymuconolactone decarboxylases and muconolactone isomerases. J. Biol. Chem. **255:** 6347-6354.

Zylstra, G. J., R. H. Olsen, and D. P. Ballou. 1989. Genetic organization and sequence of the *Pseudomonas cepacia* genes for the alpha and beta subunits of protocatechuate 3,4-dioxygenase. J. Bacteriol. **171:** 5915-5921.

Eingereicht zur Veröffentlichung beim Journal of Bacteriology

Evolutionary Relationship between Chlorocatechol Catabolic Enzymes from *Rhodococcus "erythropolis"* 1CP and their Counterparts in Proteobacteria: Sequence Divergence and Functional Convergence

Dirk Eulberg,[1] Elena M. Kourbatova,[2†] Ludmila A. Golovleva,[2] and Michael Schlömann[1*]

Institut für Mikrobiologie, Universität Stuttgart, D-70550 Stuttgart, Germany,[1] and Institute of Biochemistry and Physiology of Microorganisms, Russian Academy of Sciences, Pushchino, Russia[2]

Running title: *Rhodococcus "erythropolis"* chlorocatechol gene cluster

* Corresponding author. Mailing address: Institut für Mikrobiologie, Universität Stuttgart, Allmandring 31, D-70569 Stuttgart, Germany. Phone: (49)-711-6855489. Fax: (49)-711-6855725. E-mail: imbms@po.uni-stuttgart.de.

† Present address: Pushchino State University, Genetic Engineering Plant Biotechnology Department, Pushchino, Russia.

ABSTRACT

Biochemical investigations of the muconate and the chloromuconate cycloisomerases from the chlorophenol-utilizing strain *Rhodococcus "erythropolis"* 1CP had previously indicated that the chlorocatechol catabolic pathway of this strain might have developed independently from the corresponding pathways of proteobacteria. To test this hypothesis, we have now cloned the chlorocatechol catabolic gene cluster of strain 1CP by employing PCR with primers derived from sequences of an N terminus and peptides of purified chlorocatechol 1,2-dioxygenase and chloromuconate cycloisomerase. Sequencing of the clones revealed that they comprise different parts of the same gene cluster in which so far five open reading frames could be identified. The *clcB* gene for chloromuconate cycloisomerase is transcribed divergently from a gene which codes for a LysR-type regulatory protein, the presumed ClcR. Downstream of *clcR*, but separated from it by 222 bp, we detected the *clcA* and *clcD* genes which could unambiguously be be assigned to chlorocatechol 1,2-dioxygenase and dienelactone hydrolase. A gene coding for a maleylacetate reductase could not be detected. Instead, the product encoded by the fifth open reading frame turned out to be homologous to transposition related proteins of IS*1031* and Tn*4811*. Sequence comparisons of ClcA and ClcB to other 1,2-dioxygenases and cycloisomerases, respectively, clearly showed that the chlorocatechol catabolic enzymes of *R. "erythropolis"* 1CP represent different branches in the dendrograms than their proteobacterial counterparts. Thus, while the sequences diverged, the functional adaptation to efficient chlorocatechol metabolization occured independently in proteobacteria and gram-positive bacteria, that is by functionally convergent evolution.

INTRODUCTION

Although various chloroaromatic compounds are known to be degraded slowly or incompletely under certain conditions (Ghisalba, 1983), numerous bacteria are able to utilize some representatives of this class of chemicals as sole source of carbon and energy (Häggblom, 1992; Reineke, 1994). In many of the cases where growth occurs, the chloroaromatic substrates are initially converted to chlorocatechols. These can be cleaved in *ortho*-position, i. e. between the hydroxyl groups, to chlorosubstituted *cis,cis*-muconates. Cycloisomerization of the latter and concomitant chloride elimination will yield dienelactones (4-carboxymethylenebut-2-en-4-olides) which may still carry the remaining chlorine substituents (Fig. 1). Subsequent hydrolysis of the lactone and reduction of the resulting maleylacetate, in most cases, generate 3-oxoadipate, an intermediate also of the catechol and the protocatechuate branch of the ubiquitous 3-oxoadipate pathway (Fig. 1).

As initially shown especially for the 3-chlorobenzoate utilizing strain *Pseudomonas* sp. B13 and for the 2,4-dichlorophenoxyacetate degrading strain *Ralstonia eutropha* (*Alcaligenes eutrophus*) JMP134 (pJP4), different sets of enzymes are induced for catechol catabolism on the one hand and for chlorocatechol catabolism on the other (Dorn & Knackmuss, 1978; Schmidt & Knackmuss, 1980; Pieper et al., 1988; Kuhm et al., 1990; Schlömann et al., 1990). Thus, chlorocatechol 1,2-dioxygenase (EC 1.13.11.-), chloromuconate cycloisomerase (EC 5.5.1.7), and dienelactone hydrolase (EC 3.1.1.45) catalyze reactions analogous to those of catechol 1,2-dioxygenase (EC 1.13.11.1), muconate cycloisomerase (EC 5.5.1.1), and 3-oxoadipate enol-lactone hydrolase (EC 3.1.1.24). They differ from the latter, however, in having higher relative turnover numbers and/or lower K_m values for chlorosubstituted substrates or the metabolites generated from them by chloride elimination. The fourth enzyme characteristic for chlorocatechol catabolism, maleylacetate reductase (EC 1.3.1.32), has no equivalent among catechol catabolic enzymes and compensates for the different oxidation states of the metabolites of the two pathways.

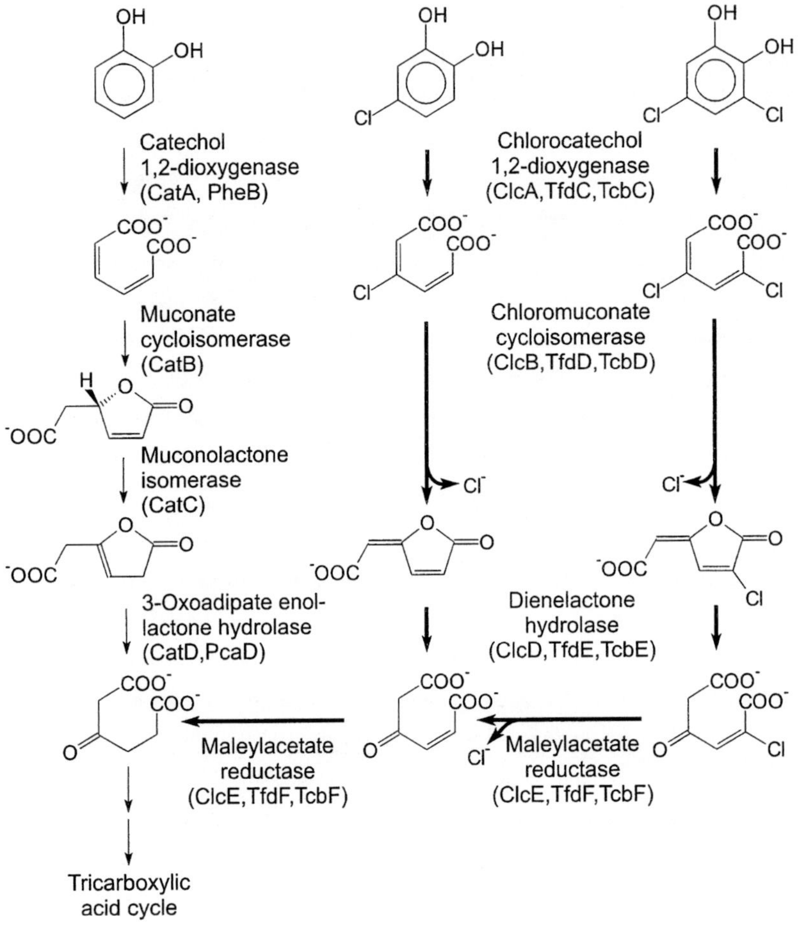

FIG. 1. Degradative pathways for catechol, 4-chlorocatechol, and 3,5-dichlorocatechol. In addition to enzyme names, their designations as gene products, as previously assigned for gram-negative or gram-positive bacteria, are given. Enzymes with a specific function in chlorocatechol catabolism are set off by heavy arrows.

Genetic studies, which so far focussed on gram-negative bacteria, showed that the enzymes of chlorocatechol pathways are often encoded by catabolic plasmids such as pJP4 of *R. eutropha* JMP134 (Don et al., 1985), pAC27 of the 3-chlorobenzoate utilizing *Pseudomonas putida* AC866 (Chatterjee & Chakrabarty, 1982), pP51 of the 1,2,4-trichlorobenzene mineralizing strain *Pseudomonas* sp. P51 (van der Meer et al., 1991a), and pEST4011 isolated from the 2,4-dichlorophenoxyacetate degrading *P. putida* EST4021 (Mäe et al., 1993). Several years ago sequencing of chlorocatechol gene clusters from the former three plasmids (Frantz & Chakrabarty, 1987; Perkins et al., 1990; van der Meer et al., 1991b) showed the chlorocatechol 1,2-dioxygenases and chloromuconate cycloisomerases to be homologous to catechol 1,2-dioxygenases and muconate cycloisomerases, respectively. More interestingly, the chlorocatechol 1,2-dioxygenases of these plasmids were derived from a common ancestor not shared by the catechol 1,2-dioxygenases, as the chloromuconate cycloisomerases diverged from an ancestral enzyme not in the line of descent of known muconate cycloisomerases (Schlömann, 1994). The dienelactone hydrolases are evolutionarily so remote from the 3-oxoadipate enol-lactone hydrolases that their common evolutionary background could only be identified by their three-dimensional structure or sequence signatures related to it, respectively (Ollis et al., 1992; Hartnett & Ornston, 1994; Schlömann, 1994). These observations, as well as conserved structures of the gene clusters, suggested that the proteobacterial chlorocatechol pathways, as represented by those on pAC27, pJP4, and pP51, diverged from the same ancestral pathway (Schlömann, 1994). The catabolic genes from many other strains were shown by hybridization to be related to those of the plasmids mentioned above (Amy et al., 1985; Fulthorpe et al., 1995; Ka et al., 1994; Mäe et al., 1993; Top et al., 1995). In other cases, no hybridization was found under the conditions employed (Amy et al., 1985; Fulthorpe et al., 1995; Holben et al., 1992; Ka et al., 1994).

The gram-positive bacterium *Rhodococcus "erythropolis"* strain 1CP has previously been isolated with 2,4-dichlorophenol as carbon source (Gorlatov et al., 1989). Purification and characterization of its chlorocatechol 1,2-dioxygenase, chloromuconate cycloisomerase, and dienelactone hydrolase revealed unusual properties (Maltseva et al., 1994a, 1994b; Solyanikova et al., 1995). Especially interesting was the observation that with respect to the conversion of 2-chloro-*cis,cis*-muconate and the chloromuconolactones derived from it, the muconate and the chloromuconate cycloisomerase of *R. "erythropolis"* 1CP were more similar to each other than to proteobacterial muconate or chloromuconate cycloisomerases characterized thus far (Solyanikova et al., 1995). If these phenotypic similarities of the *Rhodococcus* enzymes resulted from a closer evolutionary relationship, then this would mean that the adaptation to chlorosubstituted substrates would have occured independently among the proteobacteria and the gram-positive bacteria. Thus, on the basis of a sequence divergence, a functional convergence (Doolittle, 1994) would have to be assumed. Proof of this hypothesis would require sequence information from both the enzymes involved in catechol catabolism as well as those involved in chlorocatechol catabolism of *Rhodococcus*. We recently reported on the characterization of the catechol gene cluster (Eulberg et al., 1997), and in the accompanying paper (Eulberg et al., submitted) we present sequences of enzymes for protocatechuate degradation, some of which also contribute to the catechol branch of the 3-oxoadipate pathway. In this communication, we show that the chlorocatechol enzymes of *R. "erythropolis"* 1CP do indeed represent different branches than the previously characterized enzymes encoded on plasmids pAC27, pJP4, and pP51. Some of the results have recently been presented in a preliminary communication (Eulberg & Schlömann, 1997).

MATERIALS AND METHODS

Strains, plasmids, and cultivation conditions.

R. "erythropolis" 1CP has previously been isolated with 2,4-dichlorophenol as carbon source (Gorlatov et al., 1989). To obtain biomass for the enzyme purifications, the strain was cultivated in a mineral medium with 4-chlorophenol as described previously (Solyanikova et al., 1995). *E.coli* DH5α (Bethesda Research Laboratories, 1986), obtained from Gibco BRL was grown aerobically at 37°C with constant shaking in LB (Luria-Bertani) medium (Sambrook et al., 1989) supplied with 100 µg/ml of ampicillin, if appropriate. The plasmids used in this study are summarized in Table 1.

TABLE 1. Plasmids used in this study

Plasmid	Relevant characteristics[a]	Reference or source
pBluescript II KS (+)	Phagemid derived from pUC19; P_{lac} *lacZ'* Ap^r; f1(+) origin; ColE1 origin	Stratagene (Alting-Mees et al., 1992)
pRERD1	Ap^r; ca. 220-bp PCR product obtained with dioxygenase-derived primers in *Eco*RV site of pBluescript II KS (+)	This study
pRERC1	Ap^r; ca. 60-bp PCR product obtained with cycloisomerase-derived primers in *Eco*RV site of pBluescript II KS (+)	This study
pRER5	Ap^r; ca. 2.9-kb *Pst*I fragment of *R."erythropolis"* 1CP DNA in pBluescript II KS (+)	This study
pRER6	Ap^r; ca.10-kb *Hin*dIII fragment of *R."erythropolis"* 1CP DNA in pBluescript II KS (+)	This study
pRER61	Ap^r; ca. 2.4-kb *Sac*II fragment of pRER6 in pBluescript II KS (+)	This study
pRER7	Ap^r; ca. 3.7-kb *Eco*RI fragment of *R."erythropolis"* 1CP DNA in pBluescript II KS (+)	This study

[a] Ap^r, plasmid carries information for ampicillin resistance.

Enzyme assays and estimation of protein concentrations.

The activity of chloromuconate cycloisomerase was measured spectrophotometrically at 260 nm as described by Schlömann et al. (1990) using 0.1 mM 2-chloro-*cis,cis*-muconate as substrate (extinction coefficient, 17,100 $M^{-1} \cdot cm^{-1}$ [Dorn & Knackmuss, 1978]). The latter was available form a previous preparation (Vollmer et al., 1994). Dienelactone hydrolase wasassayed at 280 nm according to a modification of the procedure of Schmidt and Knackmuss (1980) in the presence of 50 mM Tris-HCl (pH 7.2) and 0.1 mM of *cis*-dienelactone (*cis*-4-carboxymethylenebut-2-en-4-olide) which had been obtained from S. R. Kaschabek and W. Reineke, Wuppertal, Germany (extinction coefficient, 17,000 $M^{-1} \cdot cm^{-1}$ [Schlömann et al., 1990]).

Protein purifications.

Chlorocatechol 1,2-dioxygenase was purified basically as described previously (Maltseva et al., 1994a).

For the purification of chloromuconate cycloisomerase, a cell extract was prepared in 50 mM BisTris-HCl (bis-[2-hydroxyethyl]-imino-tris[hydroxymethyl]-methane-HCl) (pH 6.5) plus 1 mM dithiothreitol (DTT) by grinding the cells with glass beads and clarifying the crude extract as described previously (Eulberg et al., 1997). The extract (volume, 250 ml; protein, 800 mg; total activity, 14.6 U; specific activity, 0.018 U/mg) was subjected to a purification scheme which differed from that of Solyanikova et al. (1995) especially in the first step and in the additional reversed-phase chromatography. From a Pharmacia Q Sepharose High Performance HR 16/10 column (bed volume, 20 ml), used with 50 mM BisTris-HCl (pH 6.5), 1 mM DTT and a linear NaCl gradient (0 to 0.5 M NaCl over 300 ml), the most active fractions eluted at ca. 0.35 M NaCl. $(NH_4)_2SO_4$ was added to 1.6 M final concentration and the preparation was chromatographed on a Pharmacia Phenyl Superose HR 10/10 column. Elution with a linear gradient of $(NH_4)_2SO_4$ (1.6 to 0 M over 104 ml) in 50 mM Tris-HCl (pH 7.5), 2 mM $MnSO_4$ yielded cycloisomerase-containing fractions at about 0.35 to 0.4 M $(NH_4)_2SO_4$. The preparation was subjected to gel filtration on a Pharmacia Superdex 200 prep grade HiLoad 16/60 column (bed length, 60 cm) employing 50 mM Tris-HCl (pH 7.5), 2 mM $MnSO_4$, 0.2 M NaCl for elution. The resulting preparation (volume, 9 ml; protein, 12.3 mg; total activity, 8.25 U) had a specific activity of 0.67 U/mg, equivalent to a 37-fold purification. The purified enzyme was prepared for tryptic digestion by reversed-phase chromatography. A ca. 0.2 mg aliquot of the purified enzyme was loaded onto a Pharmacia ProRPC 5/10 column with 0.1% (vol/vol) trifluoroacetic acid in H_2O and eluted with a linear gradient (over 18 ml) to 0.1% (vol/vol) trifluoroacetic acid in acetonitrile. The absorption peak at ca. 65% acetonitrile (vol/vol) was collected and concentrated in a vacuum centrifuge.

For purification of dienelactone hydrolase, an extract (volume, 65 ml; protein, 124 mg; total activity, 51.9 U; specific activity, 0.42 U/mg) was prepared in 50 mM Tris-HCl (pH 7.2) with 0.1 mM DTT. Compared to a previous purification (Maltseva et al., 1994b) more advanced chromatographic media were used. Chromatography with Q Sepharose High Performance HR16/10 and a gradient from 0 to 0.75 M NaCl over 400 ml was followed by Phenyl Superose Fast Flow HR16/10 chromatography employing a gradient from 2 to 0 M $(NH_4)_2SO_4$ over 280 ml. The final Superdex 75 HR10/30 (bed length, 30 cm) step yielded a preparation (volume, 1.5 ml; protein, 0.28 mg; total activity, 8.3 U) with a specific activity of 29.7 U/mg, equivalent to a 71-fold purification.

The purity of enzyme preparations was investigated by discontinuous SDS-polyacrylamide gel electrophoresis as described previously (Eulberg et al., 1997). The gels were stained with a Pharmacia silver-staining kit.

Protein cleavage and isolation and sequencing of peptides.

Trypsin digestion of chlorocatechol dioxygenase, chloromuconate cycloisomerase, and dienelactone hydrolase, as well as subsequent separation of tryptic peptides by reversed-phase high-pressure liquid chromatography were performed by the procedure of Stone et al. (1989) with details described by Eulberg et al. (1997). The amounts of chlorocatechol dioxygenase, chloromuconate cycloisomerase, and dienelactone hydrolase after precipitation, washing, and drying were 66, 90, and 30 µg, respectively.

Purification and general in vitro manipulations of DNA.

Genomic DNA of *R. "erythropolis"* 1CP was obtained as described previously (Eulberg et al., 1997). Plasmid DNA from *E. coli* DH5α was isolated with Pharmacia Flexiprep kits. For other general methods see the accompanying paper (Eulberg et al., submitted).

Amplification of segments of the chlorocatechol 1,2-dioxygenase and of the chloromuconate cycloisomerase gene.

Oligonucleotides were custom synthesized according to the sequences of an N terminus and of several internal peptides (Table 2). To reduce the degeneracy of the oligonucleotides, a codon usage table for the previously sequenced genes *catA*, *catB* and *catC* of strain 1CP (Eulberg et al., 1997) was used. The 50-µl PCR mixtures contained 50 pmol of each primer, ca. 0.25 µg of genomic template DNA, 0.1 mM of each deoxynucleotide triphosphate, Goldstar DNA polymerase buffer (75 mM Tris-HCl [pH 9], 20 mM $(NH_4)_2SO_4$, 0.01% [wt/vol] Tween 20), 1.5 mM $MgCl_2$, and 0.5 U of Goldstar DNA polymerase (Eurogentech). Denaturing agents, such as dimethylsulfoxide or formamide (Varadaraj & Skinner, 1994), were added to the reaction mixtures to enhance the specificity of hybridization (2 to 8% [vol/vol] of dimethylsulfoxide or formamide for amplification of a fragment of the dioxygenase gene, 3 and 6% [vol/vol] of dimethylsulfoxide for the amplification of a cycloisomerase gene fragment). The thermocycling parameters for amplification of the chlorocatechol 1,2-dioxygenase gene fragment were as follows: 30 cycles of denaturing (95°C, 30 sec), annealing (48°C, 2 min), and polymerization (72°C, 45 sec), with an additional 2.5 min of denaturing before addition of the polymerase during the first cycle (D'Aquila et al., 1991) and an additional 4.25 min of polymerization during the last cycle. For amplification of the chloromuconate cycloisomerase fragment, a thermocycling program without a separate polymerization step was used as to the small size of the product that was to be expected: 30 cycles of denaturing (95°C, 30 sec) and annealing (48°C, 1 min), with an additional 2.5 min of denaturing before addition of the polymerase during the first cycle and 20 sec of polymerization at 72°C after the last cycle.

TABLE 2. Sequences of an N terminus, tryptic peptides, and deduced primers

Protein or peptide	Amino acid sequence[a]	Deduced primer sequence
Chlorocatechol 1,2-dioxygenase		
CCD67.8	VVPAEDG(V)(I)(P)F(H)SIR	
CCD72.0	GNWT(D)(L)AIQGPF	AASGGBCCYTGKATNGC
CCD82.6	VIELFDEF(T)DL(R)	GTSATCGAGYTNTTYGAYGA
Chloromuconate cycloisomerase		
N terminus[b]	PNLTVSGVRTTIVDLPIL(R)P	ACSACSATCGTSGAYYTNCC
CMCI65.74	ELEAIGLSAVPVEEQR	
CMCI76.33	QIIDEYLAPALIGSDVEDLAGTR	
CMCI79.76	VEVVT(D)AGFVGLGEGV	
CMCI85.33	FANHSIDAQTYLLVEVVTDAGFVGL	TCKATBSWGTGGTTBGCRAA
Dienelactone hydrolase		
DLH49.82	SXAPPTPAHISIQQNR	
DLH71.46	XYDNAGHSFLAGLTEPNHPSTAAAH	
DLH84.65	TPGTDPVPYLHASSDTG	

[a] Segments used for the design of oligonucleotides for cloning are underlined.
[b] From reference Solyanikova et al., 1995. The published N terminal sequence had an aspartate in the second position instead of the asparagine shown here.

Cloning strategy and hybridization procedures.

PCR products were ligated into a T-vector (Marchuk et al., 1991). The plasmids containing the ca. 220-bp product obtained with the chlorocatechol 1,2-dioxygenase-derived primers and the ca. 60-bp product obtained with the chloromuconate cycloisomerase-derived primers were designated pRERD1 and pRERC1, respectively. The insert of pRERD1 was digoxigenin-labeled by using a DIG DNA Labeling and Detection Kit Nonradioactive (Boehringer), while the insert of pRERC1 was labeled, after denaturation (100°C, 10 min) and immediate chilling on ice, by tailing with digoxigenin-dUTP using the DIG Oligonucleotide Tailing Kit (Boehringer). On Southern blots of genomic DNA of strain 1CP digested with *Pst*I or *Eco*RI a ca. 2.9-kb *Pst*I fragment could be identified by hybridization with the labeled insert of pRERD1 and a ca. 3.7-kb *Eco*RI fragment by hybridization with the labeled insert of pRERD1 and a ca. 3.7-kb *Eco*RI fragment by hybridization with the labeled insert of pRERC1 (procedure as described in the Boehringer manual). Identical digests were loaded onto second gels, and slices that corresponded in size to the positions of the respective hybridization signals were excised. The DNA was eluted from the gel slices and ligated into the dephosphorylated *Pst*I or *Eco*RI site of pBluescript II KS (+), respectively. The resulting gene banks were transformed into cells of *E. coli* DH5α. The clones which carried the DNA of interest were then identified with the corresponding probe (performed analogous to reference Eulberg et al., 1997). The plasmid hybridizing to the labeled insert of pRERD1 was designated pRER5, the one which hybridized with pRERC1, pRER7. An adjacent clone, pRER6, which completed the open reading frame for dienelactone hydrolase on pRER5, was obtained by digoxigenin-labeling a ca. 300-bp *Not*I-*Pst*I fragment of the open reading frame and by using that to identify a ca. 10 kb *Hin*dIII fragment. A 2409-bp *Sac*II subclone of pRER6 which overlaps with pRER5 was also identified by hybridization with the labeled 300-bp *Not*I-*Pst*I fragment and was designated pRER61.

DNA sequence analysis.

The nucleotide sequence of the overlapping inserts of pRER5, pRER7, and a part of pRER6 were determined partly by sequencing nested deletions or subclones, and partly by sequencing with custom synthesized primers. For the sequencing reactions, an Applied Biosystems Prizm kit was used with subsequent electrophoresis and analysis in an Applied Biosystems A373 sequencer. Computer-based sequence analyses were done with the PC/GENE program package (Intelligenetics Inc., Mountain View, Calif.). Database searches were performed by the programs BLASTX (Altschul et al., 1990; Gish & States, 1993) and FASTA (Pearson & Lipman, 1988). For multiple sequence alignments, the PC/GENE version of CLUSTAL (Higgins & Sharp, 1989) was employed with open and unit gap costs set to 10. Dendrograms based on the Fitch-Margoliash algorithm were obtained by using the programs PROTDIST, FITCH, and DRAWTREE, bootstrap data by additionally using the programs SEQBOOT and CONSENSE, all from the PHYLIP program package (Felsenstein, 1993).

Nucleotide sequence accession number.

The 7,240-bp sequence of the overlapping inserts of pRER7, pRER5, and pRER61 shown in Figure 3 will appear in the EMBL, GenBank, and DDBJ nucleotide sequence databases under accession no. AF003948.

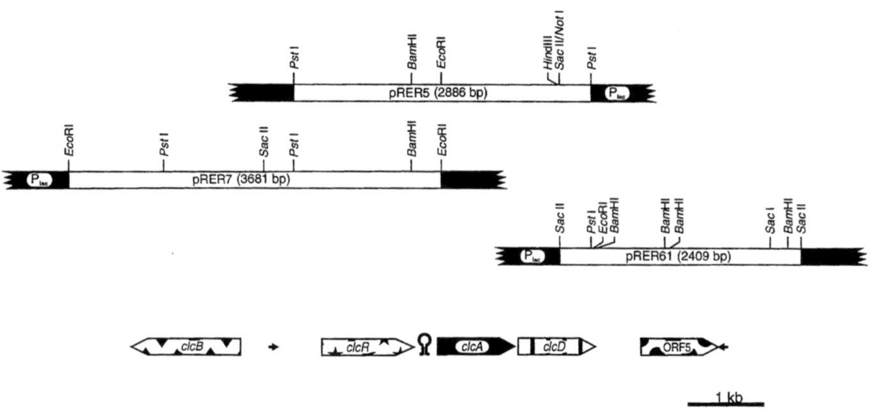

FIG. 2. Restriction map of the inserts of pRER5, pRER7, and pRER61 carrying 7,240 bp of *R. "erythropolis"* 1CP DNA in the multiple cloning site of pBluescript II KS (+).The length and orientation of open reading frames are indicated by large arrows. Two small arrows indicate the location of the imperfect inverted repeats. Between the presumed *clcR* and *clcA*, a hairpin structure was found that possibly represents a transcription terminator. ORF, open reading frame.

RESULTS

Cloning of the *clc* gene cluster from *R. "erythropolis"* 1CP.

As a basis for the cloning of the *clc* gene cluster, the chlorocatechol 1,2-dioxygenase, the chloromuconate cycloisomerase, and the dienelactone hydrolase from strain 1CP, which previously already had been purified and characterized biochemically (Maltseva et al., 1994a, b; Solyanikova et al., 1995), were purified again from 4-chlorophenol-grown *R. "erythropolis"* 1CP cells. Aliquots of the purified proteins were subjected to trypsin digestion, and selected isolated peptides were sequenced (Table 2). Some of these peptide sequences, as well as the previously sequenced N terminus of the chloromuconate cycloisomerase (Solyanikova et al., 1995), served for the design of degenerate primers for PCR experiments (Table 2). PCR products were obtained independently for the chlorocatechol 1,2-dioxygenase gene (a ca. 220-bp fragment) and for the chloromuconate cycloisomerase gene (a ca. 60-bp fragment). The plasmids that resulted from the ligation of the PCR products into pBluescript II KS (+), designated pRERD1 and pRERC1, respectively, were checked by sequencing to contain the fragment of interest. The inserts of pRERD1 and pRERC1 were labeled with digoxigenin and were used to identify a ca. 2.9-kb *Pst*I clone and a ca. 3.7-kb *Eco*RI clone (designated pRER5 and pRER7, respectively). By DNA sequence analysis, it was shown that the inserts of both plasmids overlap, which means that the chlorocatechol 1,2-dioxygenase gene and the chloromuconate cycloisomerase gene are part of the same cluster of chlorocatechol catabolic genes. A major clone with an insert overlapping that of pRER5, pRER6, and its subclone, pRER61, were constructed to allow the complete sequencing of this gene cluster.

Sequence analysis of pRER5, pRER7, and pRER61.

The sequenced 7,240 bp of the overlapping inserts of pRER5, pRER7, and pRER61 comprised five complete open reading frames (Figs. 2 and 3). The first open reading frame (position 1,700 to 579) is transcribed in the opposite direction of the other open reading frames. It was identified as *clcB*, the gene of the chloromuconate cycloisomerase, by showing that the sequence of its predicted gene product contains all determined peptide sequences as well as the reported N terminal sequence

```
   1 GAATTCAATGCCATCCCGATCGAGAAATACGCCGTCACGCGAGCGGTCAACGACCTACTGCGCTGCTCGGTCCGCCCGCATTCCGCGATCACCTCATCGACCAGGGACGCGGGAAACACC
 121 CTGGTCAACAACCCCACCGACACCACATCCGACAACCGCCGATCCGAGACCGGTTTCACCCATCCGCTCCGAGGCACACCTCATCGTAACGCAACCCGCACTAACTGAACGGTATTGCAC
 241 CTAAACGACCACAGCACTGCCTGCGGCCAGTTCATCGTGTACGTATCGTCTGCCGCCGGGCGACTGTGGTGTCCGGTGCACGGCGTAGCCCATGAACCGTCGGGTCGATCGGCTCCGCAC
 361 AGCAAATACTGCACTTTAGCGCTCCCGGAAGGTGCAAGGTGATGGGAGCACGGGCTCCCATGCTGCAAGTTGCGCTGTTCGTCGGGGCTCGTCAGGATCAATTCGACTACGTCGTCCGCG

 481 ATCTTGTTCTTCTCGGAGACGACAAGTTCGCGGCGGGTGCCGGGTTTGTGCATGGATACGTAACCTGTCACGAGTGGAAGGTTGGGCGGCGTAGGCCGTCAGCGTCTGCGGTAGCGGTCG
                                                                                                        AGTCGCAGACGCCATCGCCAGC
                                                                                                       STOP R  R  R  Y  R  D

 601 ACCTTGTCGTGGTCCAGCCGCACCCCCAGACCGGGACCCGTTGGAACCGTGAGTATTCCGTCAGTATAGGCGAGCGGCTCGGTGATCACCGAGTCGGCCAGCAGCAACGGGCCCACCAGC
     TGGAACAGCACCAGGTCGGCGTGGGGGTCTGGCCCTGGGCAACCTTGGCACTCATAAGGCAGTCATATCCGCTCGCCGAGCCACTAGTGGCTCAGCCGGTCGTCGTTGCCCGGGTGGTCG
      V  K  D  H  D  L  R  V  G  L  G  P  G  T  P  V  T  L  I  G  D  T  Y  A  L  P  E  T  I  V  S  D  A  L  L  L  P  G  V  L

 721 TCGCAGCCGTGGAGCAGCCTCGGGAATGTGGCGAACAGGTGCGCGGAGGCCGCCGTACCGACCGGGCTTTCCAGCGCCGTACCGCCGTAAGGACCGATCGAAGCGGTGTCGAGTATGGCC
     AGCGTCGGCACCTCGTCGGAGCCCTTACACCGCTTGTCCACGCGCCTCCGGCGGCATGGCTGGCCCGAAAGGTCGCGGCATGGCGGCATTCCTGGCTAGCTTCGCCACAGCTCATACCGG
      E  C  G  H  L  L  R  P  F  T  A  F  L  H  A  S  A  A  T  G  V  P  S  E  L  A  T  G  G  Y  P  G  I  S  A  T  D  L  I  A

 841 GCGATCAACGCCGCAGCCCGCAAGCCTCCGGCCTTTCCGGGTTTGACCGCGACCGAGTCGCAGGCTCGTTCGCGTACGACCTCGAGCGCGTCTGCAGGCACGCATACCGACTCGTCGGCC
     CGCTAGTTGCGGCGTCGGGCGTTCGGAGGCCGGAAAGGCCCAAACTGGCGCTGGCTCAGCGTCCGAGCAAGCGCATGCTGGAGCTCGCGCAGACGTCCGTGCGTATGGCTGAGCAGCCGG
      A  I  L  A  A  A  R  L  G  G  A  K  G  P  K  V  A  V  S  D  C  A  R  E  R  V  V  E  L  A  D  A  P  V  C  V  S  E  D  A

 961 ATGATGTCGATGCGATCGGCTCGCGACCGTAGTTCGGCAAGCCCGCGCACGTCGCGGCGCTCGACCGGCTGCTCGACCGCGCTGAGGCCGATGGCCTCGAGTTCTCGCACGGCCCAGGTC
     TACTACAGCTACGCTAGCCGAGCGCTGGCATCAAGCCGTTCGGGCGCGTGCAGCGCCGCGAGCTGGCCGACGAGCTGGCGCGACTCCGGCTACCGGAGCTCAAGAGCGTGCCGGGTCCAG
      M  I  D  I  R  D  A  R  S  R  L  E  A  L  G  R  V  D  R  R  E  V  P  Q  E  V  A  S  L  G  I  A  E  L  E  R  V  A  W  T

1081 GCAGTCCGCAGATCCCACGTGCCGTTGGGGTCGCCAAGGTAGTCGACGCCGTCGCCGATCTTGTCGACCAGTTCCCCGACGCGGTCGATATCCTCGCGCGGGGCAAGCGCCCCCATCTTG
     CGTCAGGCGTCTAGGGTGCACGGCAACCCCAGCGGTTCCATCAGCTGCGGCAGCGGCTAGAACAGCTGGTCAAGGGGCTGCGCCAGCTATAGGAGCGCGCCCCGTTCGCGGGGGTAGAAC
      A  T  R  L  D  W  T  G  N  P  D  G  L  Y  D  V  G  D  G  I  K  D  V  L  E  G  V  R  D  I  D  E  R  P  A  L  A  G  M  K

1201 AACTTGATCCTGCGGTAGCCAGCCGCCACTCGTTCCGCAGCCTCTTCGAGTGTCCCCCGGTCCCGGCGCCGCTGAGCGGCCAGCGCAGCGGCAGTTCGGTACGGGTGGCACCGCCTAGC
     TTGAACTAGGACGCCATCGGTCGGCGGTGAGCAAGGCGTCGGAGAAGCTCACAGGGGGCCAGGGCCGCGGCGACTCGCCGGTCGCGTCGCCGTCAAGCCATGCCCACCGTGGCGGATCG
      F  K  I  R  R  Y  G  A  A  V  R  E  A  A  E  E  L  T  G  G  T  G  A  G  S  L  P  W  R  L  P  L  E  T  R  T  A  G  G  L

1321 AGGGTCGACAGGGCAACGTTGTGTGCCTGCCCGATCGCATCGAGCAACGCGGTCTCGAGCGCGGCCTTGGCGAACAGGTTGGCGAACGCAATCCGGTCTAGTTGTCGACGGGTCCCGGCG
     TCCCAGCTGTCCCGTTGCAACACACGGACGGGCTAGCGTAGCTCGTTGCGCCAGAGCTCGCGCCGGAACCGCTTGTCCAACCGCTTGCGTTAGGCCAGATCAACAGCTGCCCAGGGCCGC
      L  T  S  L  A  V  N  H  A  Q  G  I  A  D  L  L  A  T  E  L  A  A  K  A  F  L  N  A  F  A  I  R  D  L  Q  R  R  T  G  A

1441 AGGTCTTCGACGTCGCTGCCGATCAGTGCCGGGGCAAGGTAGCAGTCGATGATCTGCTTTTGCCCTTCGATACTTTCTCCGCCCCACCACGGTCCGCCTGGTGATACCCCTTCGCCGAGG
     TCCAGAAGCTGCAGCGACGGCTAGTCACGGCCCCGTTCCATCGTCAGCTACTAGACGAAAACGGGAAGCTATGAAAGAGGCGGGGTGGTGCCAGGCGGACCACTATGGGGAAGCGGCTCC
      L  D  E  V  D  S  G  I  L  A  P  A  L  Y  C  D  I  I  Q  K  Q  G  E  I  S  E  G  G  W  W  P  G  G  P  S  V  G  E  G  L

1561 CCGACGAATCCGGCGTCTGTGACGACCTCGACGAGGAGGTAAGTTTGTGCGTCGATGCTGTGGTTCGCGAATCGGTGTGGGCGCAGGATCGGTAGGTCGACGATCGTGGTCCGCACACCG
     GGCTGCTTAGGCCGCAGACACTGCTGGAGCTGCTCCTCCATTCAAACACGCAGCTACGACACCAAGCGCTTAGCCACACCCGCGTCCTAGCCATCCAGCTGCTAGCACCAGGCGTGTGGC
      G  V  F  G  A  D  T  V  V  E  V  L  L  Y  T  Q  A  D  I  S  H  N  A  F  R  H  P  R  L  I  P  L  D  V  I  T  T  R  V  G

1681 CTGACGGTGAGGTTCGGCATGGCCGCTCGCTCTCGTTGTGTAGTTAGGGACAAAAGGACCGGTGGGTCAGATCGGTGTGACAAGCAACGTTTGGTCCCGACTCGCAATCGCACCTCGGTG
     GACTGCCACTCCAAGCCGTA
      S  V  T  L  N  P  M  ← clcB

1801 GCGGTCACATCCGCGTCGGTGTCAGTCGGTCCATCCAGGCTTGGGAGTTGTCTCCGGTCTGCCAAACGGGTGGGACGGCCACGGCGTCCAACCCATTGCGGTGGGCCCGGGCCATGTGAC
1921 GACGGTAGGACCGCGGTGAGTGAGACCGCCAATACCCATGCAGTTGCCCGGGCCCCTGATCTCGGTATCGGCTGACATCCCAACAGCGGCCGTGTGCTTGACTGCGACCATGACATCGCC
2041 GATATCGGCGGCACCACTCGACGCCCGCAAAACCCGATGGCGGGGTGTAGTTGGGGCGGCGTGTTTCCTTCCCGTCTACCACCACGCACCATGGCGCTTTGTCCGACCTGAGGGATTCGA
2161 CCACGCGCTGATCAGCATCGGCGTCGACATTCGCTCGACCCCCGCCCTCGAGTACCTCGACCAGCTACCGCTGCAGTTCGTTCGGATCGTTGCACCCGACGAGGGCTCGGAAGGGTACTG
2281 CGATCTCGACTTCGCATACGCAGCGGTGCTGGCCAGCCATCACCGCCAGGCTGCCCGGGTGTTCCCCGACGGGCGGATCGCCGGCTCCGTCGCCGCCCCTGCTCCTGATTGCCAGCCTGC

2401 GCGCCGAGCTGCTCGTCGGGCTGAGATTCTCCTCGGCGGCACCGAGACCCAATCGGTACCGACATCTCATTCGCGCCAGGCTCCGGCCGGTGCGCTTACTATCCGATCATGATTCCTCTC
                                                                                                          clcR →  M  I  P  L

2521 GACGTACGCCAGTTGGAGTGTTTCATCGCTGTCGCCGAAGAACGCCACGTCGGCCATGCCGCAGCCCGGCTGCACATGACCCAGCCGCCTTTGACCCGCCGAATCTCGCGCCTCGAACGC
     D  V  R  Q  L  E  C  F  I  A  V  A  E  E  R  H  V  G  H  A  A  A  R  L  H  M  T  Q  P  P  L  T  R  R  I  S  R  L  E  R

2641 GAAATCGGCGCACAGCTGTTCGTGCGCACTCTGACCGGGGTCGAACTGACCGCCGCCGGGCTCGTACTGCTCGACCGCGCCTACCGAATTGTGGCGCTGGCCGAGAACACCCTCGAACGC
     E  I  G  A  Q  L  F  V  R  T  L  T  G  V  E  L  T  A  A  G  L  V  L  L  D  R  A  Y  R  I  V  A  L  A  E  N  T  L  E  R

2761 GTGCGCCTGGCCGACGCCGGTGAAGCGGGCGCGCTGGCCGTCGGCTACTTCGGCTCGACGATCTTCGGACTCGTCCCCCGCCTACTGCGTCTCTTCCTCGACACTCGCCCCGAAGTGCGG
     V  R  L  A  D  A  G  E  A  G  A  L  A  V  G  Y  F  G  S  T  I  F  G  L  V  P  R  L  L  R  L  F  L  D  T  R  P  E  V  R

2881 ATCGTCATCGAACGCGCGACCAGGGACATGCAGGCCCAGGCCATTCGCGATGGCCGCATGCACATTGGATTCAGTCGCCAATACCCCGCCGAACCTGACCTGGCGGTGCGCAACATCGCC
     I  V  I  E  R  A  T  R  D  M  Q  A  Q  A  I  R  D  G  R  M  H  I  G  F  S  R  Q  Y  P  A  E  P  D  L  A  V  R  N  I  A

3001 TCCGAGCCGCTGTATGTGGCACTGCCCGAAACACATCCACTACTGAGCAAGCAGAAGGTGCTGCTCGCCGACATCCAGAACGAACCGCTGGTGCTGTTCCCTTCGGCACCCAGGCCAGGT
     S  E  P  L  Y  V  A  L  P  E  T  H  P  L  L  S  K  Q  K  V  L  L  A  D  I  Q  N  E  P  L  V  L  F  P  S  A  P  R  P  G
3121 TTCGCCGACGAAGTCGTTCAATTACTCATGCGCACCGGCGGTGAACCGCGCATCGAAGCCGAAGCAAGCGACGTCGTCACCGCCTTAGCCTACGTGGCCATCGCACAATTGTGCGCGGTG
     F  A  D  E  V  V  Q  L  L  M  R  T  G  G  E  P  R  I  E  A  E  A  S  D  V  V  T  A  L  A  Y  V  A  I  A  Q  L  C  A  V

3241 GTCCCCCGTTCCGCCAGCAACATTGCACTGCCCGGCGTGGTGTACGTCCCTCTGGCCGACGCCCCGCCGGAATCGCTGAGCTGCATCTACCGGGCAATCGAGACACCGACGTTGGTGCGT
     V  P  R  S  A  S  N  I  A  L  P  G  V  V  Y  V  P  L  A  D  A  P  P  E  S  L  S  C  I  Y  R  A  I  E  T  P  T  L  V  R

3361 GCCTTCCTCGACCATCTTGACCTCCTGGATCCGGCGACGCTCGACCTATACGAGGACTGACCGATACCCACACCGACGTGACGACGGTGCGGTGTTGGTATTGGCCCACCCGAGCTGCGG
     A  F  L  D  H  L  D  L  L  D  P  A  T  L  D  L  Y  E  D  STOP
```

FIG. 3. Sequence of the 7,240 bp of *R. "erythropolis"* 1CP DNA cloned in pRER5, pRER7, and pRER61. The predicted amino acid sequences of the open reading frames are shown below the DNA sequence. Amino acid sequences obtained by direct sequencing of proteins or tryptic peptides are underlined. For *clcB*, which is divergently transcribed from all other open reading frames, the complementary (in this case, coding) strand is additionally given. A segment between *clcR* and *clcA*, which forms a hairpin structure and possibly represents a transcription terminator, is indicated by two arrows of opposite orientation. An imperfect inverted repeat is represented by underlined and italicized bases between *clcB* and *clcR* as well as downstream of ORF5. ORF, open reading frame.

```
3481 CTGGCTACGCTTCACCCAGGCGCATCAAAGCCCCTCCGTCCCCCGCAGCCCCTTCCGACGCGAGGCCCGTCGCGACAGCAACGGATTCGCCTTTCCGCGCGTGCAGTGCCTCTTTGTCGC
                                                                                                         ------------------>
3601 CGGCAAAGAGGCACTGCGTAAGAGATATCCAAGGAGTTAAACATGGCCAATACACGCGTGATCGAGTTGTTCGACGAATTCACCGATCTCATCCGTGATTTCATCGTCCGTCACGAGATC
       <-----------                  clcA ->  M  A  N  T  R  V  I  E  L  F  D  E  F  T  D  L  I  R  D  F  I  V  R  H  E  I
3721 ACCACACCGGAGTACGAAACGATCATGCAATACATGATCAGCGTCGGCGAGGCCGGCGAGTGGCCGCTGTGGCTCGACGCGTTCTTCGAAACCACCGTCGACTCCGTGAGCTACGGCAAG
     T  T  P  E  Y  E  T  I  M  Q  Y  M  I  S  V  G  E  A  G  E  W  P  L  W  L  D  A  F  F  E  T  T  V  D  S  V  S  Y  G  K
3841 GGAAACTGGACCTCCAGTGCGATCCAAGGACCGTTCTTCAAAGAAGGTGCCCCGCTGCTGACCGGCAAACCGGCCACCCTGCCGATGCGGGCAGACGAGCCTGGCGACCGGATGCGGTTC
     G  N  W  T  S  S  A  I  Q  G  P  F  F  K  E  G  A  P  L  L  T  G  K  P  A  T  L  P  M  R  A  D  E  P  G  D  R  M  R  F
3961 ACCGGGAGCGTGCGCGACACGTCGGGAACTCCGATCACCGGCGCGGTCATCGATGTGTGGCACTCCACCAACGACGGCAACTACAGCTTTTTCTCCCCCGCTCTGCCCGACCAGTACCTG
     T  G  S  V  R  D  T  S  G  T  P  I  T  G  A  V  I  D  V  W  H  S  T  N  D  G  N  Y  S  F  F  S  P  A  L  P  D  Q  Y  L
4081 CTGCGCGGCAGGGTCGTCCCCGCCGAAGACGGCAGCATCGAGTTCCACAGCATCCGACCGGTGCCCTACGAAATCCCGAAAGCTGGCCCCACGGGCCAGCTCATGAACTCATACCTCGGC
     L  R  G  R  V  V  P  A  E  D  G  S  I  E  F  H  S  I  R  P  V  P  Y  E  I  P  K  A  G  P  T  G  Q  L  M  N  S  Y  L  G
4201 CGGCACTCCTGGCGCCCCGCACACATCCACATCCGCATCACCGCCGACGGGTACCGGCCACTGATCACCCAGCTCTACTTCGAGGGCGACCCGTACCTGGACAGCGACTCCTGCTCGGCA
     R  H  S  W  R  P  A  H  I  H  I  R  I  T  A  D  G  Y  R  P  L  I  T  Q  L  Y  F  E  G  D  P  Y  L  D  S  D  S  C  S  A
4321 GTCAAGAGCGAACTGGTTCTGCCGGTCAACAAGATCGACATCGACGGCGAAACATGGCAGCTAGTCGACTTCAACTTCATTCTCCAGCACAACTGATCGCGAGACATCATGTGCCACAAC
     V  K  S  E  L  V  L  P  V  N  K  I  D  I  D  G  E  T  W  Q  L  V  D  F  N  F  I  L  Q  H  N STOP clcD ->  M  C  H  N
4441 AAATCATCCGCGCCTCCCACACCCGCACACATATCGATACAGCAAAACCGGACTCCCGGCACCGACCCCGTTCCCTACCTGCACGCGTCCTCGGACACCGGGAGCGGTGACACGATCGTC
     K  S  S  A  P  P  T  P  A  H  I  S  I  Q  Q  N  R  T  P  G  T  D  P  V  P  Y  L  H  A  S  S  D  T  G  S  G  D  T  I  V
4561 CTCCTCACCGACATCTTCGGTGTGACCCCGTTCTATCGACACCTGGCTGCCATGCTCGCCGAGAAAGGCCACGACGTCGTCATTCCCGACGTATTCCACCGAGTAGGCCACGCCACCGAC
     L  L  T  D  I  F  G  V  T  P  F  Y  R  H  L  A  A  M  L  A  E  K  G  H  D  V  V  I  P  D  V  F  H  R  V  G  H  A  T  D
4681 CCGGGCCGCGACGCGGCCTTGGCCAGACGCCGCCAATTGGACGACCGTCTCGCGATCGAGGACATCGAACGCACCGTCGCCCACACCGTCGATGATCAACAGACATTCGGTGTACTCGGA
     P  G  R  D  A  A  L  A  R  R  R  Q  L  D  D  R  L  A  I  E  D  I  E  R  T  V  A  H  T  V  D  D  Q  Q  T  F  G  V  L  G
4801 TTCTGCCTCGGCGGAAGCTTCGCCCTGCTGACCGCGGCCGCACACCCCAATCAGGTCACCGCCACCTACTACGCCTTCCCTAAAGGCGCGCCAGGAGCGAAAGTGCCTGTCAAACCGCCA
     F  C  L  G  G  S  F  A  L  L  T  A  A  A  H  P  N  Q  V  T  A  T  Y  Y  A  F  P  K  G  A  P  G  A  K  V  P  V  K  P  P
4921 CTTGAGGCTGCCGATGCGATCGACGGGCCCGTCCTGTGCCACTGGGGGCGAGACGACTACATCGATCACGAGGAAATTGACCAACTGGAACAGATACTCGCGTCGGCTCCCGGTCCCAGC
     L  E  A  A  D  A  I  D  G  P  V  L  C  H  W  G  R  D  D  Y  I  D  H  E  E  I  D  Q  L  E  Q  I  L  A  S  A  P  G  P  S
5041 GAGATCCGGTGGTACGACAACGCCGGGCACAGCTTCCTCGCCGGACTAACAGAACCGAACCACCCCAGCACTGCAGCCGCCCACGACTCCTGGCAGCGCACAGTGGAATTCTTCGAACGG
     E  I  R  W  Y  D  N  A  G  H  S  F  L  A  G  L  T  E  P  N  H  P  S  T  A  A  A  H  D  S  W  Q  R  T  V  E  F  F  E  R
5161 TACCTCACCGTAGGATCCGCCAACTGAACGGAACGGCGCCCTGCCGGCGACCACACAGGCCCATTTGCCCATACCATTCCTGGTATACGTTGCAGAGCAACGGACTGATCACTGCCTTGT
     Y  L  T  V  G  S  A  N STOP
5281 GGCGTGCCCGTCACCGGGCGGCGCAGCTGCTGTCACCTCTCTCCGGCTTACCCGCTGAGTCTGCTCACAGCACCAACGCGCAACCTCGAGCGTCGGCTCCTCGTGCCATTCACGACCGGC
5401 CCCGGTATTCAGAACCCGCCTGCGGACCAGTCCGCCTGCGGTTGGGTGGTTGTTGTCGTCGGGTGGAGAACTCGCGAGAACTGGGCCCCACTCAGCGCCGGGGTCGGGAAACATCGTTGT
5521 CGGAGTCACGCGTTCGGCACTCGCCGGTCGACCAGGCGCACTCAGTAGGTGTTTGGAAAGCTGTGCGATTTCGGCCCCGAAGCGGATCGGTGACATCATGATGGGGCATGGGTTCTCGTA
                                                                                                     ORF5 ->  M  G  S  R  K
5641 AGCAGCATCGCAAGCCGAAGCCGTATCCGTCCGATTTGACCGATGCGCAGTGGGAGTTGATCGCACCGATGGTCCCTGTATCTTCGGCTGGTCGCCCGCCCATTCACTCGCGCCGCCGGA
       Q  H  R  K  P  K  P  Y  P  S  D  L  T  D  A  Q  W  E  L  I  A  P  M  V  P  V  S  S  A  G  R  P  P  I  H  S  R  R  R  I
5761 TCGTGGACGCGATCTTGTATGTCAACCGCACCGGCTGTTCCTGGCGCCAGTTGCCGCATGATTTTCCGAAGTGGGAGACGGTGTACTGGTACTTCAAGGTGTGGAACGAGTCTGGGGTGA
       V  D  A  I  L  Y  V  N  R  T  G  C  S  W  R  Q  L  P  H  D  F  P  K  W  E  T  V  Y  W  Y  F  K  V  W  N  E  S  G  V  T
5881 CCGACCGGATCCACGACGCACTGCGGGCGCGGGCGCGCGATCGCGGTGGTCGGGATCCGATGGCCTCGGCGGGGATGGTCGACGCCCAGGCGGTGAAGGGTGCCGACACCGTCGGGACGG
       D  R  I  H  D  A  L  R  A  R  A  R  D  R  G  G  R  D  P  M  A  S  A  G  M  V  D  A  Q  A  V  K  G  A  D  T  V  G  T  D
6001 ATACGCGCGGTTGGGACGGCGCGAAACGAGTCAATGGGCGCAAAAGGCACTTGGTGACCGACACGCTCGGCCTACTCGTGGTGGTGTTGGTGACGGCGGGGAGTGTGCAGGACCGTGACG
       T  R  G  W  D  G  A  K  R  V  N  G  R  K  R  H  L  V  T  D  T  L  G  L  L  V  V  V  L  V  T  A  G  S  V  Q  D  R  D  G
6121 GCGGACGCCGGGTGCTGGCGCGGGCGAAGACGGCGATGCCGTCGATGGTCGTGGTGTGGGCCGACGGCGGCTACGCCGGGAAGCTGGTCGCCTGGGTCGACACGCTGCCGCATCGCAGTG
       G  R  R  V  L  A  R  A  K  T  A  M  P  S  M  V  V  V  W  A  D  G  G  Y  A  G  K  L  V  A  W  V  D  T  L  P  H  R  S  G
6241 GATATCGTTCGGAAACCCAAAGGGCAGAGTGGGTTTGCTGTCCTACCGCACCGCTGGGTGATCGAACGGACGCTGTCGTGGCTGGTGCGCTGTCGCCGCCTCGACCACGACTATGAGCGC
       Y  R  S  E  T  Q  R  A  E  W  V  C  C  P  T  A  P  L  G  D  R  T  D  A  V  V  A  G  A  L  S  P  P  R  P  R  L STOP
6361 CTGCCCGCACACTCGGAGGCGTTCATCAAGTGGGCCATGATTGGGCTCATGACACGACGACTCGCACCGACACCGGGACGCCGACCATGGCAATCGACCCGCGCATCGTGACCATTTCCA
6481 AACACTTAGTCAGAGGCATCTAGCGGCGCTCCGGCATGTACTCGGGATACTCAGCCGGTGGTGCAATCTAGAAGACAGCTTGGTGAAGCCCTGGGGCCATCCGATATGGACCTGGTCTAC
6601 CTGTACTGCCACGGAGAGCGGTACAACCCCCCCGGGAGCATCCGTGTCCGACCCCCTCCTGGTCCTCGGGTCCGGCGAATCGTTCACACCCCAGGACGTCAGCGGATGGTCCCAGCTCTAC
6721 GATTGGCCCGATCCGCACTGGCGCGACCGCCCGCCCCTCGTCGTGCTAAACGCCTGCCACTCCGGAGCGAGCCTGGCGACAACCCTCGCTGATTTCGTAGGAGTCTTCACGCAAACCGCC
6841 GGCGCCGCTGGGGTCATCGCCACCGAGGTCGCGCTTGAGCAGAAAGTGGCCGGACTCGCCATGGAAACCTTCCTGACGGAGCTCGTCATCCCCCGCATCTCCGTCGGCGAGGCCATGCGC
6961 CGCATGCGCTGGACGCTCCTCAAGCGTGGAAATCTCATGGGTCTCGCCTACTCGCCGTACTGCGCAGCAGACCTGCTGCTGTGGCCTGCAACGACTCTGCAACACAGAGCCGACGAAGCG
7081 CTAAGCCTGGATCCGTGGAGCTACGCCAGGCCGTAACGACGTGTGACTAACGAAAGCGCCTCCCGTAGTGAGACAATCAAGATTCTCACGTCACAATTGTCCACATACGGAAGGGCACTT
7201 TCAGTGCAATCATCGCACACGTTCACGGCTGGGTCCGCGGTGTTCGACGAACACAATCTCGTGTCGGCGGCAGGGCTGGT
```

FIG. 3—*Continued*

(Solyanikova et al., 1995) in which one position turned out to be wrong (Table 2, Fig. 3). In addition, the predicted subunit molecular mass of the protein encoded by this open reading frame (39,532 Da) fits well to the 40 to 42 kDa determined by SDS-polyacrylamide gel electrophoresis of purified chloromuconate cycloisomerase (Solyanikova et al., 1995). The product of the *clcB* gene shows high sequence similarities to known bacterial muconate and chloromuconate cycloisomerases:

41.8% identical positions with *R. "erythropolis"* CatB (in the alignment of Fig. 4), 36.2 to 38.3% with muconate cycloisomerases of γ-proteobacteria, and 36.5 to 40.3% identical positions with chloromuconate cycloisomerases of proteobacterial plasmids (excluding $TfdD_{II}$ for which no biochemical data have been reported [33.9%]). The residues which are involved in manganese coordination, as well as those which are directly involved in the enzyme mechanism (Gerlt & Gassman, 1992; Helin et al., 1992; Hoier et al., 1994), are conserved throughout the known muconate and chloromuconate cycloisomerases including ClcB from *Rhodococcus* (but excepting $TfdD_{II}$) (Fig. 4).

Divergently transcribed from *clcB*, a second open reading frame was found to extend from position 2509 to 3420, coding for a protein with a molecular mass of 33,261 Da. It is similar to transcriptional activators of the LysR type, especially to those regulating chlorocatechol catabolic gene clusters on proteobacterial plasmids (36.8 to 39.0% identical positions in the alignment of Fig. 5) and to γ-proteobacterial regulators of catechol catabolism (29.8 and 26.7% identical positions, respectively, with CatR and CatM). Thus, this open reading frame was considered to represent the *clcR* gene coding for a regulatory protein.

The product predicted from the third open reading frame, positions 3643 to 4416, contains all tryptic peptides that were sequenced of chlorocatechol 1,2-dioxygenase (Table 2, Fig. 3). The gene was thus designated *clcA*, although the deduced N terminal amino acid sequence differed in 10 out of 26 positions from the previously published, obviously incorrect N terminal sequence of the purified protein (Maltseva et al., 1994a). ClcA shows high sequence similarities to bacterial catechol and chlorocatechol 1,2-dioxygenases: 38.9 to 40.5% identical positions with *Rhodococcus* or *Arthrobacter* CatA (in the alignment of Fig. 6), 29.2 to 33.3% with catechol 1,2-dioxygenases of γ-proteobacteria, and 34.1 to 39.5% identical positions with chlorocatechol dioxygenases of proteobacterial plasmids. The amino acids that have been reported to be involved in iron binding (Hartnett et al., 1990; Lipscomb & Orville, 1992) are also conserved in the sequence predicted for chlorocatechol 1,2-dioxygenase of strain 1CP. The calculated molecular mass of ClcA is 28,952 Da,

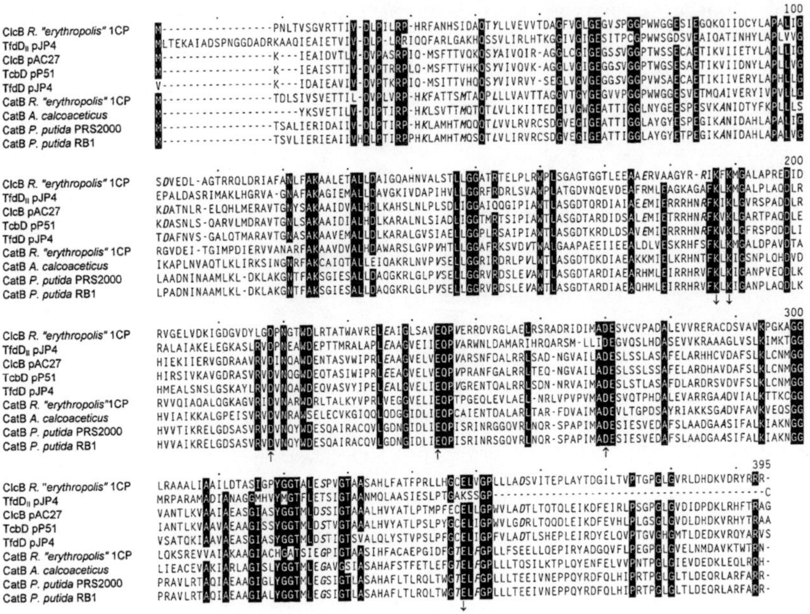

FIG. 4. Sequence alignment of muconate cycloisomerases (CatB), chloromuconate cycloisomerases (TfdD, ClcB, and TcbD), and a cycloisomerase of unknown biochemistry ($TfdD_{II}$) as calculated by the CLUSTAL program. Numbering above the sequences refers to positions in the alignment, not in single sequences. Amino acids in positions in which at least eight out of the nine aligned sequences are identical, are highlighted. Amino acids that are identical in all muconate, but different in all chloromuconate cycloisomerases (or vice versa) are in bold italics. ($TfdD_{II}$ was not included because of the lack of biochemical data for this hypothetical protein.) Aspartate and glutamate residues involved in manganese coordination (arrows pointing upward), as well as lysine and glutamate residues directly involved in the enzyme mechanism (arrows pointing downward) are indicated (Gerlt & Gassman, 1992; Helin et al., 1995; Hoier et al., 1994). Accession numbers and references for the published sequences are as follows: $TfdD_{II}$, U16782 (van der Meer, 1996); ClcB of pAC27, M16964 (Frantz & Chakrabarty, 1987); TcbD, M57629 (van der Meer et al., 1991b); TfdD, M35097 (Perkins et al., 1990); CatB *R. "erythropolis"* 1CP, X99622 (Eulberg et al., 1997); CatB *A. calcoaceticus*, M76991 (Shanley et al., 1994); CatB *P. putida* PRS2000, U12557 (Houghton et al., 1995), and CatB *P. putida* RB1, M19460 (Aldrich & Chakrabarty, 1988). The N terminal amino acid of TfdD has been determined to be methionine, although the respective codon is GTG (Hammer et al., 1993).

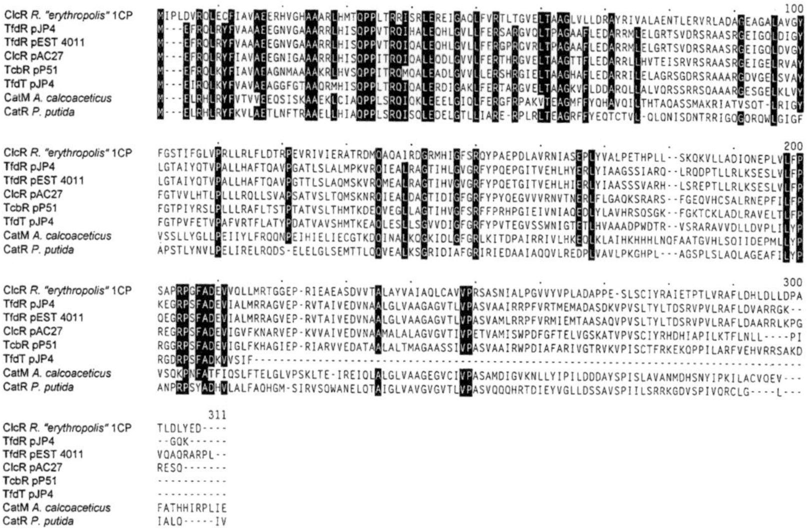

FIG. 5. Sequence alignment of the presumed ClcR of *R. "erythropolis"* to known LysR-type regulatory proteins that govern operons for catechol catabolism (CatM and CatR) or chlorocatechol catabolism (ClcR, TfdR, TcbR, TfdT). Numbers above the sequences refer to positions in the alignment, not in single sequences. Amino acids in positions in which at least seven of the eight sequences are identical, are highlighted. Accession numbers and references for the published sequences are as follows: TfdR of pJP4, M98445 (Matrubutham & Harker, 1994); ClcR of pAC27, L06464 (Coco et al., 1993); TcbR, M57629 (van der Meer et al., 1991b); TfdT, U16782 (Leveau & van der Meer, 1996); CatM, M76991 (Romero-Arroyo et al., 1995); CatR, U12557 (Houghton et al., 1995). The amino acid sequence of TfdR from pEST4011 was obtained by translating the DNA sequence after generating a frameshift by insertion of one nucleotide behind position 726 of the submitted sequence (U32188 [Kõiv et al., 1996]).

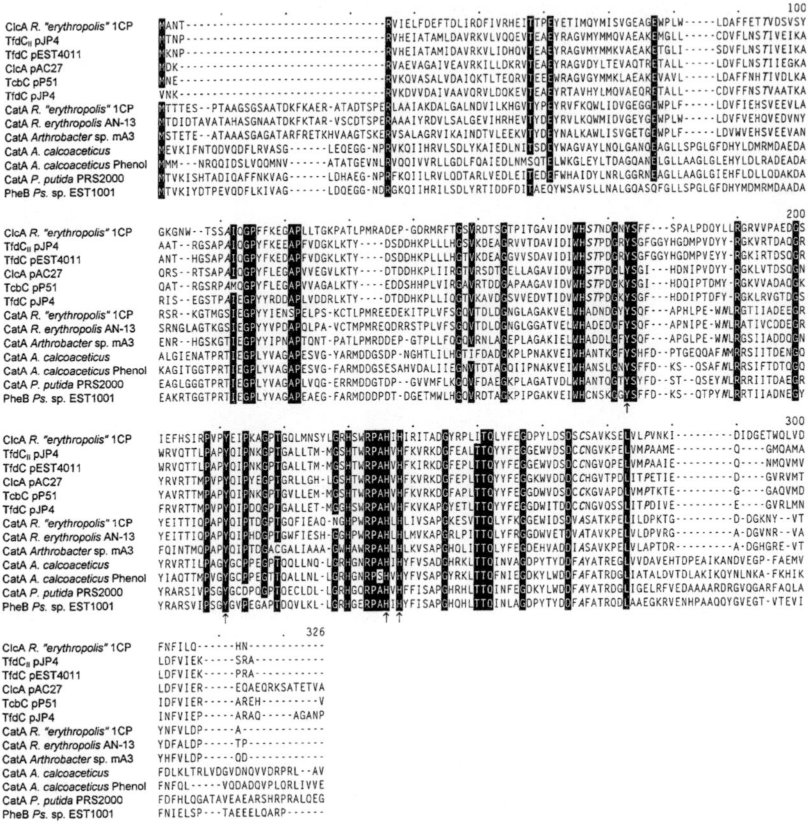

FIG. 6. Sequence alignment of catechol 1,2-dioxygenases (CatA, PheB) and chlorocatechol 1,2-dioxygenases (ClcA, TcbC, TfdC, $TfdC_{II}$) as calculated by the CLUSTAL program. The numbering above the sequences refers to positions in the alignment, not in single sequences. Amino acids in which at least twelve of the thirteen sequences are identical, are highlighted. Amino acids that are identical in all catechol, but different in all chlorocatechol 1,2-dioxygenases (or vice versa) are in bold italics. Histidine and tyrosine residues that were previously reported to be involved in iron binding (Hartnett et al., 1990; Lipscomb and Orville, 1992) are indicated by up arrows. Accession numbers and references for the published sequences are as follows: $TfdC_{II}$, U16782 (van der Meer, 1996); TfdC of pEST4011, U32188 (Kõiv et al., 1996); ClcA of pAC27, M16964 (Frantz & Chakrabarty, 1987); TcbC, M57629 (van der Meer et al., 1991b); TfdC of pJP4, M35097 (Perkins et al., 1990); CatA *R. "erythropolis"* 1CP, X99622 (Eulberg et al., 1997); CatA *R. erythropolis* AN-13, D83237 (Murakami et al., 1997); CatA *Arthrobacter* sp. mA3, M94318 (Eck & Belter, 1993); CatA *A. calcoaceticus* ADP1, M76991 (Neidle et al., 1988); CatA for phenol degradation by *A. calcoaceticus* NCIB8250, Z36909 (Ehrt et al., 1995); CatA *P. putida* PRS2000, U12557 (Houghton et al., 1995); and PheB *Pseudomonas* sp. EST1001, M57500 (Kivisaar et al., 1991). Two sequences of catechol 1,2-dioxygenases from *Pseudomonas* strains (Nakai et al., 1995), which are very similar to CatA from *P. putida* PRS2000 have been omitted for clarity. *Ps.*, *Pseudomonas*.

which is quite in line with calculated molecular masses of other chlorocatechol dioxygenases (27.6 to 29.0kDa). The rhodococcal ClcA thus does not seem to be significantly shorter than its counterparts from gram-negative strains as suggested by Maltseva et al. (1994a), who reported to have determined a molecular mass of 26.5 kDa for the purified enzyme by SDS-polyacrylamide gel electrophoresis.

The fourth open reading frame, between positions 4429 and 5187, represents *clcD*, the gene of the dienelactone hydrolase. All tryptic peptides obtained from the purified enzyme occur within the predicted sequence (Table 2, Fig. 3). The calculated molecular mass of the *clcD* gene product (27,304 Da) is somewhat smaller than the one (30 kDa) determined for the purified protein (Maltseva et al., 1994b). With the dienelactone hydrolases TfdE of pJP4, TcbE of pP51, and ClcD of pAC27, ClcD from *Rhodococcus* shares between 17.9 and 22.2% identical positions in the alignment of Figure 7. This is considerably less than the respective scores obtained for comparisons of chlorocatechol 1,2-dioxygenases or chloromuconate cycloisomerases from the same sources. The protein predicted from *clcD* was found to be most similar to the dienelactone hydrolases TfdE of pEST4011 and $TfdE_{II}$ of module 2 on pJP4 with which it shares 30.0 and 31.1% identical positions, respectively. Thus, while the rhodococcal dienelactone hydrolase in the dendrogram of Figure 8 resides on the same branch as two proteobacterial enzymes, TfdE of pEST4011 and $TfdE_{II}$ of module 2 on pJP4, the sequence similarity to them is still significantly smaller than the similarity between the rhodococcal chloromuconate cycloisomerase or chlorocatechol 1,2-dioxygenase and their proteobacterial counterparts. The catalytic triad residues identified for ClcD of pAC27 (Ollis et al., 1992) are also contained in ClcD from *Rhodococcus* (Fig. 7).

A fifth open reading frame (bases 5628 to 6356) was detected 441 bp downstream of *clcD*. Its predicted gene product shows significant sequence similarity to putative transposition related proteins, especially to those of Tn*4811* from *Streptomyces lividans* 66 (Chen et al., 1992) (42.2% identical positions), and of IS*1031*C from *Acetobacter xylinum* (Coucheron, 1993) (38.0% identical positions). When comparing the sequences of the inverted repeats of IS*1031*C to the sequence in

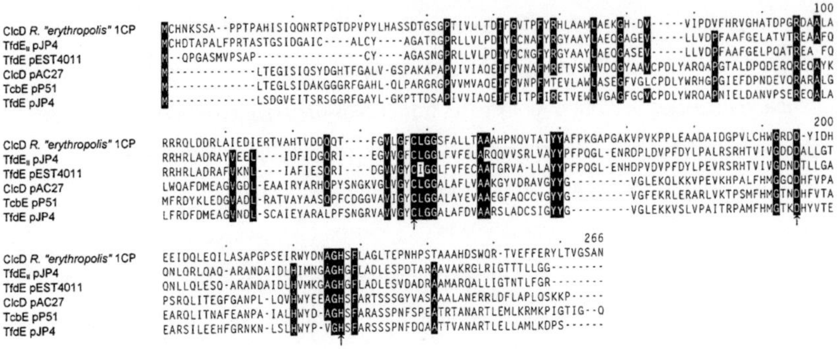

FIG. 7. Sequence aligment of dienelactone hydrolases as calculated by the CLUSTAL program. Numbers above the sequences refer to positions in the alignment, not in individual sequences. Amino acids in those positions in which at least five of the six sequences are identical, are highlighted. Presumed catalytic triad residues (Ollis et al., 1992) are indicated by up arrows. Accession numbers and references for the published sequences are as follows: $TfdE_{II}$, U16782 (van der Meer, 1996); TfdE of pEST4011, U32188 (Kõiv et al., 1996); ClcD of pAC27, M16964 (Frantz & Chakrabarty, 1987); TcbE, M57629 (van der Meer et al., 1991b); TfdE of pJP4, M35097 (Perkins et al., 1990).

Figure 3, the 'left' inverted repeat was found to be most similar (10 out of 21 bases identical) to the segment directly following the stop codon of the fifth open reading frame (positions 6357 to 6377). This corresponds to the arrangement in IS*1031*C. The 'right' inverted repeat is most similar (8 out of 21 bases identical) to a segment of the intergenic region between *clcB* and *clcR* (positions 2002 to 2022). Comparison of the *R. "erythropolis"* 1CP sequences of the two regions to each other revealed that they form an imperfect inverted repeat as indicated in Figure 3.

A hairpin structure could be detected between *catR* and *catA*, suggesting that the presumed *clcR* gene might be transcribed independently from the *clcAD* genes (Fig. 3).

DISCUSSION

The chlorocatechol degradative pathways which are represented by the *clcR,ABDE* gene cluster of plasmid pAC27 (Frantz & Chakrabarty, 1987; Coco et al., 1993), by the *tfdT,CDEF* cluster (module 1) of pJP4 (Perkins et al., 1990; Leveau & van der Meer, 1996), and by the *tcbR,CDEF* cluster of pP51 (van der Meer et al., 1991b, c) diverged from a common ancestral pathway already adapted for chlorocatechol catabolism (Schlömann, 1994). This conclusion could be drawn basically from two sorts of evidence: (i) The proteins encoded by the genes mentioned above are more similar to each other than to their counterparts in catechol degradation or to enzymes of other pathways. Correspondingly, they belong to the same branches in all four dendrograms depicted in Figure 8. (ii) The three gene clusters refered to above show a marked similarity (Fig. 9). All three consist of a LysR-type regulatory gene divergently transcribed from an operon comprising, in that order, genes for a chlorocatechol 1,2-dioxygenase, a chloromuconate cycloisomerase, a dienelactone hydrolase, and a maleylacetate reductase, with an additional ORF between the cycloisomerase and the hydrolase genes of pAC27 and pP51. Since such a similar genetic structure is unlikely to have evolved two or more times independently, it should have occured prior to the divergence of the lines giving rise to the gene clusters now present on pAC27, pJP4 and pP51.

In concordance with our hypothesis derived from biochemical evidence (Solyanikova et al., 1995), the sequences of all four rhodococcal proteins involved in chlorocatechol degradation differed considerably from their protobacterial counterparts, but still proved to be homologous to the respective proteins of catechol and other chlorocatechol pathways (Figs. 4 to 8). In fact, in the dendrograms which illustrate the relatedness of the respective gene products, the *Rhodococcus* proteins represent branches separate from those of the corresponding proteins from proteobacteria (Fig. 8). In accordance with the sequence differences, the structure of the chlorocatechol gene cluster of strain 1CP also differs from that of pAC27, pP51, and module 1 of pJP4 (Fig. 9). The cycloisomerase gene *clcB* is transcribed divergently from *clcR,AD,* and a maleylacetate

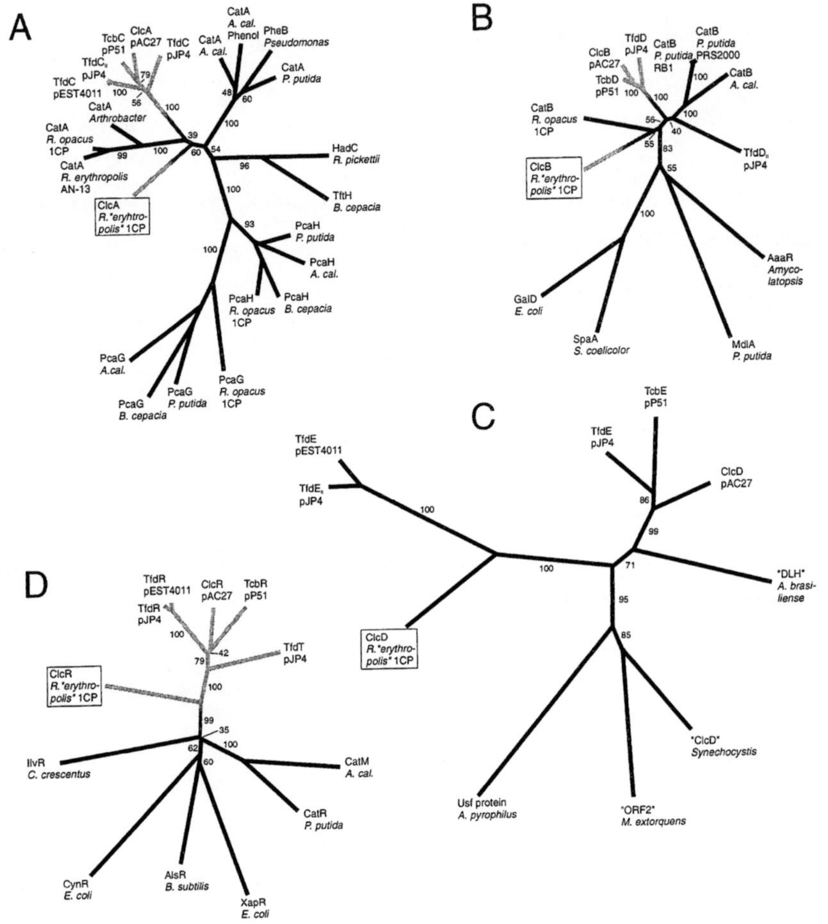

FIG. 8. Dendrograms illustrating sequence similarities between proteins involved in catechol and chlorocatechol catabolism: (A) catechol and chlorocatechol 1,2-dioxygenases, (B) muconate and chloromuconate cycloisomerases, (C) dienelactone hydrolases, and (D) LysR-type regulatory proteins. The dendrograms were calculated by the PHYLIP program package (Felsenstein, 1993) based on CLUSTAL alignments of the sequences in Figures 4 to 7 and the respective outgroup sequences. For the sequences used in Figures 4 to 7 the resulting alignments were very similar, but, close to some gaps, not quite identical to those shown.

Legend FIG. 8—*Continued*

Numbers on the branches indicate the frequency (%) with which the corresponding cluster occured during bootstrap analyses. They show that the affiliation of a certain protein to one of the major groups could be deduced with great confidence. The exact branching pattern of these major groups, in contrast, as well as the branching within the groups is not certain, as indicated by low bootstrap numbers. The dendrograms for cycloisomerases and dienelactone hydrolases were calculated from the complete alignments (with the exception that the amino acids in positions 3 to 38 of "ORF2" of *M. extorquens* were omitted). For the dioxygenases, only positions 140 to 258 of the alignment in Fig. 6, and for the regulators, only positions 1 to 217 of the alignment in Fig. 5 were considered. All dendrograms are drawn to the same scale with respect to their evolutionary distance (in cm per unit branch length). Gray branches represent enzymes which are specific for chlorocatechol catabolism; the position of the transition from black to grey was chosen arbitrarily. Functions, accessions numbers, and references of the proteins used as outgroups are as follows: PcaG and PcaH, α and β subunits of protocatechuate 3,4-dioxygenases, of *A. calcoaceticus* (*A. cal.*) (M33798), *Burkholderia cepacia* (M30791), and *P. putida* (L14836); TftH, hydroxyquinol 1,2-dioxygenase, of *B. cepacia* (U19883); HadC, hydroxyquinol 1,2-dioxygenase, of *Ralstonia pickettii* (D86544); GalD, galactonate dehydratase, of *E. coli* (L10328 and U19577); SpaA, protein possibly involved in the metabolism of signalling lactones, of *Streptomyces coelicolor* (X94190); MdlA, mandelate racemase, of *P. putida* (J05293); AaaR, N-acylamino acid racemase, of *Amycolatopsis* sp. (D30738); IlvR, regulator of isoleucine and valine synthesis, of *Caulobacter crescentus* (L24392); CynR, regulator for cyanate toxification, of *E. coli* (M93053); AlsR, acetoin synthesis regulator, of *Bacillus subtilis* (L04470); XapR, xanthosine catabolic regulator, of *E. coli* (X73828); Usf protein, hypothetical protein, of *Aquifex pyrophilus* (U17575); "ORF2", hypothetical protein, of *Methylobacterium extorquens* (U72662); "ClcD", hypothetical protein homologous to dienelactone hydrolases, of *Synechocystis* sp. PCC6803 (D90904); and "DLH", hypothetical protein homologous to dienelactone hydrolases, of *Azospirillum brasiliense* (X67216).

reductase gene so far could not be detected in this gene cluster and was cloned on a separate fragment (Seibert et al., 1995). Thus, the organization of the genes does not provide any indication that the *Rhodococcus* pathway might have evolved from the same origin as the chlorocatechol pathways of the plasmids pAC27, pP51, and pJP4 (module 1).

The deep branching of the enzymes and regulatory proteins of chlorocatechol pathways in Figure 8 challenges the general opinion that catechol catabolism evolved first and then gave rise to chlorocatechol catabolism. However, the two different known branches of catechol degradative pathways, from gram-positive bacteria on the one hand and from γ-proteobacteria on the other, have one feature in common, that *catC* directly follows *catB* (Fig. 9). This feature is also conserved in *R.*

eutropha, a β-proteobacterium (Hinner et al., 1997). Since the *catC*-product, muconolactone isomerase, is an enzyme characteristic of catechol catabolism (Fig. 1), this conserved structure suggests that the catechol pathway has indeed evolved first. This conclusion is consistent with aromatic compounds, which give rise to catechol during their degradation, being more common in nature than chloroaromatic compounds that are degraded via chlorocatechols.Thus, according to present knowledge, chlorocatechol degradation did in fact evolve from catechol degradation. And obviously, it did so independently in gram-positive bacteria and proteobacteria, that is, by functionally convergent evolution.

The sequences of proteobacterial dienelactone hydrolases are known to be so dissimilar to those of their counterparts in catechol pathways, the 3-oxoadipate enol-lactone hydrolases, that a recruitment of a dienelactone hydrolase from a preexisting pathway other than for catechol or protocatechuate turnover had to be postulated (Schlömann, 1994). Given that the *Rhodococcus* chlorocatechol pathway evolved independently from that of pAC27, pP51, and pJP4 (module 1), it was considered possible that *Rhodococcus* found a completely different solution for lactone hydrolysis. It was, therefore, interesting to find that ClcD of strain 1CP is, in fact, related to other dienelactone hydrolases, and not, for example, to 3-oxoadipate enol-lactone hydrolases. However, in contrast to the chlorocatechol 1,2-dioxygenase and chloromuconate cycloisomerase of *R. "erythropolis"* 1CP, its dienelactone hydrolase resides on the same branch of the dendrogram as two putative isofunctional enzymes of proteobacterial origin (Fig. 8 C). These putative dienelactone hydrolases are encoded by plasmid pEST4011 and by a second chlorocatechol module on pJP4, respectively (Kõiv et al., 1996; van der Meer, 1996 [U16782]). The respective catabolic genes have only very recently been characterized, and for the function of both putative dienelactone hydrolases no biochemical evidence has as yet been reported. But even if one accepts that these gene products are dienelactone hydrolyzing enzymes, their relatively close evolutionary relationship to the dienelactone hydrolase of *R. "erythropolis"* 1CP does not question the conclusion that the chlorocatechol pathway of this strain evolved independently from that of proteobacterial plasmids. Considering that the absolute evolutionary distance between *Rhodococcus* ClcD and TfdE of pEST4011 or $TfdE_{II}$ of pJP4 is even bigger than that between the major groups of dioxygenases and cycloisomerases, a plausible interpretation of the similarity pattern of the dienelactone hydrolases would be that similar enzymes or their genes, respectively, were independently recruited into the gene clusters of pEST4011 and module 2 of pJP4 on the one hand, and *R. "erythropolis"* 1CP on the other.

It is interesting to note that while the putative dienelactone hydrolases of pEST4011 and module 2 of pJP4 are relatively similar to the *Rhodococcus* enzyme, the respective chlorocatechol 1,2-dioxygenases are more closely related to the other proteobacterial dioxygenases (Fig. 8 A). The latter is also true for the LysR-type regulator TfdR of pJP4 (Matrubutham & Harker, 1994; You & Ghosal, 1995), and for a presumed analogous regulator which may be deduced from the reported sequence of pEST4011 when allowing for one frameshift (Fig. 8 D). As argued above, the ancestral chlorocatechol gene cluster from which those of pAC27, pP51, and module 1 of pJP4 diverged must be assumed to have included all necessary genes, among them those coding for chloromuconate cycloisomerase and dienelactone hydrolase. Since the dioxygenases of pEST4011 and of module 2 of pJP4 diverged from that same origin (Fig. 8 A), they should, at some time, have been associated with cycloisomerases and hydrolases closely related to those of pAC27, pP51, and module 1 of pJP4. By some sort of gene shuffling, the hydrolase genes have apparently been replaced by those more closely related to the corresponding *Rhodococcus* gene. A cycloisomerase gene has so far not been found in the gene cluster of pEST4011. The presumed chloromuconate cycloisomerase of module 2 of pJP4, $TfdD_{II}$, might even represent a new branch of cycloisomerizing enzymes (Fig. 8 B). This, however, so far must be considered to be speculation because of the absence of biochemical data on $TfdD_{II}$.

Not only with respect to the evolution of whole pathways, but also for the constituting groups of enzymes, the sequence information from *R. "erythropolis"* 1CP bears potentially significant new information. The comparison of the dioxygenase sequences

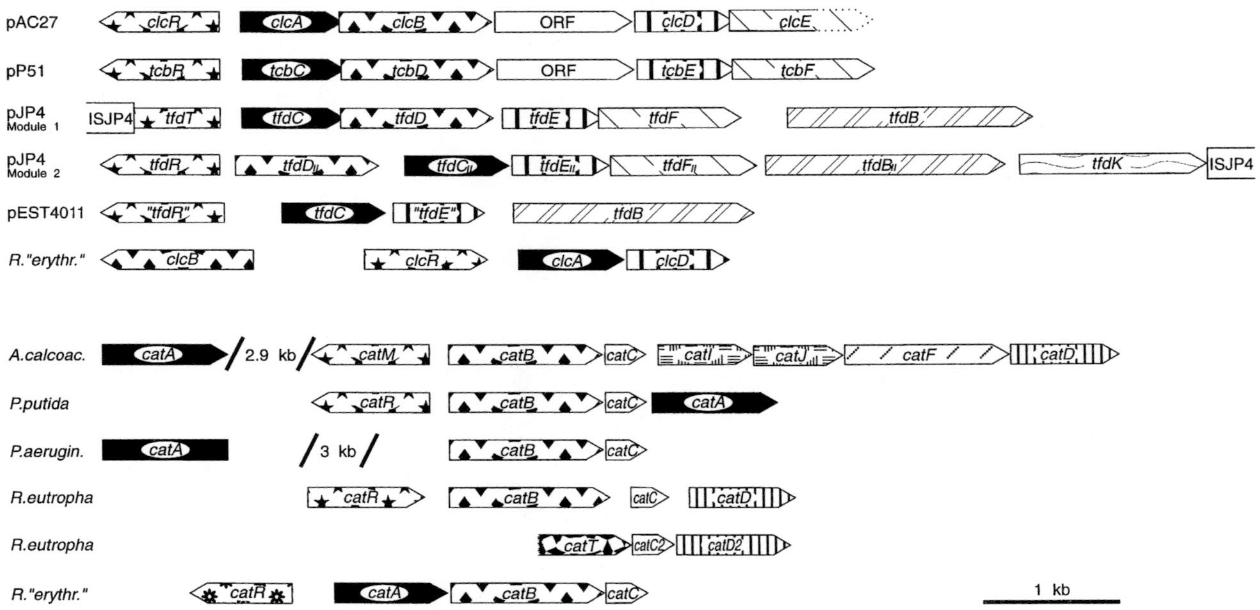

FIG. 9. Structures of gene clusters for catechol and chlorocatechol catabolism. Homologous genes are shaded in the same way. The function of the proteins encoded by the respective genes is evident from Fig. 1. For *tfdR* of pEST4011, see legend to Fig. 5. The information for this figure was compiled from references given in a previous review (Schlömann, 1994) as well as from references Eulberg et al., 1997; Houghton et al., 1995; Kõiv et al., 1996; Leveau & van der Meer, 1996; Romero-Arroyo et al., 1995; van der Meer, 1996.

revealed that, despite the fact that they represent different evolutionary groups, the chlorocatechol 1,2-dioxygenases of *R. "erythropolis"* and of proteobacterial plasmids are considerably shorter at the N termini than catechol 1,2-dioxygenases. It would be interesting to see whether this feature does or does not influence the catalytic properties. Especially informative should be those positions in the dioxygenases and cycloisomerases, in which the chlorocatechol enzymes of *Rhodococcus* and proteobacteria carry the same amino acids, but different ones than the respective catechol enzymes (Figs. 4, 6). These positions may either have been conserved or may have been gained independently because of their importance for the turnover of chlorinated substrates. Based on structural data of muconate and chloromuconate cycloisomerases (Hoier et al., 1994; Helin et al., 1995), we have previously identified some of the amino acids relevant for substrate specificity by using site-directed mutagenesis (Vollmer et al., 1995). The occurrence of functionally convergent evolution should allow to obtain new insight into the adaptations which are necessary at the molecular level to yield an enzyme with altered catalytic properties.

ACKNOWLEDGMENTS

We are indebted to H.-J. Knackmuss for valuable discussions and for making it possible for us to do this work. We thank H. Weber and R. Getzlaff for protein and peptide sequencing, R. Schmid for the possibility to use an automated DNA sequencer, and S. Bürger as well as S. Lakner for performing the DNA sequencing. We are grateful to W. Reineke and S. R. Kaschabek for a gift of *cis*-dienelactone.
The work was funded by a fellowship of the Landesgraduiertenförderung to D. E. and by grants from the Deutsche Forschungsgemeinschaft.

REFERENCES

Aldrich, T. L., and A. M. Chakrabarty. 1988. Transcriptional regulation, nucleotide sequence, and localization of the promoter of the *catBC* operon in *Pseudomonas putida*. J. Bacteriol. **170:** 1297-1304.

Alting-Mees, M. A., J. A. Sorge, and J. M. Short. 1992. pBluescriptII: multifunctional cloning and mapping vectors. Methods Enzymol. **216:** 483-495.

Altschul, S. F., W. Gish, W. Miller, E. W. Myers, and D. J. Lipman. 1990. Basic local alignment search tool. J. Mol. Biol. **215:** 403-410.

Amy, P. S., J. W. Schulke, L. M. Frazier, and R. J. Seidler. 1985. Characterization of aquatic bacteria and cloning of genes specifying partial degradation of 2,4-dichlorophenoxyacetic acid. Appl. Environ. Microbiol. **49:** 1237-1245.

Bethesda Research Laboratories. 1986. BRL pUC host: *E. coli* DH5α competent cells. Bethesda Res. Lab. Focus **8(2):** 9.

Chatterjee, D. K., and A. M. Chakrabarty. 1982. Genetic rearrangements in plasmids specifying total degradation of chlorinated benzoic acids. Mol. Gen. Genet. **188:** 279-285.

Chen, C. W., T.-W. Yu, H.-M. Chung, and C.-F. Chou. 1992. Discovery and characterization of a new transposable element, Tn*4811*, in *Streptomyces lividans* 66. J. Bacteriol. **174:** 7762-7769.

Coco, W. M., R. K. Rothmel, S. Henikoff, and A. M.Chakrabarty. 1993. Nucleotide sequence and initial functional characterization of the *clcR* gene encoding a LysR family activator of the *clcABD* chlorocatechol operon in *Pseudomonas putida*. J. Bacteriol. **175:** 417-427.

Coucheron, D. H. 1993. A family of IS*1031* elements in the genome of *Acetobacter xylinum*: nucleotide sequences and strain distribution. Mol. Microbiol. **9:** 211-218.

D'Aquila, R. T., L. J. Bechtel, J. A. Videler, J. J. Eron, P. Gorczyca, and J. C. Kaplan. 1991. Maximizing sensitivity and specificity of PCR by preamplification heating. Nucleic Acids Res. **19:** 3749.

Don, R. H., A. J. Weightman, H.-J. Knackmuss, and K. N. Timmis. 1985. Transposon mutagenesis and cloning analysis of the pathways for degradation of 2,4-dichlorophenoxyacetic acid and 3-chlorobenzoate in *Alcaligenes eutrophus* JMP134 (pJP4). J. Bacteriol. **161:** 85-90.

Doolittle, R. F. 1994. Convergent evolution: the need to be explicit. Trends Biochem. Sci. **19:** 15-18.

Dorn, E., and H.-J. Knackmuss. 1978. Chemical structure and biodegradability of halogenated aromatic compounds. Substituent effects on 1,2-dioxygenation of catechol. Biochem. J. **174:** 85-94.

Eck, R., and J. Belter. 1993. Cloning and characterization of a gene coding for the catechol 1,2-dioxygenase of *Arthrobacter* sp. mA3. Gene **123:** 87-92.

Ehrt, S., F. Schirmer, and W. Hillen. 1995. Genetic organization, nucleotide sequence and regulation of expression of genes encoding phenol hydroxylase and catechol 1,2-dioxygenase in *Acinetobacter calcoaceticus* NCIB8250. Mol. Microbiol. **18:** 13-20.

Eulberg, D., and M. Schlömann. 1997. Convergent evolution of chlorocatechol catabolism in *Rhodococcus* and proteobacteria. Biospektrum (special issue): abstr. VU016, p. 35.

Eulberg, D., L. A. Golovleva, and M. Schlömann. 1997. Characterization of catechol catabolic genes from *Rhodococcus erythropolis* 1CP. J. Bacteriol. **179:** 370-381.

Eulberg, D., S. Lakner, L. A. Golovleva, and M. Schlömann. Characterization of a protocatechuate catabolic gene cluster from *Rhodococcus "erythropolis"* 1CP: evidence for a merged enzyme with 4-carboxymuconolactone decarboxylating and 3-oxoadipate enol-lactone hydrolyzing activity. (Accompanying manuscript.)

Felsenstein, J. 1993. PHYLIP (Phylogeny Inference Package) version 3.5c. Distributed by the author. Department of Genetics, University of Washington, Seattle.

Frantz, B., and A. M. Chakrabarty. 1987. Organization and nucleotide sequence determination of a gene cluster involved in 3-chlorocatechol degradation. Proc. Natl. Acad. Sci. USA **84:** 4460-4464.

Fulthorpe, R. R., C. McGowan, O. V. Maltseva, W. E. Holben, and J. M. Tiedje. 1995. 2,4-Dichlorophenoxyacetic acid-degrading bacteria contain mosaics of catabolic genes. Appl. Environ. Microbiol. **61:** 3274-3281.

Gerlt, J. A., and P. G. Gassman. 1992. Understanding enzyme-catalyzed proton abstraction from carbon acids: details of stepwise mechanisms for β-elimination reactions. J. Am. Chem. Soc. **114:** 5928-5934.

Ghisalba, O. 1983. Chemical wastes and their biodegradation - an overview. Experientia **39:** 1247-1257.

Gish, W., and D. J. States. 1993. Identification of protein coding regions by database similarity search. Nat. Genet. **3:** 266-272.

Gorlatov, S. N., O. V. Maltseva, V. I. Shevchenko, and L. A. Golovleva. 1989. Degradation of chlorophenols by a culture of *Rhodococcus erythropolis*. Mikrobiologiya **58:** 802-806. (Microbiology **58:** 647-651.)

Häggblom, M. M. 1992. Microbial breakdown of halogenated aromatic pesticides and related compounds. FEMS Microbiol. Rev. **103:** 29-72.

Hammer, A., T. Hildenbrand, H. Hoier, K.-L. Ngai, M. Schlömann, and J. J. Stezowski. 1993. Crystallization and preliminary X-ray data of chloromuconate cycloisomerase from *Alcaligenes eutrophus* JMP134 (pJP4). J. Mol. Biol. **232:** 305-307.

Hartnett, C., E. L. Neidle, K.-L. Ngai, and L. N. Ornston. 1990. DNA sequences of genes encoding *Acinetobacter calcoaceticus* protocatechuate 3,4-dioxygenase: evidence indicating shuffling of genes and of DNA sequences within genes during their evolutionary divergence. J. Bacteriol. **172:** 956-966.

Hartnett, G. B., and L. N. Ornston. 1994. Acquisition of apparent DNA slippage structures during extensive evolutionary divergence of *pcaD* and *catD* genes encoding identical catalytic activities in *Acinetobacter calcoaceticus*. Gene **142:** 23-29.

Helin, S., P. C. Kahn, Bh. L. Guha, D. G. Mallows, and A. Goldman. 1995. The refined X-ray structure of muconate lactonizing enzyme from *Pseudomonas putida* PRS2000 at 1.85 Å resolution. J. Mol. Biol. **254:** 918-941.

Higgins, D. G., and P. M. Sharp. 1989. Fast and sensitive multiple sequence alignments on a microcomputer. CABIOS **5:** 151-153.

Hinner, I.-S., M. Lohmann, and M. Schlömann. 1997. Two catechol catabolic genes in *Ralstonia eutropha* 335. Biospektrum (special issue): abstr. PU074, p. 71.

Hoier, H., M. Schlömann, A. Hammer, J. P. Glusker, H. L. Carrell, A. Goldman, J. J. Stezowski, and U. Heinemann. 1994. Crystal structure of chloromuconate cycloisomerase from *Alcaligenes eutrophus* JMP134 (pJP4) at 3 Å resolution. Acta Cryst. D**50:** 75-84.

Holben, W. E., B. M. Schroeter, V. G. M. Calabrese, R. H. Olsen, J. K. Kukor, V. O. Biederbeck, A. E. Smith, and J. M. Tiedje. 1992. Gene probe analysis of soil microbial populations selected by amendment with 2,4-dichlorophenoxyacetic acid. Appl. Environ. Microbiol. **58:** 3941-3948.

Houghton, J. E., T. M. Brown, A. J. Appel, E. J. Hughes, and L. N. Ornston. 1995. Discontinuities in the evolution of *Pseudomonas putida cat* genes. J. Bacteriol. **177:** 401-412.

Ka, J. O., W. E. Holben, and J. M. Tiedje. 1994. Genetic and phenotypic diversity of 2,4-dichlorophenoxyacetic acid (2,4-D)-degrading bacteria isolated from 2,4-D-treated field soils. Appl. Environ. Microbiol. **60:** 1106-1115.

Kivisaar, M., L. Kasak, and A. Nurk. 1991. Sequence of the plasmid-encoded catechol 1,2-dioxygenase-expressing gene, *pheB*, of phenol-degrading *Pseudomonas* sp. strain EST1001. Gene **98:** 15-20.

Kõiv, V., R. Marits, and A. Heinaru. 1996. Sequence analysis of the 2,4-dichlorophenol hydroxylase gene *tfdB* and 3,5-dichlorocatechol 1,2-dioxygenase gene *tfdC* of 2,4-dichlorophenoxyacetic acid degrading plasmid pEST4011. Gene **174:** 293-297.

Kuhm, A. E., M. Schlömann, H.-J. Knackmuss, and D. H. Pieper. 1990. Purification and characterization of dichloromuconate cycloisomerase from *Alcaligenes eutrophus* JMP 134. Biochem. J. **266:** 877-883.

Leveau, J. H. J., and J. R. van der Meer. 1996. The *tfdR* gene product can successfully take over the role of the insertion element-inactivated TfdT protein as a transcriptional activator of the *tfdCDEF* gene cluster, which encodes chlorocatechol degradation in *Ralstonia eutropha* JMP134 (pJP4). J.Bacteriol. **178:** 6824-6832.

Lipscomb, J. D., and A. M. Orville. 1992. Mechanistic aspects of dihydroxybenzoate dioxygenases, p. 243-298. *In* H. Sigel and A. Sigel (ed.), Metal ions in biological systems, vol. 28. Degradation of environmental pollutants by microorganisms and their metalloenzymes. Marcel Dekker, Inc., New York.

Mäe, A. A., R. O. Marits, N. R. Ausmees, V. M. Kõiv, and A. L. Heinaru. 1993. Characterization of a new 2,4-dichlorophenoxyacetic acid degrading plasmid pEST4011: physical map and localization of catabolic genes. J. Gen. Microbiol. **139:** 3165-3170.

Maltseva, O. V., I. P. Solyanikova, and L. A. Golovleva. 1994a. Chlorocatechol 1,2-dioxygenase from *Rhodococcus erythropolis* 1CP. Kinetic and immunochemical comparison with analogous enzymes from Gram-negative strains. Eur. J. Biochem. **226:** 1053-1061.

Maltseva, O. V., I. P. Solyanikova, L. A. Golovleva, M. Schlömann, and H.-J. Knackmuss. 1994b. Dienelactone hydrolase from *Rhodococcus erythropolis* 1CP: purification and properties. Arch. Microbiol. **162:** 368-374.

Marchuk, D., M. Drumm, A. Saulino, and F. S. Collins. 1991. Construction of T-vectors, a rapid and general system for direct cloning of unmodified PCR products. Nucleic Acids Res. **19:** 1154.

Matrubutham, U., and A. R. Harker. 1994. Analysis of duplicated gene sequences associated with *tfdR* and *tfdS* in *Alcaligenes eutrophus* JMP134. J. Bacteriol. **176:** 2348-2353.

Murakami, S., N. Kodama, R. Shinke, and K. Aoki. 1997. Classification of catechol 1,2-dioxygenase family: sequence analysis of a gene for the catechol 1,2-dioxygenase showing high specificity for methylcatechols from Gram$^+$ aniline-assimilating *Rhodococcus erythropolis* AN-13. Gene **185:** 49-54.

Nakai, C., H. Uyeyama, H. Kagamiyama, T. Nakazawa, S. Inouye, F. Kishi, A. Nakazawa, and M. Nozaki. 1995. Cloning, DNA sequencing, and amino acid sequencing of catechol 1,2-dioxygenases (pyrocatechase) from *Pseudomonas putida* mt-2 and *Pseudomonas arvilla* C-1. Arch. Biochem. Biophys. **321:** 353-362.

Neidle, E. L., C. Hartnett, S. Bonitz, and L. N. Ornston. 1988. DNA sequence of the *Acinetobacter calcoaceticus* catechol 1,2-dioxygenase I structural gene *catA*: evidence for evolutionary divergence of intradiol dioxygenases by acquisition of DNA sequence repetitions. J. Bacteriol. **170:** 4874-4880.

Ollis, D. L., E. Cheah, M. Cygler, B. Dijkstra, F. Frolow, S. M. Franken, M. Harel, S. J. Remington, I. Silman, J. Schrag, J. L. Sussman, K. H. G. Verschueren, and A. Goldman. 1992. The α/β hydrolase fold. Protein Eng. **5:** 197-211.

Pearson, W. R., and D. J. Lipman. 1988. Improved tools for biological sequence comparison. Proc. Natl. Acad. Sci. USA **85:** 2444-2448.

Perkins, E. J., M. P. Gordon, O. Caceres, and P. F. Lurquin. 1990. Organization and sequence analysis of the 2,4-dichlorophenol hydroxylase and dichlorocatechol oxidative operons of plasmid pJP4. J. Bacteriol. **172:** 2351-2359.

Pieper, D. H., W. Reineke, K.-H. Engesser, and H.-J. Knackmuss. 1988. Metabolism of 2,4-dichlorophenoxyacetic acid, 4-chloro-2-methylphenoxyacetic acid and 2-methylphenoxyacetic acid by *Alcaligenes eutrophus* JMP 134. Arch. Microbiol. **150:** 95-102.

Reineke, W. 1994. Degradation of chlorinated aromatic compounds by bacteria: strain development, p. 416-454. *In* G. R. Chaudhry (ed.), Biological degradation and bioremediation of toxic chemicals. Dioscorides Press, Portland.

Romero-Arroyo, C. E., M. A. Schell, G. L. Gaines III, and E. L. Neidle. 1995. *catM* encodes a LysR-type transcriptional activator regulating catechol degradation in *Acinetobacter calcoaceticus*. J. Bacteriol. **177:** 5891-5898.

Sambrook, J., E. F. Fritsch, and T. Maniatis. 1989. Molecular cloning. A laboratory manual, 2nd ed. Cold Spring Harbor Laboratory Press, Plainview, N.Y.

Schlömann, M. 1994. Evolution of chlorocatechol catabolic pathways. Conclusions to be drawn from comparisons of lactone hydrolases. Biodegradation **5:** 301-321.

Schlömann, M., E. Schmidt, and H.-J. Knackmuss. 1990. Different types of dienelactone hydrolase in 4-fluorobenzoate-utilizing bacteria. J. Bacteriol. **172:** 5112-5118.

Schmidt, E., and H.-J. Knackmuss. 1980. Chemical structure and biodegradability of halogenated aromatic compounds. Conversion of chlorinated muconic acids into maleoylacetic acid. Biochem. J. **192:** 339-347.

Seibert, V., L. A. Golovleva, and M. Schlömann. 1995. Cloning of maleylacetate reductase genes from *Alcaligenes eutrophus* JMP289 and *Rhodococcus erythropolis* 1CP. Biospektrum (special issue): abstr. PA013, p. 57.

Shanley, M. S., A. Harrison, R. E. Parales, G. Kowalchuk, D. J. Mitchell, and L. N. Ornston. 1994. Unusual G+C content and codon usage in *catIJF*, a segment of the *ben-cat* supra-operonic cluster in the *Acinetobacter calcoaceticus* chromosome. Gene **138:** 59-65.

Solyanikova, I. P., O. V. Maltseva, M. D. Vollmer, L. A. Golovleva, and M. Schlömann. 1995. Characterization of muconate and chloromuconate cycloisomerase from *Rhodococcus erythropolis* 1CP: indications for functionally convergent evolution among bacterial cycloisomerases. J. Bacteriol. **177:** 2821-2826.

Stone, K. L., M. B. LoPresti, J. M. Crawford, R. DeAngelis, and K. R. Williams. 1989. Enzymatic digestion of proteins and HPLC peptide isolation, p. 31-47. *In* P. T. Matsudaira (ed.), A Practical Guide to Protein and Peptide Purification for Microsequencing. Academic Press, Inc., San Diego, Calif.

Top, E. M., W. E. Holben, and L. J. Forney. 1995. Characterization of diverse 2,4-dichlorophenoxyacetic acid-degradative plasmids isolated from soil by complementation. Appl. Environ. Microbiol. **61:** 1691-1698.

van der Meer, J. R. 1996. Direct submission to the databases.

van der Meer, J. R., A. R. W. van Neerven, E. J. de Vries, W. M. de Vos, and A. J. B. Zehnder. 1991a. Cloning and characterization of plasmid-encoded genes for the degradation of 1,2-dichloro-, 1,4-dichloro-, and 1,2,4-trichlorobenzene of *Pseudomonas* sp. strain P51. J. Bacteriol. **173:** 6-15.

van der Meer, J. R., R. I. L. Eggen, A. J. B. Zehnder, and W. M. de Vos. 1991b. Sequence analysis of the *Pseudomonas* sp. strain P51 *tcb* gene cluster, which encodes metabolism of chlorinated catechols: evidence for specialization of catechol 1,2-dioxygenases for chlorinated substrates. J. Bacteriol. **173:** 2425-2434.

van der Meer, J. R., A. C. J. Frijters, J. H. J. Leveau, R. I. L. Eggen, A. J. B. Zehnder, and W. M. de Vos. 1991c. Characterization of the *Pseudomonas* sp. strain P51 gene *tcbR*, a LysR-type transcriptional activator of the *tcbCDEF* chlorocatechol oxidative operon, and analysis of the regulatory region. J. Bacteriol. **173:** 3700-3708.

Varadaraj, K., and D. M. Skinner. 1994. Denaturants or cosolvents improve the specificity of PCR amplification of a G + C-rich DNA using genetically engineered DNA polymerases. Gene **140:** 1-5.

Vollmer, M. D., P. Fischer, H.-J. Knackmuss, and M. Schlömann. 1994. Inability of muconate cycloisomerases to cause dehalogenation during conversion of 2-chloro-*cis,cis*-muconate. J. Bacteriol. **176:** 4366-4375.

Vollmer, M. D., H. Hoier, U. Schell, J. Gröning, J. Pleiss, A. Goldman, and M. Schlömann. 1995. Differences in the catalytic properties of muconate and chloromuconate cycloisomerases analyzed by site-directed mutagenesis. Biospektrum (special issue): abstr. KV002, p. 24.

You, I.-S., and D. Ghosal. 1995. Genetic and molecular analysis of a regulatory region of the herbicide 2,4-dichlorophenoxyacetate catabolic plasmid pJP4. Mol. Microbiol. **16:** 321-331.

Eingereicht zur Veröffentlichung beim Journal of Bacteriology

The Putative Regulator of Catechol Catabolism in *Rhodococcus opacus* 1CP Does Not Belong to the LysR Family of Transcriptional Activators

Dirk Eulberg and Michael Schlömann*

Institut für Mikrobiologie, Universität Stuttgart, D-70550 Stuttgart, Germany

Running title: *Rhodococcus opacus catR*

* Corresponding author. Mailing address: Institut für Mikrobiologie, Universität Stuttgart, Allmandring 31, D-70569 Stuttgart, Germany. Phone: (49)-711-6855489. Fax: (49)-711-6855725. E-mail: imbms@po.uni-stuttgart.de

ABSTRACT

The catechol catabolic genes *catABC* from *Rhodococcus opacus* 1CP have previously been characterized by sequence analysis of the insert cloned on plasmid pRER1 (Eulberg, D., L. A. Golovleva, and M. Schlömann. 1997. J. Bacteriol. 179: 370-381). Now, a 5.1-kb DNA fragment which overlaps with the insert of pRER1 was cloned, yielding pRER2, and subjected to sequencing. Besides three other open reading frames, a gene could be detected ca. 200 bp upstream of the catechol 1,2-dioxygenase gene *catA*, which is obviously transcribed divergently from *catABC*. The protein which can be deduced from this gene, CatR, resembles members of the PobR subfamily of IclR-type regulatory proteins. This finding was unexpected, as all catechol and chlorocatechol gene clusters known thus far from proteobacteria are under control of LysR-type regulators. Until now, we have not been able to inactivate *catR* by homologous recombination. However, heterologously expressed CatR in vitro bound specifically to the intergenic region between *catR* and *catA*, thus providing a first indication for a possible involvement of CatR in the regulation of catechol catabolism.

INTRODUCTION

Many soil bacteria are able to grow aerobically with aromatic substrates as carbon and energy source. This catabolic capacity can be mediated by the enzymes of the 3-oxoadipate pathway, which, apart from the chlorocatechol degradative branch, comprises two parallel branches for degradation of catechol and protocatechuate, the central substrates for cleavage of the aromatic ring (Fig. 1) (Stanier & Ornston, 1973; Houghton & Shanley, 1994; Harwood & Parales, 1996). The enzymology of this pathway has been extensively analyzed (Harwood & Parales, 1996). Three reactions, which are analogous in the degradation of catechol and of protocatechuate, yield 3-oxoadipate enol-lactone, the first intermediate common to both branches (Fig. 1): cleavage of the aromatic ring in *ortho* position by dioxygenases, followed by cycloisomerization, and isomerization or decarboxylation plus isomerization, respectively. Three other reactions (3-oxoadipate enol-lactone hydrolysis, activation of the resulting 3-oxoadipate with coenzyme A, cleavage of 3-oxoadipyl CoA) are identical in both branches and result in the formation of tricarboxylic acid cycle intermediates. The regulation of the catechol catabolic gene clusters known thus far from proteobacteria is mediated by regulatory genes which encode regulators of the LysR family (Houghton et al., 1995; Neidle et al., 1989; Romero-Arroyo et al., 1995; Rothmel et al., 1990). In protocatechuate catabolic gene clusters, on the other hand, control by regulatory proteins belonging to the PobR subfamily of IclR-type regulators appears to be predominant (Gerischer et al., 1993; DiMarco et al., 1993; Romero-Steiner et al., 1994; Parke, 1997; Eulberg et al., submitted 1).

The chlorophenol-degrading bacterium *Rhodococcus opacus* (*erythropolis*) 1CP has previously been isolated on 2,4-dichlorophenol as single carbon and energy source (Gorlatov et al., 1989). In order to prove that the chlorocatechol pathway present in this strain evolved in functional convergence to the corresponding proteobacterial pathway (Solyanikova et al., 1995), we recently cloned and characterized the genes for chlorocatechol degradation (Eulberg et al., submitted 2), as well as the catechol catabolic genes and the protocatechuate gene cluster, which in addition to the *cat* genes contributes to catechol catabolism (Eulberg et al., 1997a; Eulberg et al.,

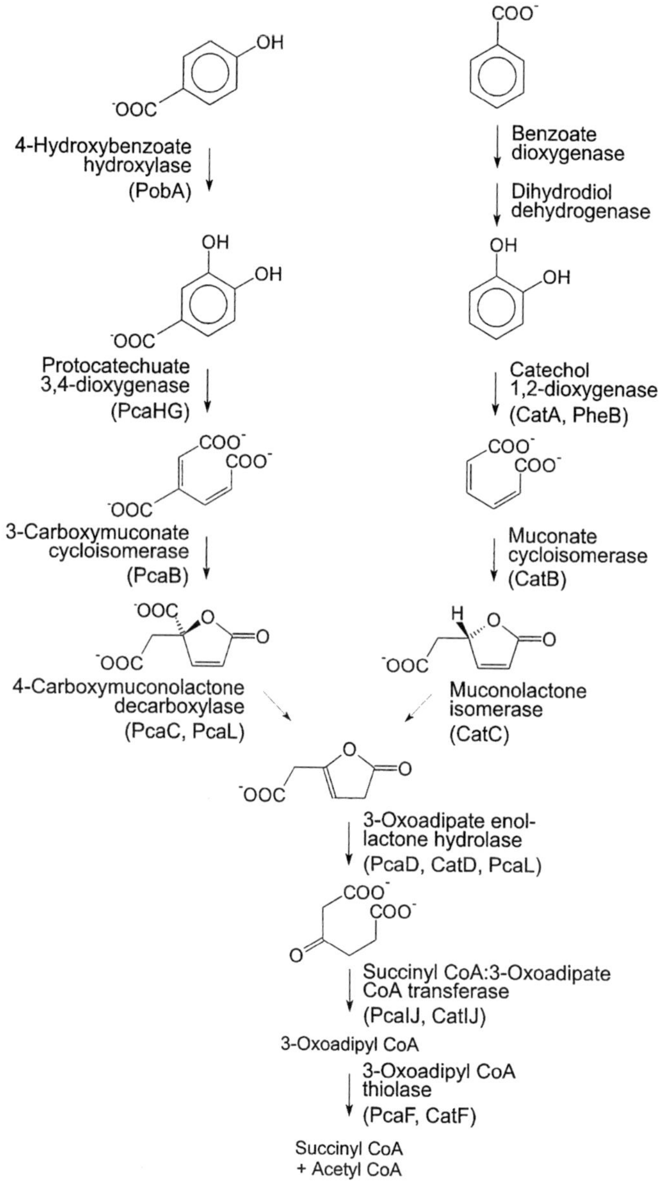

Fig. 1: Degradative pathways of *R. opacus* 1CP for protocatechuate, catechol, and 4-chlorocatechol. Enzyme names as well as their designations as gene products are given.

submitted 1). On the recombinant plasmid pRER1, we found the complete *catB* and *catC* coding for muconate cycloisomerase and muconolactone isomerase, respectively, but only an incomplete *catA* gene which codes for an N terminally truncated catechol 1,2-dioxygenase (Eulberg et al., 1997a). Although this truncated protein turned out to be active (Eulberg et al., 1997a), it appeared desirable to complete the *catA* sequence and to search upstream of *catA* for the gene of a presumed second subunit of the catechol 1,2-dioxygenase. This had been postulated to exist based on sodium dodecyl sulfate (SDS) polyacrylamide gel electrophoresis of the purified enzyme (Maltseva et al., 1991). In addition, we wanted to detect other possible *cat*-genes, specifically a regulatory gene for catechol catabolism. In *Pseudomonas putida*, such a gene is located upstream of the *catBCA* genes (Houghton et al., 1995), and in *Acinetobacter calcoaceticus* between *catA* and *catBCIJFD* (Neidle et al., 1989; Romero-Arroyo et al., 1995). Some of the results reported in this study have previously been mentioned in a preliminary communication (Eulberg et al., 1997b).

MATERIALS AND METHODS

Strains, plasmids, and cultivation conditions.

The bacterial strains and plasmids used in this study are listed in Tables 1 and 2, respectively. Strain 1CP, formerly classified as *R. erythropolis*, based on 16S rDNA analysis has recently been assigned to the species *R. opacus* (Salkinoja-Salonen 1997). For genetic purposes, *R. opacus* 1CP was grown in Luria Broth (LB) or in dYT (Sambrook et al., 1989) at 30°C; *E. coli* strains were cultivated at 37°C in LB. For induction experiments, *R. opacus* 1CP was grown at 30°C in 50 mM phosphate buffered mineral medium (pH 7) (Dorn et al., 1974) supplied with succinate (10 mM), 4-hydroxybenzoate (5 mM), benzoate (5 mM), or *cis,cis*-muconate (3 mM). After overnight incubation, the same amount of carbon source was added and the cultures were incubated for 3 more hours. Freshly grown transformants of *E. coli* BL21(DE3)(pLysS) harboring the expression plasmids pREREX3 or pET11A* were used to inoculate 5-ml cultures of LB with 100 µg/ml of ampicillin, which were incubated at 37°C until an optical density at 600 nm of ca. 0.3 was reached. The cultures were then used to inoculate 100 ml of the same medium. When the 100-ml cultures had reached an optical density at 600 nm of 0.6 to 0.7, they were induced by addition of IPTG (isopropyl-β-D-thiogalactoside) to a final concentration of 1 mM. After subsequent incubation at 30°C for 3 h, the cells were harvested by centrifugation (3,000 × *g*; 4°C; 10 min), washed with 100 ml of 50 mM Tris-HCl (pH 7.6), and stored at 0°C for 15 hours until use.

Preparation of cell extracts.

Freshly grown cells of *R. opacus* 1CP were harvested by centrifugation, washed in 50 mM Tris-HCl (pH 7.6), and resuspended in 6 ml of the same buffer. Disruption was achieved by grinding of the cell suspension with glass beads (diameter, 100 µm) in a Retsch Mill type MM2 (Retsch GmbH, Haan, Germany) at 4°C for 6 min. Glass beads were separated from the rest by filtration, and the preparation was ultracentrifuged (130,000 × *g*; 30 min; 4°C), thus yielding a cleared extract. Extracts of *E. coli* BL21(DE3)(pLysS) harboring the expression plasmids pREREX3 or pET11A* were prepared by passing the thawed cell suspensions in 50 mM Tris-HCl

TABLE 1. Bacterial strains used in this study

Strain	Phenotype/Genotype [a]	Reference
R. opacus 1CP	benzoate$^+$, 4-hydroxybenzoate$^+$, 4-chlorophenol$^+$, 2,4-dichlorophenol$^+$	Gorlatov et al., 1989; Salkinoja-Salonen, 1997
E. coli DH5α	F$^-$ φ80d*lacZ*ΔM15 Δ(*lacZYA-argF*)U169 *endA*1 *recA*1 *hsdR*17(r_K^-,m_K^+) *supE*44 λ$^-$ *thi*-1 *gyrA*96 *relA*1	GIBCO BRL
E. coli JM110	*rpsL thr leu thi lacY galK galT ara tonA tsx dam dcm supE*44 Δ(*lac-proAB*) [F', *traD*36 *proAB lacI^q*ZΔM15]	Yanisch-Perron et al., 1985
E. coli S17-1	*recA thi pro hsdR* (res$^-$, mod$^+$), RP4-2-Tc::Mu-Km::Tn7, Tp^r, Sm^r	Simon et al., 1983
E. coli BL21(DE3) (pLysS)	*hsdS gal* (λ*c*I*ts*857 *ind*1 *Sam*7 *nin*5 *lac*UV5-T7 gene *1*), pLysS (Cm^r)	Studier et al., 1990; Sambrook et al., 1989

[a] Cm^r; chloramphenicol resistance; Sm^r, streptomycin resistance; Tp^r, trimethoprim resistance

(pH 7.6) through an Aminco French press for disruption and by subsequent ultracentrifugation (130,000 × *g*; 4°C; 30 min).

Determination of enzyme activities and estimation of protein concentrations.

The activities of catechol 1,2-dioxygenase were measured spectrophotometrically at 260 nm, those of protocatechuate 3,4-dioxygenase at 290 nm as described previously (Schlömann et al., 1990). The following extinction coefficients were used: for the conversion of catechol to *cis,cis*-muconate, 16,800 $M^{-1} \cdot cm^{-1}$ (Dorn & Knackmuss, 1978), and for the conversion of protocatechuate to 3-carboxy-*cis,cis*-muconate, 2,300 $M^{-1} \cdot cm^{-1}$ (Stanier & Ingraham, 1954). Protein concentrations were measured by the method of Bradford (1976) with bovine serum albumin as the standard.

Purification of genomic and plasmid DNA and general in vitro manipulations of DNA.

Genomic DNA of *R. opacus* 1CP was obtained as described previously (Eulberg et al., 1997a). Plasmid DNA from *E. coli* was isolated with a Pharmacia Flexiprep kit.

TABLE 2. Plasmids used in this study

Plasmid	Relevant genotype [a]	Source or Reference
pBluescript II KS (+)	Phagemid derived from pUC19, P_{lac}, *lacZ*, Ap^r, f1(+) and ColE1 origin	Stratagene; Alting-Mees et al., 1992
pRER11	0.9-kb *Bam*HI-*Sac*II fragment of *R. opacus* 1CP-DNA with *catAB'* in pBluescript II KS (+)	Eulberg et al., 1997a
pRER2	5.1-kb *Kpn*I fragment of *R. opacus* 1CP-DNA with *catR*, *catAB'* in pBluescript II KS (+)	This work
pWC322Km^r	Ap^r; Tc^r; Km^r gene (*npt*II) from pK18 (Pridmore, 1987) in pBR322	W. M. Coco
pRER21	1.2-kb *Eco*RI-*Eco*RV fragment from pRER2 with catR in pBluescript II KS (+)	This work
pRER22	1.5-kb *Bam*HI fragment from pRER2 with *catR'* in pBluescript II KS (+)	This work
pRER200	pWC322Km^r with *npt*II gene replaced by *catR*-containing insert of pRER21	This work
pRER201	pRER200 with *npt*II gene from pWC322Km^r used to interrupt *catR* at *Bam*HI site	This work
pSUP202	Ap^r; Cm^r; Tc^r; pBR325-derivative with RP4-specific Mob-site	Simon et al., 1983
pRER202	pSUP202 containing in the *Pst*I site the *Xba*I fragment of pRER201 with *catR* disrupted by the *npt*II gene	This work
pBS305	*E. coli* - *Rhodococcus* shuttle vector; Ts^r; Ap^r	Shao et al., 1995
pUC4K	Ap^r; Km^r; kanamycin resistance gene cassette from Tn*903* in pUC4	Pharmacia
pBS305Km^r	pBS305 with Ts^r gene replaced by Km^r gene cassette from pUC4K	This work
pRER203	Km^r cassette from pUC4K in *Blp*I site within *catR* on pRER2	This work
pET11A*	Ap^r, P_{T7lac}, derivative of pET11A containing additional *Kpn*I, *Xho*I, *Sal*I cloning sites	J. Altenbuchner; Studier et al., 1990
pREREX3	pET11A* containing *catR* of *R. opacus* 1CP in *Nde*I and *Kpn*I site	This work

[a] Ap^r, ampicillin resistance; Cm^r, chloramphenicol resistance; Km^r, kanamycin resistance; Tc^r, tetracyclin resistance; Ts^r, thiostrepton resistance.

Vector DNA digested with only one enzyme prior to ligation was dephosphorylated with calf intestine phosphatase or shrimp alkaline phosphatase (Boehringer). Blunt ended DNA fragments from restriction endonuclease-generated sticky ends were obtained by filling in 3'-recessed ends with Klenow polymerase or by treating 3'-protruding ends with T4 polymerase. Cells of *E. coli* DH5α were transformed by the methods of Chung et al. (1989) or Inoue et al (1990). To detect loss of LacZ complementation by insertion of DNA ("blue-white-assay"), LB plates containing 0.13 mM IPTG and 32 µg of X-Gal (5-bromo-4-chloro-3-indolyl-β-D-galactoside) per ml were used.

Cloning of a fragment overlapping with the insert of pRER1.

To obtain a clone containing the N terminus of *catA*, and possibly other *cat* genes, the insert of pRER11 (Eulberg et al., 1997a) was excised with *Pst*I and *Sac*II. It was digoxigenin-labeled using a DIG DNA Labeling and Detection Kit Nonradioactive (Boehringer). By hybridization with a Southern blot of *Kpn*I-digested *R. opacus* 1CP DNA (performed as described in the Boehringer manual), the approximate size of the DNA fragment, which bears the sequence of interest, could be determined. *Kpn*I-fragments of approximately the same size (4 to 7 kb) were eluted from a second gel and were ligated into pBluescript II KS (+). The resulting ligation mixture was used to transform *E. coli* DH5α. A clone which contained the plasmid of interest, pRER2 (Fig. 2), was then identified by colony hybridization (performed as described in reference Eulberg et al., 1997a).

Construction of plasmids for inactivation of *catR* in *R. opacus* 1CP.

A mobilizable suicide plasmid was constructed on the basis of pSUP202 (Simon et al., 1983) via an intermediate construction in the pBR322 derivative pWC322Km^r. As a first step, the 1.2-kb *Eco*RI/*Eco*RV-insert carrying *catR* was excised from subclone pRER21 and was treated with Klenow polymerase (Fig. 3). It was then used to replace the kanamycin resistance cassette (*npt*II gene from pK18; Pridmore, 1987) in pWC322Km^r cut out with *Sma*I. The resulting plasmid, pRER200, was cleaved at the *Bam*HI-site in *catR* to ligate the kanamycin resistance cassette into *catR* after filling in the sticky ends, thus yielding pRER201. For conjugational transfer of the interrupted *catR* fragment (*catR*::*npt*II) into cells of strain 1CP via *E.*

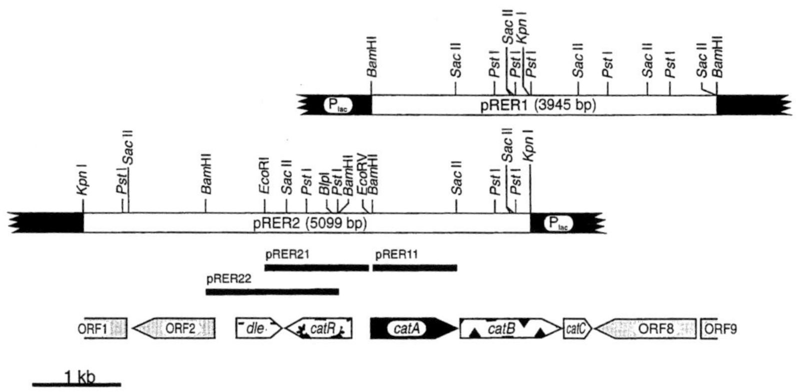

Fig. 2: Restriction map of the inserts of pRER1 and 2, together carrying 7,224 bp of *R. opacus* 1CP DNA. The location and orientation of open reading frames are indicated at the bottom. ORF, open reading frame.

coli S17-1, the construct was cleaved with *Xba*I, and the excised *catR*::*npt*II was blunt ended and ligated into the T4 polymerase-treated *Pst*I site of the mobilizable vector pSUP202, resulting in plasmid pRER202 (Fig. 3).

For optimization of transformation conditions, the *Rhodococcus* - *E. coli* shuttle vector pBS305 (Shao et al., 1995) was modified by replacing the thiostrepton resistance cassette (Ts^{r}) with the kanamycin resistance cassette from transposon Tn*903* (Km^{r}), which had already successfully been used to disrupt a structural gene by homologous recombination in a *Rhodococcus* and a related strain, respectively (Masai et al., 1995; Valentin & Dennis, 1996). The Km^{r} determinant was excised from pUC4K (Pharmacia) with *Bam*HI, and the 3'-recessed ends were filled in with Klenow polymerase. Subsequently, it was cloned into the blunt ended pBS305 HindIII/*Pst*I-fragment which lacks the 2.2 kb Ts^{r} cassette, thus yielding pBS305Km^{r}.

A nonmobilizable suicide plasmid that was to be introduced into *R. opacus* 1CP cells by electroporation was constructed on the basis of pRER2. After excision of the Km^{r} gene from pUC4K with *Eco*RI and filling in of the sticky ends with Klenow polymerase, the cassette was ligated into the likewise filled-in *Blp*I site within *catR*

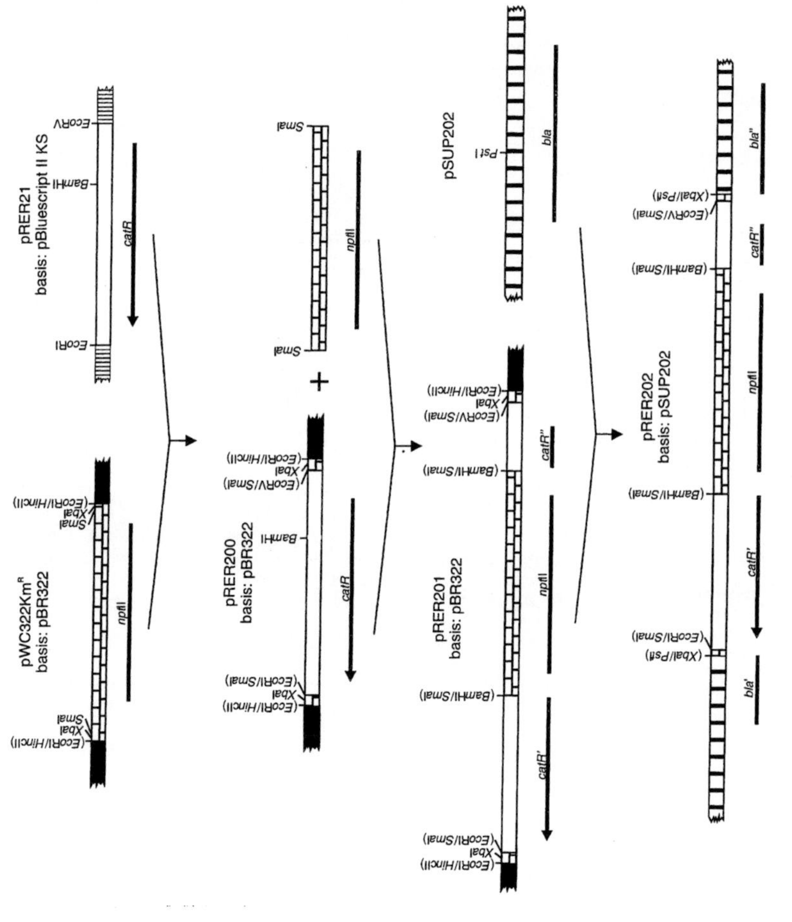

Fig. 3: Construction of a mobilizable suicide plasmid with an inactivated *catR* gene. For details, see text and Table 2.

on pRER2. The resulting plasmid pRER203 bears 2.2 and 2.9 kb of *R. opacus* DNA upstream and downstream of the Km^r fragment, respectively.

Conjugation and transformation of *R. opacus* 1CP.

For conjugational transfer of the mobilizable construct pRER202, the plasmid was first transformed into the mobilizing *E. coli* strain S17-1 using the protocol of Inoue et al. (1990). A culture of S17-1 harboring the mobilizable plasmid and a culture of strain 1CP were grown in LB medium (supplemented with kanamycin [30 µg/ml] and chloramphenicol [25 µg/ml] for plasmid-containing S17-1) to an optical density at 600 nm of ca. 1. Portions of 1.6 ml of 1CP-culture and 0.4 ml of S17-1-culture were then mixed and centrifuged. After resuspending of the cells in 200 µl of fresh LB medium, they were placed on a filter disk laying on top of an LB agar plate and incubated at 30°C. The cells, grown to a thick layer on the filter after 20 h, were then washed from the filter disk with 0.4 ml of 50 mM phosphate buffer (pH 7). They were plated in serial dilutions on mineral medium agar plates supplied with 10 mM glucose and 30 µg of kanamycin per ml in order to select for rhodococci that may have received the Km^r marker.

Electrotransformation of *R. opacus* 1CP was performed by a modified procedure of Desomer et al. (1990), using a Bio-Rad Gene Pulser apparatus and Bio-Rad 2-mm-gapped electrocuvettes. Cells were grown in 500 ml of LB medium at 30°C to an optical density at 600 nm of 0.6 to 0.7. They were harvested by centrifugation and washed twice in 200 ml of ice-cold H_2O. The resulting pellet was resuspended in 5 ml of freshly autoclaved 30% (wt/vol) PEG-1000 (sterilized at 121°C, 10 min). Of the suspended cells, 400-µl aliquots were directly transformed with about 0.5 µg of plasmid DNA in a volume of 2 µl (2.5 kV; 25 µF capacitor; external resistance, 800 Ω). After delivering the electric pulse, the cells were diluted immediately with 0.6 ml of SOB medium (Sambrook et al., 1989) and incubated nonselectively for 9 h at 30°C after which they were spread on LB plates supplied with 50 µg of kanamycin per ml. Transformants could be scored after 3 to 4 days at 30°C. Each set of experiments contained controls in which either the transforming DNA or the electric pulse was omitted.

TABLE 3. Oligonucleotides used as PCR primers

Primer	Nucleic acid sequence, 5' → 3' [a]
CatR-St	CGA*CAT*<u>*ATG*</u>ACCGAGAGCGATCGCG
CatR-Sp	CGC*GGTACC*<u>TCA</u>GCCGGCGAAGCCCATG
OT-Fw	CTGTTTCTCCTTGGGCTG
OT-Rev	CG*AAGCTT*GCGGCCTCCACCAGCGA

[a] Added restriction enzyme recognition sites are shown in italics, translation initiation or termination codons are underlined.

The plasmid constructs pRER203 and pBS305Km^r were electrotransformed into strain 1CP natively as well as denatured, after preparation from *E. coli* DH5α (dam$^+$, dcm$^+$), as well as from the non-methylating *E. coli* JM110 (dam$^-$, dcm$^-$). Denaturation of the plasmids was achieved by incubating 16 µl of plasmid DNA with 4 µl NaOH (2 M) for 10 min, subsequent neutralization with 3.5 µl of 3 M sodium acetate (pH 4.8) plus 2 µl of water, precipitation, rinsing, and drying.

Construction of a plasmid for the expression of *catR* in *E. coli* BL21(DE3)(pLysS).

In order to overexpress the putative regulatory gene *catR* in *E. coli* BL21(DE3)(pLysS) under control of the T7*lac* promotor, an *Nde*I and a *Kpn*I site were added to the beginning and to the end of the presumed *catR* (771 bp) by amplification of the gene with the primers CatR-St and CatR-Sp (Table 3). The reaction mixture contained the following components in a volume of 50 µl: 20 pmol of each primer, ca. 1 ng of pRER2 as template, 1.5 mM $MgCl_2$, 100 µM of each dNTP, 5% (vol/vol) dimethyl sulfoxide, Gibco PCR reaction buffer (20 mM Tris-HCl pH 8.4, 50 mM KCl), and 0.7 U of Taq polymerase (Gibco). Thermocycling parameters were: initial denaturation (95°C; 3 min) before addition of the polymerase; 14 cycles with decreasing annealing temperature (touchdown from 65 to 51°C; 1 min), polymerization (72°C, 1 min), and denaturation (95°C; 30 sec); 20 more cycles with an annealing temperature of 50°C; an additional 4 min of polymerization during the last cycle. After completion of the PCR program, the resulting DNA was ethanol precipitated, digested with *Nde*I and *Kpn*I, and purified by agarose gel electrophoresis and subsequent elution from the gel by using a Biozym EasyPure kit.

The fragment was ligated into the identically digested and purified vector pET11A*. After transformation of the preparation into *E. coli* DH5α, the resulting expression plasmid, pREREX3, was prepared from one of the transformants.

Gel mobility shift assays.

The intergenic region between *catR* and *catA* was amplified by PCR to obtain enough DNA for labeling. An additional *Hin*dIII site was generated at the *catA*-side by using primers OT-Fw and OT-Rev (Table 3). The PCR reaction contained in a volume of 50 µl: 25 pmol of each primer, ca. 1 ng of pRER2, 1.5 mM $MgCl_2$, Gibco PCR buffer (20 mM Tris-HCl pH 8.4, 50 mM KCl), 0.1 mM of each dNTP, 6% [vol/vol] dimethyl sulfoxide, and 0.5 U of Gibco Taq DNA polymerase. The polymerase was added after a prolonged initial denaturing period (95°C, 3 min). The thermocycling parameters were as follows: 15 cycles of annealing (66°C minus 1°C per cycle, 1 min), polymerization (72°C, 45 sec), and denaturing (95°C, 45 sec); 23 more cycles with a constant annealing temperature of 50°C; 9 min of annealing and 10 min of polymerization during the last cycle. After PCR, the resulting 215-bp fragment was ethanol precipitated, digested with *Hin*dIII, and purified by agarose gel electrophoresis and subsequent gel elution. About 200 ng of the purified fragment were radiolabeled by filling in of the recessed 3' end. In addition to the DNA, the labeling mix (30 µl) contained 40 µCi of [α^{32}P]dATP (3000 Ci/mmol, 10 mCi/ml; Amersham), 0.1 mM (each) of dGTP, dCTP, and dTTP, and 5 U of Klenow enzyme in Gibco REact 2 buffer (50 mM Tris-HCl [pH 8], 10 mM $MgCl_2$, 50 mM NaCl). After 10 min incubation at room temperature, 70 µl of TE10.01 (10 mM Tris-HCl, 0.1 mM EDTA; pH 8) were added. Unincorporated [α^{32}P]dATP was separated from the labeled probe by passage through a self-prepared 1 ml Sephadex G-50 (Pharmacia) spin-column, equilibrated with several 100-µl portions of TE10.01.

A 10-µl binding reaction contained 50 to 100 pg of the labeled DNA (ca. 1,000 cpm), gel mobility shift assay-buffer (10 mM Tris-HCl [pH 7.5], 50 mM KCl, 50 µg/ml bovine serum albumin, 5 µg/ml poly[dI/dC]:poly[dI/dC] from Amersham as bulk carrier DNA, 5% [vol/vol] glycerol, 10 µM β-mercaptoethanol), and 1 µl of undiluted or diluted cell extract of *E. coli* BL21(DE3)(pLysS)(pREREX3), containing 16.5 µg, 1.65 µg, or 0.17 µg of protein, or extract of *E. coli* BL21 (DE3)(pLysS)(pET11A*), containing 14.7 µg, 1.47 µg, or 0.15 µg of protein. Two assays contained in addition 1 mM of *cis,cis-*

muconate (from Celgene Corp. [Warren, N.J.]) or 1 mM of racemic muconolactone (prepared by the method of Elvidge et al. [1950]). The binding reactions were incubated for 1 hour at 4°C before they were subjected to electrophoresis.

Protein-DNA complexes were separated from unbound DNA by native polyacrylamide gel electrophoresis in TAE buffer (containing 4.84 g of Tris base, 1.142 ml of glacial acetic acid, and 0.372 g of Na_2-EDTA per liter of H_2O). Electrophoresis was performed until a marker (0.005% [vol/vol] bromophenol blue in 250 mM Tris/HCl [pH 6.8], 50% [vol/vol] glycerol), had reached the bottom end of the gel. After electrophoresis, the gel was dried under vacuum and subjected to autoradiographic analysis.

Sequence analysis.

The part of the insert on pRER2 that was not present on pRER1 was sequenced on both strands by using custom synthesized sequencing primers, or by constructing nested deletions and subclones. The products resulting from cycle sequencing reactions in the presence of dye-terminators (Applied Biosystems Prizm kit) were analyzed using an Applied Biosystems A373 sequencer. The PC/GENE program package (Intelligenetics Inc., Mountain View, Calif.) was used for sequence analyses. Pairwise alignments of amino acid sequences were performed with PALIGN as it is implemented in PC/GENE. Screening of NCBI and EBI databases was done by BLAST programs (Altschul et al., 1990; Gish & States, 1993) or FASTA (Pearson & Lipman, 1988), respectively. For multiple sequence alignments, the PC/GENE version of CLUSTAL (Higgins & Sharp, 1989) was used with open and unit gap cost set to 10. The PHYLIP program package (Felsenstein, 1993) served to obtain dendrograms based on the Fitch-Margoliash algorithm (PROTDIST, FITCH, DRAWTREE; for bootstrap analyses, SEQBOOT and CONSENSE were additionally used).

Nucleotide accession number.

The 7,224-bp of sequence information on pRER1 and pRER2 (partly shown in Fig. 3) will appear in the EMBL, GenBank, and DDBJ sequence databases under accession no. X99622

RESULTS

Open reading frames on pRER2.

The plasmid pRER2 was obtained by screening of a *R. opacus* 1CP gene bank with a probe prepared from the insert of pRER11 (Fig. 2). The *Kpn*I clone pRER2 contains 5,099 bp of *R. opacus* 1CP DNA of which 3,279 bp do not overlap with the insert of pRER1. The nucleotide sequence of these 3,279 bp was determined (Fig. 4). Translation of the sequence revealed the presence of three complete open reading frames, one incomplete open reading frame, as well as the part of the *catA* gene which corresponds to the N terminus of the catechol 1,2-dioxygenase, and which was missing on pRER1 (Eulberg et al., 1997a).

The open reading frame most distant to *catA* (ORF1; positions 487 to 1 in Fig. 4) was not complete on the insert of pRER2. The protein encoded by this open reading frame is similar to proteins involved in copper resistance of *Pseudomonas syringae* pv. *tomato* (CopA; accession no., M19930) and *Xanthomonas campestris* pv. *juglandis* (ORF1; accession no. L19222) (36.9% and 26.0% identical positions, respectively), as well as to the copper-binding protein PcoA (accession no., X83541) from *E. coli* (34.8% identical positions).

A second open reading frame (ORF 2) extends from positions 1487 to 540, thus presumedly encoding a protein of 315 amino acids. An interesting feature of ORF2 is that it probably evolved by tandem duplication: alignment of the N terminal half with the C terminal half using PALIGN revealed 43.3% identical positions. The sequence in a BLASTX run yielded the highest score with VdlD, an open reading frame from *Helicobacter pylori* without known function (Cao & Cover, 1997). Using PALIGN, 28.7% identical positions were found for the comparison of VdlD with the N terminal half of ORF2, and 24.7% of identical positions for comparison with the C terminal half. Other proteins that yielded high similarity scores are mammalian acyl-CoA hydrolases.

The third open reading frame (positions 1721 to 2257) appears to be divergently transcribed from open reading frames 1 and 2 and could encode a protein of 178

```
   1 GGTACCAGTACGTGCCCGGGTCGGGCGGGATGAAGTCGTAGACGAACTCTGTGTCCGCCGGTATCGGAGCCTGCGTGACATCCGGGACCCCGTCCATGTCGTTGCGGATGGCCAGCCCGT
     CCATGGTCATGCACGGGCCCAGCCCGCCCTACTTCAGCATCTGCTTGAGACACAGGCGGCCATAGCCTCGGACGCACTGTAGGCCCTGGGGCAGGTACAGCAACGCCTACCGGTCGGGCA
       Y  W  Y  T  G  P  D  P  P  I  F  D  Y  V  F  E  T  D  A  P  I  P  A  Q  T  V  P  P  V  G  D  M  D  N  P  I  A  L  G

 121 GCCAGTGCACGGTGGTGGAATCCGGCAGCTGGTTGCGAAACCGCACCTGGACCCTGTCCCCGACGTTCGCCCGCAGGATCGGGCCCGGCAGCTGCGTGTTGTACAACCACGCAGCAGTGC
     CGGTCACGTGCCACCACCTTAGGCCGTCGACCAACGCTTTGGCGTGGACCTGGGACAGGGGCTGCAAGCGGGCGTCCTAGCCCGGGCCGTCGACGCACAACATGTTGGTGCGTCGTCACG
     H  W  H  V  T  T  S  D  P  L  Q  N  P  F  R  V  Q  V  R  D  G  V  N  A  R  L  I  P  G  P  L  Q  T  N  Y  L  W  A  A  T

 241 GTTTACCTGCGATGTCGACCTCGGACTGTGTCGCGGAGAGCTCGTAGGCGACCGGCCTGCCGCCGGGAAATCGCCGGGACTCGGCCTCGGCGAACGCGCGCACCTCCGGGGAGTCGGGTC
     CAAATGGACGCTACAGCTGGAGCCTGACACAGCGCCTCTCGAGCATCCGCTGGCCGGACGGCGGCCCTTTAGCGGCCCTGAGCCGGAGCCGCTTGCGCGCGTGGAGGCCCCTCAGCCCAG
     R  K  G  A  I  D  V  E  S  Q  T  A  S  L  E  Y  A  V  P  R  G  G  P  F  R  R  S  E  A  E  A  F  A  R  V  E  P  S  D  P

 361 CGATCGGGGCCTCGGTGTCGTCGGTTCGGGCGCAGGCCCCGGTGAGTCCGAGGAATGCAGCACCGGCTCCCCACTGCAGCACCCGCCGCCGGGACAACTGCACGTCGAGTGGACGGTTCC
     GCTAGCCCCGGAGCCACAGCAGCCAAGCCCGCGTCCGGGGCCACTCAGGCTCCTTACGTCGTGGCCGAGGGGTGACGTCGTGGGCGGCGGCCCTGTTGACGTGCAGCTCACCTGCCAAGG
     G  I  P  E  A  T  D  D  T  R  A  C  A  G  T  L  G  L  F  A  A  G  A  G  W  Q  L  V  R  R  R  S  L  Q  V  D  L  P  R  N

 481 CAGGCATCCCCCCGCTCCTTCCGCGGGTAGACCGTTTCCCGTGACGCTACTCGGGCGGATTACGCCAGGGCGCCGATTCGCGCACGGTCGCGGAGGGCGATGAGTTCGCGGGCGTGCGCC
                                                            AATGCGGTCCCGCGGCTAAGCGCGTGCCAGCGCCTCCCGCTACTCAAGCGCCCGCACGCGG
     GTCCGTA
     G  P  M    ← ORF1                                      STOP A  L  A  G  I  R  A  R  D  R  L  A  I  L  E  R  A  H  A

 601 TCCAGCTTGCGGTCCTCGTCGGACTGCGGCACCCATTGCTGCACTGCGGTTGCGGCGCCGTCCTCGTCGACGGCGGCGACGACGGTGAGGCAGTGGGTGGTGAGGTTCATTTCCCGGGTG
     AGGTCGAACGCCAGGAGCAGCCTGACGCCGTGGGTAACGACGTGACGCCAACGCCGCGGCAGGAGCAGCTGCCGCCGCTGCTGCCACTCCGTCACCCACCACTCCAAGTAAAGGGCCCAC
      E  L  K  R  D  E  D  S  Q  P  V  W  Q  Q  V  A  T  A  A  G  D  E  D  V  A  A  V  V  T  L  C  H  T  T  L  N  M  E  R  T

 721 CGCGGGTCGCCGGATCGCACGTGCACCGAGATGTGCATGGTCTGCGCGCCGGTGTGCAGCAGGCGGGCGTCGACCTCGACGACGTGACCGATCTGGATCGGGCGGTAGAAGCGCACCCCG
     GCGCCCAGCGGCCTAGCGTGCACGTGGCTCTACACGTACCAGACGCGCGGCCACACGTCGTCCGCCCGCAGCTGGAGCTGCTGCACTGGCTAGACCTAGCCCGCCATCTTCGCGTGGGGC
      R  P  D  G  S  R  V  H  V  S  I  H  M  T  Q  A  G  T  H  L  L  R  A  D  V  E  V  V  H  G  I  Q  I  P  R  Y  F  R  V  G

 841 CCGGCGTACACGGACACGCACGGCGTGCCGTTCCACGACGTGCCGCACAGGTAGGCGGCCTCGTCGATCCAGCGCATTACGGTTCCACCGTGCGTCTTGCCGCCCCAGTTGACGTCGGTG
     GGCCGCATGTGCCTGTGCGTGCCGCACGGCAAGGTGCTGCACGGCGTGTCCATCCGCCGGAGCAGCTAGGTCGCGTAATGCCAAGGTGGCACGCAGAACGGCGGGGTCAACTGCAGCCAC
      C  A  Y  V  S  V  C  P  T  G  N  W  S  T  G  C  L  Y  A  A  E  D  I  W  R  M  V  T  G  G  H  T  K  G  G  W  N  V  D  T

 961 GGCGCGGCGAGGAAGCGGGTGAGCGATTCCGGTGCGGTGCCCGCGTCGGTGTAGTTCTGCTTGCTCATCGCGTCTTCGATGTCGGCCCGCAGGCCGATGCGCATGACCGCCTCCTCGGAC
     CCGCGCCGCTCCTTCGCCCACTCGCTAAGGCCACGCCACGGGCGCAGCCACATCAAGACGAACGAGTAGCGCAGAAGCTACAGCCGGGCGTCCGGCTACGCGTACTGGCGGAGGAGCCTG
      P  A  A  L  F  R  T  L  S  E  P  A  T  G  A  D  T  Y  N  Q  K  S  M  A  D  E  I  D  A  R  L  G  I  R  M  V  A  E  E  S

1081 TCGGCGCGGTCGGTGGCGGTGACGGGCTGCCACGGCGGCACGCTCGTCGGCTTACCGGAGTCGTCGACGGCGACGAAGATGATCAGGCAGTTGCTGGCCTCGGTGAACTGTCCGGTGCGC
     AGCCGCGCCAGCCACCGCCACTGCCCGACGGTGCCGCCGTGCGAGCAGCCGAATGGCCTCAGCAGCTGCCGCTGCTTCTACTAGTCCGTCAACGACCGGAGCCACTTGACAGGCCACGCG
      E  A  R  D  T  A  T  V  P  Q  W  P  P  V  S  T  P  K  G  S  D  D  V  A  V  F  I  I  L  C  N  S  A  E  T  F  Q  G  T  R

1201 GGGTCGGCCGACGACACGGTGCACTGGATGTGCATGCTCGAGCGCCCGGTGTGGACGAGCCGGGCTTCGACCTCGACGAGGTGACCCGACTCGATGGACCGGGTGAACTTGATGTTTCCC
     CCCAGCCGGCTGCTGTGCCACGTGACCTACACGTACGAGCTCGCGGGCCACACCTGCTCGGCCCGAAGCTGGAGCTGCTCCACTGGGCTGAGCTACCTGGCCCACTTGAACTACAAAGGG
      P  D  A  S  S  V  T  C  Q  I  H  M  S  S  R  G  T  H  V  L  R  A  E  V  E  V  L  H  G  S  E  I  S  R  T  F  K  I  N  G

1321 ACGTAGGCGGTGACGCAATAGCTCCCGCTCCAGCCGACCGCGCAGGCGTAGGCGGCCTTGTCGATCCATTCGAGGATCCGGCCGCCCTGGACGGCTCCTCCGAGCGTCGCCACTTCGGTG
     TGCATCCGCCACTGCGTTATCGAGGGCGAGGTCGGCTGGCGCGTCCGCATCCGCCGGAACAGCTAGGTAAGCTCCTAGGCCGGCGGGACCTGCCGAGGAGGCTCGCAGCGGTGAAGCCAC
      V  Y  A  T  V  C  Y  S  G  S  W  G  V  A  C  A  Y  A  A  K  D  I  W  E  L  I  R  G  G  Q  V  A  G  G  L  T  A  V  E  T

1441 GGTGCGGCGAGGAAGCGGAGGGTGATGCTGCGGGGAGGCGTGGTCATCGATGTGATCCTCGGGGATTCGACGTGGCCGGCACGAGGGCGCGAACCGGGGACGGCGAAACGTCGTTGTCCG
     CCACGCCGCTCCTTCGCCTCCCACTACGACGCCCCTCCGCACCAGTA
      P  A  A  L  F  R  L  T  I  S  R  P  P  T  T  M   ← ORF2

1561 CCGGTGGCGGGGAAATTATCCCACAGATGCACCGGACCGACCCGTCCGCGATGTGAACGGACCGGAGGTTGACGAACGCGTGTGACCACGCGCACACTCAACAACGACCGCACAGCGTTC

1681 TCAACGTACGCACAGCGTACGAGAGTGATGGGATCAGGTGATGACCTCGACGTCGACGACGACCGCACCTCACGTGGACCAGGCTTGCCTCGACCACGTCGACCGCGAGTTCTACCTCCC
                                        dle →   M  T  S  T  S  T  T  T  A  P  H  V  D  Q  A  C  L  D  H  V  D  R  E  F  Y  L  P

1801 CGCGCAGCGAGTGCTGCCGTGGAGGGCGAACCTTGCGGCACTCCCCGGCGAACCGGGGCCTCCGCTCCGCATCGCGGGGGTCGTGCGCTCACGCGACGGCGCCCCTTTGTCGGGGGCGGA
      A  Q  R  V  L  P  W  R  A  N  L  A  A  L  P  G  E  P  G  P  P  L  R  I  A  G  V  V  R  S  R  D  G  A  P  L  S  G  A  E

1921 ACTCGAGATCTGGCACGCGGACGCCGACGGCTGCTACTCCGGGTACTCCGTCGAGATTCTGCGCAACAACCTGCGCGGCATCGTCGTCACATGCGCCGGTGGCCGCTTCGACATCTCGAC
      L  E  I  W  H  A  D  A  D  G  C  Y  S  G  Y  S  V  E  I  L  R  N  N  L  R  G  I  V  V  T  C  A  G  G  R  F  D  I  S  T

2041 CGTGCAGCCGGCGCCGTGCGAATTCTCGAGCGCCCGAGGCGAAGCCGATGTCGGGCACGTCAACGTCGTCGTGCATGCGCGTGGCTTCCGACCGCTCGAGACGCGCCTGGTGCCGACACC
      V  Q  P  A  P  C  E  F  S  S  A  R  G  E  A  D  V  G  H  V  N  V  V  V  H  A  R  G  F  R  P  L  E  T  R  L  V  P  T  P

2161 GGGCGCATCGCGAGAAGTGGACGCGTCCGCCGTCGAGTCGCTCGTCGGCCTGGTCGGCGGAGAGGTCTCCTGCGACTTCGTGCTCGACCCGATCTGACCGAGTGATGCCGTCAGCCGGCG
                                                                                                                  AGTCGGCCGC
      G  A  S  R  E  V  D  A  S  A  V  E  S  L  V  G  L  V  G  G  E  V  S  C  D  F  V  L  D  P  I  STOP
                                                                                                                 STOP  G  A

2281 AAGCCCATGTCCGTGCTCAGGGCGGCCGCGGCGGCGAGGACGCACGGAACGGCCTGTTCCCGGAACTGTGCCGGAGTATTCCGCGCGGACGACGTGGAGCAGGCGACCACGCCGACCACT
     TTCGGGTACAGGCACGAGTCCCGCCGGCGCCGCCGCTCCTGCGTGCCTTGCCGGACAAGGGCCTTGACACGGCCTCATAAGGCGCGCCTGCTGCACCTCGTCCGCTGGTGCGGCTGGTGA
      F  G  M  D  T  S  L  A  A  A  A  A  L  V  C  P  V  A  Q  E  R  F  Q  A  P  T  N  R  A  S  S  T  S  C  A  V  V  G  V  V

2401 GTGCCGCCGGCGTCGCGGACGGGGGCGGGCAGCGAGATCAGCCCCTTCTCCAGCTCCTCGGACGTCAGGGCGAACCCCTGCTCGCGGACCTTGGCGAGTTCCTTGTCGAGTTCGGCTGCA
     CACGGCGGCCGCAGCGCCTGCCCCCGCCCGTCGCTCTAGTCGGGGAAGAGGTCGAGGAGCCTGCAGTCCCGCTTGGGGACGAGCGCCTGGAACCGCTCAAGGAACAGCTCAAGCCGACGT
      T  G  G  A  D  R  V  P  A  P  L  S  I  L  G  K  E  L  E  E  S  T  L  A  F  G  Q  E  R  V  K  A  L  E  K  D  L  E  A  A

2521 GTGCTGATGGTTTCGGGCCCGAGTTTCTCGAACGTGGACTCGGCGACCACCTGCTCGACCACGTCGGCGGGGGCCCAGGCCAGGAGCGCGCGACCCATGGACGTGGCGTACGCGGGGACG
     CACGACTACCAAAGCCCGGGCTCAAAGAGCTTGCACCTGAGCCGCTGGTGGACGAGCTGGTGCAGCCGCCCCCGGGTCCGGTCCTCGCGCGCTGGGTACCTGCACCGCATGCGCCCCTGC
      T  S  I  T  E  P  G  L  K  E  F  T  S  E  A  V  V  Q  E  V  V  D  A  P  A  W  A  L  L  A  R  G  M  S  T  A  Y  A  P  V

2641 CGGGTGCCGACAGAGACGTTGATGCTCATGATCCGCCGGACGGGAACGCGCGCCGCGTAGACCACGTCGGCGCCGTCGAGCACGCCGAGCGACGCGGACTCCTGGGTCTTCTCGGCCACC
     GCCCACGGCTGTCTCTGCAACTACGAGTACTAGGCGGCCTGCCCTTGCGCGCGGCGCATCTGGTGCAGCCGCGGCAGCTCGTGCGGCTCGCTGCGCCTGAGGACCCAGAAGAGCCGGTGG
      R  T  G  V  S  V  N  I  S  M  I  R  R  V  P  V  R  A  A  Y  V  V  D  A  G  D  L  V  G  L  S  A  S  E  Q  T  K  E  A  V
```

Fig. 4: Sequence of the 3,279-bp part of the insert of pRER2 which does not overlap with the insert of pRER1. Shown below the DNA sequence are predicted amino acid sequences. ORF, open reading frame.

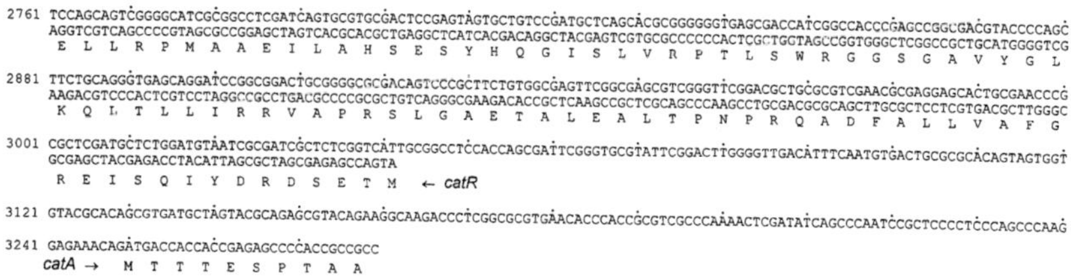

FIG. 4—*Continued*

amino acids (Fig. 4). Because the predicted protein contains the signature for intradiol ring-cleavage dioxygenases as specified in the PROSITE database (Fig. 5), it was designated Dle for "dioxygenase-like enzyme". In expression experiments, so far no catalytic function could be associated with the protein (data not shown). A BLASTP search of the databases showed the sequences of the catechol 1,2-dioxygenases from gram-positive bacteria (Eulberg et al., 1997a; Murakami et al., 1997; Eck & Belter, 1993) to be most similar to that of Dle (on average 30.7% identical positions).

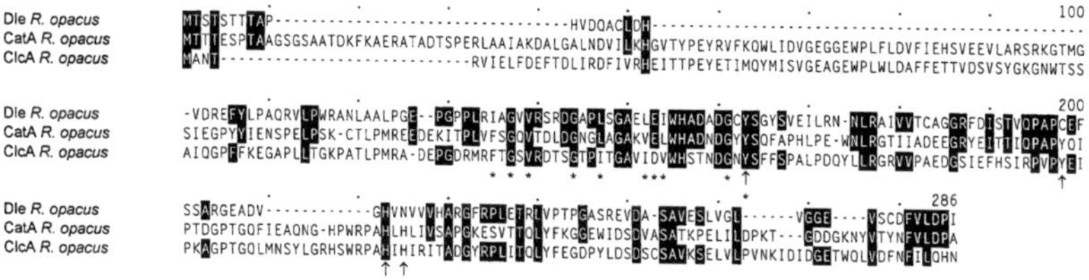

Fig. 5: Sequence alignment of the predicted dioxygenase-like enzyme (Dle) with the catechol and the chlorocatechol 1,2-dioxygenase from *R. opacus* 1CP as calculated by the CLUSTAL program. Numbers above the sequences refer to positions in the alignment, not in individual sequences. Amino acids in positions in which at least Dle and either CatA or ClcA (accession numbers X99622 and AF003948, respectively) are identical, are highlighted. Histidine and tyrosine residues that were previously reported to be involved in iron binding (Hartnett et al., 1990; Lipscomb & Orville, 1992) are indicated by up arrows. The intradiol dioxygenase signature as given by PROSITE PDOC00079, last update 10/1993 ([LIVM]-x-G-x-[LIVM]-x(4)-[GS]-x(2)-[LIVM]-x(4)-[LIVM]-[DE]-[LIVMFY]-x(6)-G-x-[FY]), is indicated by asterisks.

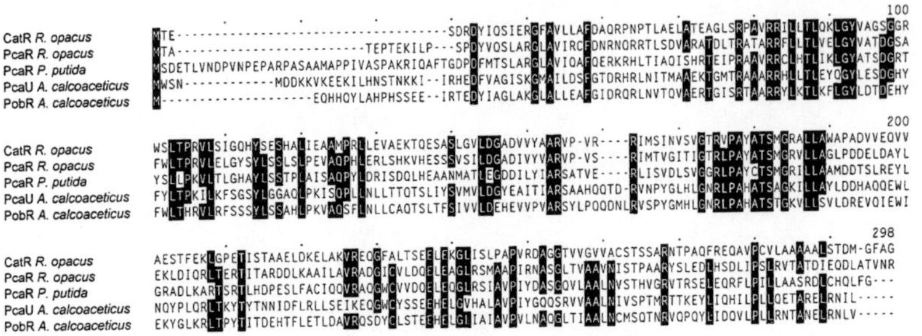

Fig. 6: Sequence alignment of CatR and PcaR from *R. opacus* 1CP with proteins belonging to the PobR subfamily of IclR-type regulators (PcaU, PobR, PcaR) as calculated by CLUSTAL. Numbers above the sequences refer to positions in the alignment, not in individual sequences. Amino acids in positions in which at least four of the five sequences are identical, are highlighted. Accession numbers and references for the published sequences are as follows: PcaU *A. calcoaceticus*, U04359 (Gerischer, 1993); PobR *A. calcoaceticus*, L13114 (DiMarco et al., 1993); PcaR *P. putida*, L33795 (Romero-Steiner et al., 1994); PcaR *R. opacus* 1CP, AF003947 (Eulberg et al., submitted 1).

Between *dle* and *catA*, and divergently transcribed from the latter, an open reading frame (positions 3041 to 2271 in Fig. 4) was detected which codes for a protein with a length of 256 amino acids. Since the predicted protein showed considerable sequence similarity to members of the PobR subfamily of IclR-type regulators, the gene was tentatively designated *catR*. With PcaR, a presumed regulator of protocatechuate catabolism from the same organism (Eulberg et al., submitted 1), CatR shares 41.4% identical positions in the alignment of Figure 6. Significant but lower sequence similarity was found between CatR on the one hand and *A. calcoaceticus* PcaU, *A. calcoaceticus* PobR, as well as *P. putida* PcaR on the other hand (27.3%, 30.5%, and 34.8% identical residues, respectively). All three proteins are involved in the transcriptional regulation of protocatechuate or 4-hydroxybenzoate degradative genes (Gerischer et al., 1993; DiMarco et al., 1993; Romero-Steiner et al., 1994).

Attempts to generate a mutant of *R. opacus* 1CP deficient in CatR.

In order to check the hypothesis that the open reading frame transcribed divergently from *catA* does in fact code for a catechol regulator, attempts were made to obtain a CatR-deficient mutant of *R. opacus* 1CP. However, using the mobilizable plasmid pRER202, no transconjugants could be observed in which the presumed *catR* was inactivated by insertion of a resistance marker via homologous recombination.

The newly constructed *Rhodococcus - E. coli* shuttle vector pBS305Km^r was used to optimize the conditions for electrotransformation. The number of kanamycin-resistant colonies obtained under the conditions described above varied largely. The best results were obtained with non-denatured (circular) plasmid DNA prepared from *E. coli* DH5α (up to 1.7×10^3 transformants per µg of DNA). The numbers obtained with denatured plasmid DNA from DH5α, non-denatured plasmid DNA from JM110, or denatured plasmid DNA from JM110 were about one order of magnitude lower.

In experiments using electrotransformation with the suicide plasmid pRER203, up to 100 transformants/µg of DNA could be observed using non-denatured, circular DNA prepared from *E. coli* DH5α, but none using linearized pRER203. Ten of the presumed transformants were screened to see whether they were spontaneous kanamycin-resistant mutants or derived via double- or single-crossover recombinational events. After digestion of their genomic DNA with *Bam*HI and subsequent gel electrophoresis and Southern blotting, the DNA was hybridized with a probe containing the *catR* sequence (prepared from the insert of pRER22). The signal pattern revealed the presence of two *catR* sequences in all transformants: one of the size expected for the interrupted *catR* gene plus flanking regions (2.8 kb), and one of the size that should be obtained with wild-type DNA (1.5 kb). This result suggests that only single crossovers had taken place, resulting in integration of the complete suicide plasmid into the host chromosome, which then carries one intact and one interrupted *catR* gene. Another possible explanation is illegitimate recombination of plasmid DNA into the chromosome, as it has been observed by Desomer et al. (1991) for a strain of *R. fascians*.

Binding of CatR to the intergenic DNA region between *catR* and *catA*.

Gel mobility shift assays were performed to determine the specific binding of the heterologously expressed CatR to the radiolabeled intergenic DNA fragment between *catR* and *catA*. It could be shown that addition of cell extract prepared from

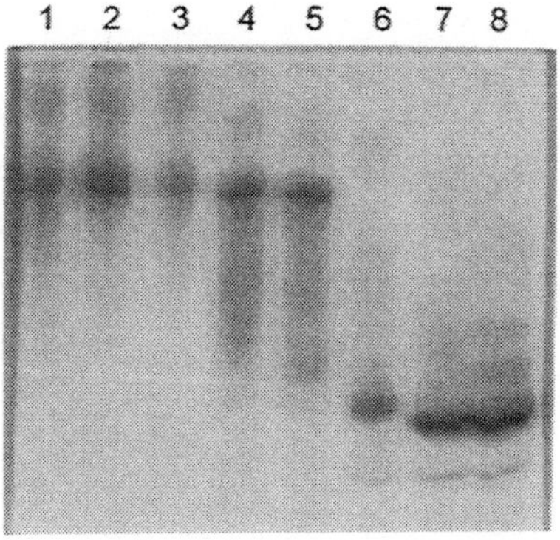

Fig. 7: Gel mobility shift assay performed with a radiolabeled DNA fragment representing the intergenic region between *catA* and the presumed *catR*. Lane 1 and 2, cell extract from *E. coli* BL21(DE3)(pLysS)(pREREX3) plus 1 mM *cis,cis*-muconate or 1 mM (±)-muconolactone, respectively; lanes 3 to 5, cell extract from *E. coli* BL21 (DE3)(pLysS)(pREREX3) undiluted, diluted 10^{-1}, or 10^{-2}, respectively; lanes 6 to 8, cell extract from *E. coli* BL21(DE3)(pLysS)(pET11A*) undiluted, diluted 10^{-1}, or 10^{-2}, respectively. For details on the assay, see the Materials and Methods section.

a CatR-expressing culture (undiluted and in dilutions of 10^{-1} and 10^{-2}) results in retardation of the labeled fragment (Fig. 7, lanes 1 through 5) compared to the effect of addition of serial dilutions of cell extract from a culture harboring only the expression vector without insert (lanes 6 through 8). This means that the expressed CatR specifically binds to a binding site within the intergenic region in the presence of a ca. 500-fold excess of bulk carrier DNA. Addition of *cis,cis*-muconate or muconolactone, one of which might be the coinducer (Cain, 1981; see below), to final concentrations of 1 mM in the binding assay (lanes 1 and 2, respectively) had no effect on the electrophoretic behavior of the labeled fragment. CatR thus seems

TABLE 4. Ring-cleavage activities in extracts of *R. opacus* 1CP cells grown with different substrates

Enzyme	Sp act (U/mg)[a] of *R. opacus* 1CP grown with			
	4-hydroxybenzoate	benzoate	*cis,cis*-muconate	succinate
Protocatechuate 3,4-dioxygenase	1.0	0.69	0.43	0.07
Catechol 1,2-dioxygenase	0.03	0.63	0.22	0.02

[a] Details on induction and activity assays are given in Materials and Methods.

to bind in absence of its coinducer to its binding site under the conditions that were employed.

Induction of ring-cleavage enzymes during growth of strain 1CP with various substrates.

Activities of the initial enzymes of the catechol and of the protocatechuate branch of the 3-oxoadipate pathway, catechol 1,2-dioxygenase and protocatechuate 3,4-dioxygenase, respectively, were determined in extracts from 4-hydroxybenzoate-, benzoate-, *cis,cis*-muconate- and succinate-grown cells (Table 4). It could be shown that the protocatechuate 3,4-dioxygenase was induced during growth with benzoate, *cis,cis*-muconate, and 4-hydroxybenzoate, whereas the catechol 1,2-dioxygenase was only induced in benzoate- and *cis,cis*-muconate-grown cells.

DISCUSSION

As shown in Figures 2 and 3, characterization of the insert on pRER2 completed the sequence of *catA*, of which a major part had previously been obtained by sequencing of pRER1 (Eulberg et al., 1997a). The molecular mass of the gene product CatA calculated from the open reading frame corresponded to the electrophoretic mobility of purified catechol 1,2-dioxygenase determined by SDS-polyacrylamide gel electrophoresis (33 kDa). As reported earlier (Eulberg et al., 1997a), in contrast to Maltseva et al. (1991), we could not observe two subunits of 33 and of 35 kDa, respectively. In addition, a dioxygenase activity was expressed from pRER1, which implies that one, even truncated subunit is sufficient for an active enzyme (Eulberg et al., 1997a). We could now show that upstream of *catA*, there is no further gene for a dioxygenase-like enzyme of appropriate size. The dioxygenase-like enzyme that can be predicted from the gene *dle* should have a molecular mass of 18.9 kDa, considerably smaller than the sizes reported by Maltseva et al. (1991). Because the very similar dioxygenase of *R. erythropolis* AN-13 has been shown to consist of one or more copies of a single subunit (Aoki et al., 1984; Murakami et al., 1997), it is rather improbable that the catechol 1,2-dioxygenase of *R. opacus* 1CP occurs in an $\alpha\beta$ form, as it has been described for the dioxygenase of *P. putida* C-1 (Nakai et al., 1990).

More surprising was the fact that the putative regulatory gene *catR*, which was found upstream of *catA*, obviously does not belong to the LysR family of transcriptional activators. In all catechol and chlorocatechol catabolic gene clusters analyzed thus far, the respective genes are under the control of a LysR-type regulator (Neidle et al., 1989; Romero-Arroyo et al., 1995; Eulberg et al., submitted 2; Rothmel et al., 1990; Houghton et al., 1995; Matrubutham & Harker, 1994; Coco et al., 1993; van der Meer et al., 1991; Leveau et al., 1994; Kõiv et al., 1996). So far we have been unable to inactivate *catR* in vivo in order to verify its functions. We could show, however, that heterologously expressed CatR from *R. opacus* 1CP binds specifically to the intergenic region between *catR* and *catA* in presence or absence of the possible coinducers muconate or muconolactone. Since many regulatory proteins negatively autoregulate their own expression, the observed retardation could theoretically merely be due to an interaction of CatR with its own operator. However, in cases where enzyme-encoding and regulator-encoding genes are transcribed divergently, the intergenic region usually contains both operator sites (Beck & Warren, 1988; Schell, 1993; DiMarco & Ornston, 1994). Thus, together with the arrangement of *catR* and *catABC*, the binding assay provides a first indication that CatR might in fact be involved in the regulation of catechol catabolism in *R. opacus* 1CP.

The hypothetical regulator CatR, instead of being similar to LysR-type regulators, rather bears resemblance to members of the apparently less widely distributed PobR subfamily of IclR-type regulators (Fig. 6). In *A. calcoaceticus*, members of this subfamily (PcaU and PobR) are involved in regulation of protocatechuate catabolic genes and *pobA*, the gene for 4-hydroxybenzoate hydroxylase, which forms protocatechuate (DiMarco et al., 1993; Gerischer et al., 1993). In *P. putida*, PcaR regulates the expression of protocatechuate degrading enzymes (Romero-Steiner et al., 1994), and in *R. opacus* 1CP, an open reading frame has also been found associated with protocatechuate catabolic genes which codes for a similar protein (Eulberg et al., submitted 1). In *Agrobacterium tumefaciens*, the IclR-type protein PcaR seems to regulate the transferase PcaIJ, while AraC- and LysR-type proteins regulate *pobA* and the remaining *pca* genes, respectively (Parke, 1997). Thus, in the γ-proteobacteria *Pseudomonas* and *Acinetobacter*, the biochemical distinction into the *cat* and *pca* branches of the 3-oxoadipate pathway is reflected on the level of transcriptional regulation (LysR-type versus IclR-type regulators) (Romero-Steiner et al., 1994). In the α-proteobacterium *Agrobacterium*, some LysR-type regulator additionally has gained control over several of the *pca* genes. Conversely, in *R. opacus* 1CP, IclR-type regulators appear to govern not only the *pca* but also the *cat* genes. The questions raising from these findings are (i), how did this situation evolve and (ii), why are different regulators found?

As mentioned above, except for the *cat* gene cluster of *R. opacus* 1CP, all known catechol and chlorocatechol catabolic gene clusters contain a LysR-type regulator. Thus, this appears to be the original setup. After divergence of the *cat* genes found in *Rhodococcus* from other catechol and chlorocatechol genes, the original LysR-type regulator gene was apparently replaced by one belonging to the PobR subfamily of IclR-type regulators. Within this subfamily, CatR from *R. opacus* 1CP is more similar to PcaR of *R. opacus* and *P. putida* than to PcaU and PobR of *A. calcoaceticus* (Fig. 8).

As a first step to assess whether functional necessities could have triggered the change of regulator types, the induction of ring-cleavage enzymes during growth of *R. opacus* 1CP with various substrates was investigated (Table 4). The rhodococcal protocatechuate 3,4-dioxygenase was found to be active in extracts of 4-hydroxybenzoate-, benzoate-, and *cis,cis*-muconate-grown cells, and therefore should be induced by a metabolite of the "lower" 3-oxoadipate pathway, i.e. 3-oxoadipate enol-lactone or 3-oxoadipate. The catechol 1,2-dioxygenase, in contrast, was induced in benzoate- and in *cis,cis*-muconate-grown, but not in 4-hydroxybenzoate-grown cells, indicating that the catechol catabolic branch is induced by a metabolite which is unique to this branch, i.e. *cis,cis*-muconate or (+)-muconolactone. These results are consistent with the findings of Cain (1981) for *"Nocardia" opaca*, with the exception that in *R. opacus* 1CP only one 3-oxoadipate enol-lactone hydrolase is induced for the catechol and the protocatechuate branch of the 3-oxoadipate pathway (Eulberg et al., submitted 1). *cis,cis*-Muconate appears to be the inducer for catechol catabolic enzymes also in *P. putida*, *A. calcoaceticus*, and a number of other bacteria (Rothmel et al., 1990; Cánovas & Stanier, 1967; Harwood & Parales, 1996). Thus, there is no indication that the presumed replacement of an ancient LysR-type regulator would have been necessary to achieve regulation by a new effector. It is, however, remarkable that the branching pattern of the regulators of the PobR subfamily appears to reflect the nature of their respective coinducer (Fig. 8). For PcaU and PobR from *A. calcoaceticus*, the coinducers are the aromatic substrates protocatechuate and 4-hydroxybenzoate, respectively (Cánovas et al., 1968; DiMarco & Ornston, 1994). In contrast, both putative *R. opacus* regulators and PcaR from *P. putida*, which constitute a different branch in the dendrogram, are coinduced by non-aromatic compounds (3-oxoadipate for PcaR from *P. putida* [Harwood et al., 1994]; 3-oxoadipate or its enol-lactone for *R. opacus* PcaR; and *cis,cis*-muconate or (+)-muconolactone for *R. opacus* 1CP CatR).

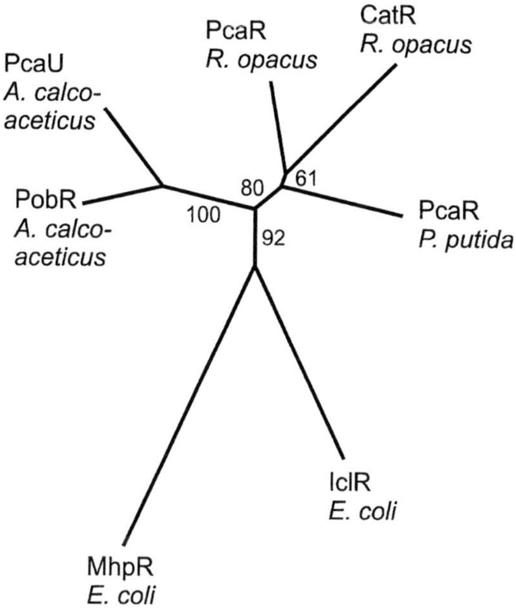

Fig. 8: Dendrogram showing the relatedness of putative IclR-type regulatory proteins regulating the 3-oxoadipate pathway. Clustering was performed by the Fitch-Margoliash procedure of the PHYLIP program package. To indicate the position of the root in the dendrogram, MhpR and IclR from *E. coli* served as outgroups (accession numbers D86239 and P16528, respectively). Numbers on the branches indicate the frequency (%) with which the corresponding cluster occured during bootstrap analyses.

The presence of different regulator types which regulate similar gene clusters in different organisms may be due to a frozen historical coincidence, but it is likewise possible that this situation is due to more global regulation strategies. Rhodococci belong to the autochthonous microflora of soil ecosystems (Cain, 1981; Robertson & Batt, 1973). Such organisms are ubiquitous, but they do not appear in large numbers. Rhodococci exhibit low growth rates, but are able to survive long starvation periods, and thereby they are adapted to unfavourable and unstable environments (Koronelli et al., 1988; Robertson & Batt, 1973; Warhurst & Fewson, 1994). Studies with *Rhodococcus* strains which were cultivated in tap water in which they could not reproduce for quite a long time, showed that the ability to induce protocatechuate and catechol dioxygenase was retained for weeks at a high level after exhaustion of the inducer (Dugan & Golovlev, 1983). Thus, in their natural environment, i.e. under oligotrophic conditions in soil or water, the global regulation of rhodococci should be different from that of proteobacteria, many of which employ a different ecological tactic. If the regulatory situation on the molecular level somehow reflects these differences, still remains unclear.

ACKNOWLEDGMENTS

We thank H.-J. Knackmuss for invaluable support throughout this work and L. A. Golovleva for making strain 1CP accessible to us and for raising our interest in it. We are indebted to R. Schmid for the possibility to use an automated DNA sequencer, and S. Bürger as well as S. Lakner for performing the DNA sequencing. We thank W. M. Coco for providing pWC322Km^r, J. Altenbuchner for pET11A*, and W. A. Dick for pBS305. Thanks are also due to the collegues of the Institute of Industrial Genetics, University of Stuttgart, for making their GenePulser apparatus available to us, and for helpful advice concerning the setup of gel mobility shift assays.

The work was funded by a fellowship of the Landesgraduiertenförderung to D. E. and by a grant from the Deutsche Forschungsgemeinschaft.

REFERENCES

Alting-Mees, M. A., J. A. Sorge, and J. M. Short. 1992. pBluescriptII: multifunctional cloning and mapping vectors. Methods Enzymol. **216:** 483-495.

Altschul, S. F., W. Gish, W. Miller, E. W. Myers, and D. J. Lipman. 1990. Basic local alignment search tool. J. Mol. Biol. **215:** 403-410.

Aoki, K., T. Konohana, R. Shinke, and H. Nishira. 1984. Purification and characterization of catechol 1,2-dioxygenase from aniline-assimilating *Rhodococcus erythropolis* AN-13. Agric. Biol. Chem. **48:** 2087-2095.

Beck, C. F., and R. A. J. Warren. 1988. Divergent promoters, a common form of gene organization. Microbiol. Rev. **52:** 318-326.

Bradford, M. M. 1976. A rapid and sensitive method for the quantitation of microgram quantities of protein utilizing the principle of protein-dye binding. Anal. Biochem. **72:** 248-254.

Cain, R. B. 1981. Regulation of aromatic and hydroaromatic pathways in nocardioform actinomycetes, p. 335-354. *In* K. P. Schaal and G. Pulverer (ed.), Actinomycetes. Gustav Fischer Verlag, Stuttgart, New York.

Cánovas, J. L., and R. Y. Stanier. 1967. Regulation of the enzymes of the β-ketoadipate pathway in *Moraxella calcoacetica*. 1. General aspects. Eur. J. Biochem. **1:** 289-300.

Cánovas, J. L., M. L. Wheelis, and R. Y. Stanier. 1968. Regulation of the β-ketoadipate pathway in *Moraxella calcoacetica*. The role of protocatechuate as inducer. Eur. J. Biochem. **3:** 293-304.

Cao, P., and T. L. Cover. 1997. High-level genetic diversity in the *vapD* chromosomal region of *Helicobacter pylori*. J. Bacteriol. **179:** 2852-2856.

Chung, C. T., S. L. Niemela, and R. H. Miller. 1989. One-step preparation of competent *Escherichia coli:* transformation and storage of bacterial cells in the same solution. Proc. Natl. Acad. Sci. USA **86:** 2172-2175.

Coco, W. M., R. K. Rothmel, S. Henikoff, and A. M. Chakrabarty. 1993. Nucleotide sequence and initial functional characterization of the *clcR* gene encoding a LysR family activator of the *clcABD* chlorocatechol operon in *Pseudomonas putida*. J. Bacteriol. **175:** 417-427.

Desomer, J., M. Crespi, and M. Van Montagu. 1991. Illegitimate integration of non-replicative vectors in the genome of *Rhodococcus fascians* upon electrotransformation as an insertional mutagenesis system. Mol. Microbiol. **5:** 2115-2124.

Desomer, J., P. Dhaese, and M. Van Montagu. 1990. Transformation of *Rhodococcus fascians* by high-voltage electroporation and development of *R. fascians* cloning vectors. Appl. Environ. Microbiol. **56:** 2818-2825.

DiMarco, A. A., and L. N. Ornston. 1994. Regulation of *p*-hydroxybenzoate hydroxylase synthesis by PobR bound to an operator in *Acinetobacter calcoaceticus*. J. Bacteriol. **176:** 4277-4282.

DiMarco, A. A., Averhoff, B., and L. N. Ornston. 1993. Identification of the transcriptional activator *pobR* and characterization of its role in the expression of *pobA*, the structural gene for *p*-hydroxybenzoate hydroxylase in *Acinetobacter calcoaceticus*. J. Bacteriol. **175:** 4499-4506.

Dorn, E., M. Hellwig, W. Reineke, and H.-J. Knackmuss. 1974. Isolation and characterization of a 3-chlorobenzoate degrading pseudomonad. Arch. Microbiol. **99:** 61-70.

Dorn, E., and H.-J. Knackmuss. 1978. Chemical structure and biodegradability of halogenated aromatic compounds. Two catechol 1,2-dioxygenases from a 3-chlorobenzoate-grown pseudomonad. Biochem. J. **174:** 73-84.

Dugan, I. N. and E. L. Golovlev. 1983. Induction of dioxygenases of aromatic substrates in rhodococci with limitation of the nutrients. Mikrobiologiya **52:** 951-955. (Microbiology **52:** 751-755.)

Eck, R., and J. Belter. 1993. Cloning and characterization of a gene coding for the catechol 1,2-dioxygenase of *Arthrobacter* sp. mA3. Gene **123:** 87-92.

Elvidge, J. A., R. P. Linstead, B. A. Orkin, P. Sims, H. Baer, and D. B. Pattison. 1950. Unsaturated lactones and related substances. Part IV. Lactonic products derived from muconic acids. J. Chem. Soc. 2228-2235.

Eulberg, D., L. A. Golovleva, and M. Schlömann. 1997a. Characterization of catechol catabolic genes from *Rhodococcus erythropolis* 1CP. J. Bacteriol. **179:** 370-381.

Eulberg, D., I.-S. Hinner, M. Lohmann, L. A. Golovleva, and M. Schlömann. 1997b. Characterization of gene clusters involved in catechol catabolism of *Rhodococcus erythropolis* 1CP and *Ralstonia eutropha* (*Alcaligenes eutrophus*) 335, abstr. K-24, p. 346. *In* Abstracts of the General Meeting of the American Society for Microbiology, 1997. American Society for Microbiology, Washington, D.C.

Eulberg, D., S. Lakner, L. A. Golovleva, and M. Schlömann. Characterization of a protocatechuate catabolic gene cluster from *Rhodococcus "erythropolis"* 1CP: Evidence for a merged enzyme with 4-caboxymuconolactone dcarboxylating and 3-oxoadipate enol-lactone hydrolyzing activity. (Submitted to J. Bacteriol., 1)

Eulberg, D., E. M. Kourbatova, L. A. Golovleva, and M. Schlömann. Evolutionary relationship between chlorocatechol catabolic enzymes from *Rhodococcus "erythropolis"* 1CP and their counterparts in proteobacteria: Sequence divergence and functional convergence. (Submitted to J. Bacteriol., 2)

Felsenstein, J. 1993. PHYLIP (Phylogeny Inference Package) version 3.5c. Distributed by the author. Department of Genetics, University of Washington, Seattle.

Gerischer, U. C. 1993. Direct submission to the databases.

Gerischer, U., S. Tran, and L. N. Ornston. 1993. Physiological effects exerted by *pcaU*, a newly discovered gene governing synthesis of enzymes for catabolism of protocatechuate in *Acinetobacter calcoaceticus*, abstr. H-267, p. 238. *In* Abstracts of the General Meeting of the American Society for Microbiology, 1993. American Society for Microbiology, Washington, D.C.

Gish, W., and D. J. States. 1993. Identification of protein coding regions by database similarity search. Nat. Genet. **3:** 266-272.

Gorlatov, S. N., O. V. Maltseva, V. I. Shevchenko, and L. A. Golovleva. 1989. Degradation of chlorophenols by a culture of *Rhodococcus erythropolis*. Mikrobiologiya **58:** 802-806. (Microbiology **58:** 647-651.)

Hartnett, C., E. L. Neidle, K.-L. Ngai, and L. N. Ornston. 1990. DNA sequences of genes encoding *Acinetobacter calcoaceticus* protocatechuate dioxygenase: evidence indicating shuffling of genes and of DNA sequences within genes during their evolutionary divergence. J. Bacteriol. **172:** 956-966.

Harwood, C. S., and R. E. Parales. 1996. The β-ketoadipate pathway and the biology of self-identity. Annu. Rev. Microbiol. **50:** 553-590.

Harwood, C. S., N. N. Nichols, M.-K. Kim, J. L. Ditty, and R. E. Parales. 1994. Identification of the *pcaRKF* gene cluster from *Pseudomonas putida*: involvement in chemotaxis, biodegradation, and transport of 4-hydroxybenzoate. J. Bacteriol. **176:** 6479-6488.

Higgins, D. G., and P. M. Sharp. 1989. Fast and sensitive multiple sequence alignments on a microcomputer. CABIOS **5:** 151-153.

Houghton, J. E., T. M. Brown, A. J. Appel, E. J. Hughes, and L. N. Ornston. 1995. Discontinuities in the evolution of *Pseudomonas putida cat* genes. J. Bacteriol. **177:** 401-412.

Houghton, J. E., and M. S. Shanley. 1994. Catabolic potential of pseudomonads: a regulatory perspective, p. 11-32. *In* G. R. Chaudhry (ed.), Biological degradation and bioremediation of toxic chemicals. Dioscorides Press, Portland, Oregon.

Inoue, H., H. Nojima, and H. Okayama. 1990. High efficiency transformation of *Escherichia coli* with plasmids. Gene **96:** 23-28.

Kõiv, V., R. Marits, and A. Heinaru. 1996. Sequence analysis of the 2,4-dichlorophenol hydroxylase gene *tfdB* and 3,5-dichlorocatechol 1,2-dioxygenase gene *tfdC* of 2,4-dichlorophenoxyacetic acid degrading plasmid pEST4021. Gene **172:** 293-297.

Koronelli, T. V., S. G. Dermicheva, and E. V. Korotaeva. 1988. Survival of hydrocarbon-oxidizing bacteria in conditions of complete starvation. Mikrobiologiya **57:** 298-304. (Microbiology **57:** 242-247.)

Leveau, J. H. J., W. M. de Vos, and J. R. van der Meer. 1994. Analysis of the binding site of the LysR-type transcriptional activator TcbR on the *tcbR* and *tcbC* divergent promoter sequences. J. Bacteriol. **176:** 1850-1856.

Lipscomb, J. D., and A. M. Orville. 1992. Mechanistic aspects of dihydroxybenzoate dioxygenases, p. 243-298. *In* H. Sigel and A. Sigel (ed.), Metal ions in biological systems, vol. 28. Degradation of environmental pollutants by microorganisms and their metalloenzymes. Marcel Dekker, Inc., New York.

Maltseva, O. V., I. P. Solyanikova, and L. A. Golovleva. 1991. Catechol 1,2-dioxygenases of a chlorophenol-degrading strain of *Rhodococcus erythropolis*: purification and properties. Biokhimiya **56:** 2188-2197. (Biochemistry **56:** 1548-1555.)

Masai, E., A. Yamada, J. M. Healy, T. Hatta, K. Kimbara, M. Fukuda, and K. Yano. 1995. Characterization of biphenyl catabolic genes of Gram-positive, polychlorinated biphenyl degrader *Rhodococcus* sp. strain RHA1. Appl. Environ. Microbiol. **61:** 2079-2085.

Matrubutham, U., and A. R. Harker. 1994. Analysis of duplicated gene sequences associated with *tfdR* and *tfdS* in *Alcaligenes eutrophus* JMP134. J. Bacteriol. **176:** 2348-2353.

Murakami, S., N. Kodama, R. Shinke, and K. Aoki. 1997. Classification of catechol 1,2-dioxygenase family: sequence analysis of a gene for the catechol 1,2-dioxygenase showing high specificity for methylcatechols from Gram$^+$ aniline-assimilating *Rhodococcus erythropolis* AN-13. Gene **185:** 49-54.

Nakai, C., K. Horiike, S. Kuramitsu, H. Kagamiyama, and M. Nozaki. 1990. Three isozymes of catechol 1,2-dioxygenase (pyrocatechase), αα, αβ, and ββ, from *Pseudomonas arvilla* C-1. J. Biol. Chem. **265:** 660-665.

Neidle, E., C. Hartnett, and L. N. Ornston. 1989. Characterization of *Acinetobacter calcoaceticus catM*, a repressor gene homologous in sequence to transcriptional activator genes. J. Bacteriol. **171:** 5410-5421.

Parke, D. 1997. Acquisition, reorganization, and merger of genes: novel management of the β-ketoadipate pathway in *Agrobacterium tumefaciens*. FEMS Microbiol. Lett. **146:** 3-12.

Pearson, W. R., and D. J. Lipman. 1988. Improved tools for biological sequence comparison. Proc. Natl. Acad. Sci. USA **85:** 2444-2448.

Pridmore, R. D. 1987. New and versatile cloning vectors with kanamycin-resistance marker. Gene **56:** 309-312.

Robertson, J. G., and R. D. Batt. 1973. Survival of *Nocardia corallina* and degradation of constituents during starvation. J. Gen. Microbiol. **78:** 109-117.

Romero-Arroyo, C. E., M. A. Schell, G. L. Gaines III, and E. L. Neidle. 1995. *catM* encodes a LysR-type transcriptional activator regulating catechol degradation in *Acinetobacter calcoaceticus*. J. Bacteriol. **177:** 5891-5898.

Romero-Steiner, S., R. E. Parales, C. S. Harwood, and J. E. Houghton. 1994. Characterization of the *pcaR* regulatory gene from *Pseudomonas putida*, which is required for the complete degradation of *p*-hydroxybenzoate. J. Bacteriol. **176:** 5771-5779.

Rothmel, R. K., T. L. Aldrich, J. E. Houghton, W. M. Coco, L. N. Ornston, and A. M. Chakrabarty. 1990. Nucleotide sequencing and characterization of Pseudomonas putida *catR*: a positive regulator of the *catBC* operon is a member of the LysR family. J. Bacteriol. **172:** 922-931.

Salkinoja-Salonen, M. 1997. Direct submission to the databases.

Sambrook, J., E. F. Fritsch, and T. Maniatis. 1989. Molecular cloning. A laboratory manual, 2nd ed. Cold Spring Harbor Laboratory Press, Cold Spring Harbor, N.Y.

Schell, M. A. 1993. Molecular biology of the LysR family of transcriptional regulators. Annu. Rev. Microbiol. **47:** 597-626.

Schlömann, M., E. Schmidt, and H.-J. Knackmuss. 1990. Different types of dienelactone hydrolase in 4-fluorobenzoate-utilizing bacteria. J. Bacteriol. **172:** 5112-5118.

Shao, Z., W. A. Dick, and R. M. Bekhi. 1995. An improved *Escherichia coli-Rhodococcus* shuttle vector and plasmid transformation in *Rhodococcus* spp. using electroporation. Lett. Appl. Microbiol. **21:** 261-266.

Simon, R., U. Priefer, and A. Pühler. 1983. A broad host range mobilization system for in vivo genetic engineering: transposon mutagenesis in gram negative bacteria. Bio/Technology **1:** 784-791.

Solyanikova, I. P., O. V. Maltseva, M. D. Vollmer, L. A. Golovleva, and M. Schlömann. 1995. Characterization of muconate and chloromuconate cycloisomerase from *Rhodococcus erythropolis* 1CP: indications for functionally convergent evolution among bacterial cycloisomerases. J. Bacteriol. **177:** 2821-2826.

Stanier, R. Y., and J. L. Ingraham. 1954. Protocatechuic acid oxidase. J. Biol. Chem. **210:** 799-808.

Stanier, R. Y., and L. N. Ornston. 1973. The β-ketoadipate pathway. Adv. Microb. Physiol. **9:** 89-151.

Studier, F. W., A. H. Rosenberg, J. J. Dunn, and J. W. Dubendorff. 1990. Use of T7 RNA polymerase to direct expression of cloned genes. Methods Enzymol. **185:** 60-89.

Valentin, H. E., and D. Dennis. 1996. Metabolic pathway for poly(3-hydroxybutyrate-*co*-3-hydroxyvalerate) formation in *Nocardia corallina*: inactivation of *mutB* by chromosomal integration of a kanamycin resistance gene. Appl. Environ. Microbiol. **62:** 372-379.

van der Meer, J. R., A. C. J. Frijters, J. H. J. Leveau, R. I. L. Eggen, A. J. B. Zehnder, and W. M. de Vos. 1991. Characterization of the *Pseudomonas* sp. strain P51 gene *tcbR*, a LysR-type transcriptional activator of the *tcbCDEF* chlorocatechol oxidative operon, and analysis of the regulatory region. J. Bacteriol. **173:** 3700-3708.

Warhurst, A. M., and C. A. Fewson. 1994. Biotransformations catalyzed by the genus *Rhodococcus*. Crit. Rev. Biotechnol. **14:** 29-73.

Yanisch-Perron, C., J. Vieira, and J. Messing. 1985. Improved M13 phage cloning vectors and host strains: nucleotide sequences of the M13mp18 and pUC19 vectors. Gene **33:** 103-119.

Manuskript in Vorbereitung zur Einreichung beim Journal of Bacteriology

Detection of the Linear Megaplasmid p1CP from *Rhodococcus opacus* 1CP Which Carries Chlorocatechol Catabolic Genes

Dirk Eulberg, Volker Seibert,[†] and Michael Schlömann*

Institut für Mikrobiologie, Universität Stuttgart, D-70550 Stuttgart, Germany

Running title: *Rhodococcus opacus* megaplasmid p1CP

* Corresponding author. Mailing address: Institut für Mikrobiologie, Universität Stuttgart, Allmandring 31, D-70569 Stuttgart, Germany. Phone: (49)-711-6855489. Fax: (49)-711-6855725. E-mail: imbms@po.uni-stuttgart.de.

† Present address: Laboratorium für Molekulare Biologie, Genzentrum der Ludwig-Maximilians-Universität München, Germany.

ABSTRACT

The gram-positive strain *Rhodococcus opacus* 1CP (formerly designated *R. erythropolis*) is able to grow with chlorophenols as single carbon and energy source. In addition to a catechol and a protocatechuate branch of the 3-oxoadipate pathway (encoded by *cat* and *pca* genes, respectively), it possesses a chlorocatechol catabolic branch (encoded by *clc* genes) and a separate maleylacetate reductase (encoded by the *macA* gene). A linear megaplasmid of ca. 720 kb designated p1CP was now detected by use of pulsed-field gel electrophoresis, and was shown to harbor the *clc* gene cluster as well as the *macA* gene. While digoxigenin-labeled probes of *clcB* and *macA* hybridized to a preparation of p1CP as well as to genomic DNA, probes of *catB* and *pcaGBL'* hybridized only to complete genomic DNA. Correspondingly, *clcB* and *macA*, but not *catB* and *pcaGBL'*, could be amplified from p1CP DNA as template.

TEXT

Rhodococcus opacus (*R. erythropolis*) 1CP, a gram-positive soil bacterium, is able to grow on 4-chlorophenol and 2,4-dichlorophenol as single carbon and energy source (Gorlatov et al., 1989), thus leading to their total mineralization. Chlorophenols are catabolized in *R. opacus* 1CP via the chlorocatechol branch of the 3-oxoadipate pathway. The enzymes of chlorocatechol pathways of proteobacteria are often encoded by catabolic plasmids such as pJP4 of *Ralstonia eutropha* JMP134 (Don et al., 1985), pP51 of *Pseudomonas* sp. P51 (van der Meer et al., 1991a), pAC27 of *Pseudomonas putida* AC866 (Chatterjee & Chakrabarty, 1982, 1984), and pEST4011 of *P. putida* EST4021 (Mäe et al., 1993). A detailed characterization of chlorocatechol catabolic gene clusters has been performed for these plasmids as well as for *R. opacus* 1CP (Frantz & Chakrabarty, 1987; Perkins et al., 1990; van der Meer et al., 1991b; Kõiv et al., 1996; Eulberg et al., submitted 2).

After linear extrachromosomal DNA has been reported to occur in *Streptomyces rochei* (Hayakawa et al., 1979), it has been shown by using pulsed-field gel electrophoresis that strains of a wide variety of bacterial species can possess linear plasmids. In various rhodococci large plasmids have been detected which enable their hosts to grow on unusual carbon and energy sources (Dabrock et al., 1994; Kesseler et al., 1996; Grzeszik et al., 1997; Kalkus et al., 1990, 1993; Masai et al., 1997). Because plasmids represent genetic information which can be easily transmitted, they play an important role in the adaptation of microorganisms to new growth substrates. In this communication, we report on the newly discovered giant linear plasmid p1CP which carries genes for the degradation of chlorocatechols in *Rhodococcus opacus* 1CP.

Detection of plasmid p1CP in *R. opacus* 1CP.

The bacterial strain *Rhodococcus opacus* 1CP was isolated with 2,4-dichlorophenol and among other substrates also utilizes benzoate, 4-hydroxybenzoate, and 4-chlorophenol (Gorlatov et al., 1989; Salkinoja-Salonen, 1997). For comparison, *R. erythropolis* MP50 (Layh et al., 1997), which harbors two linear plasmids with sizes of 125 and 170 kb, was used in this study.

For detection of extrachromosomal DNA, a modified version of the protocol of Kalkus et al. (1990) was used. *Rhodococcus* strains were cultivated at 30°C in LB-sucrose-glycine medium (1.8% [wt/vol] sucrose, 1.5% [wt/vol] glycine in LB). When the cultures had reached an optical density at 600 nm of about 0.7, between 1.5 and 3 ml were harvested by centrifugation and resuspended in 100 µl EET buffer (10 mM Tris-HCl [pH 8], 0.1 M EDTA [pH 8], and 10 mM EGTA, pH 8). To avoid shearing of the high molecular-weight DNA, the cells were mixed with an equal volume of 45°C low melting point agarose (2% [wt/vol] in H_2O). The agarose-cell mixture was poured into plugs of approximately 1 x 2 x 4 mm and allowed to solidify. The agarose plugs were incubated for 1.5 h at 37°C with 0.5 mg/ml lysozyme, 0.6 mg/ml sodium lauroyl sarkosine in EET, and overnight at 55°C with 0.1 mg/ml proteinase K, 10 mg/ml sodium dodecyl sulfate in EET. The plugs were rinsed three times with TE10.1, pH 8 (10 mM Tris-HCl + 1 mM EDTA) and stored in ES buffer (0.5 M EDTA [pH 8.0], 1% N-lauroylsarcosine) at 4°C until use.

In order to determine if the observed extrachromosomal element was in the closed-circular supercoiled form, some DNA-containing agarose plugs were also treated with S1 nuclease (Barton et al., 1995). S1 nuclease specifically cuts single-stranded DNA and thus linearizes supercoiled DNA which always contains small single-stranded regions due to torsional stress. The gel plugs were washed twice (15 min; room temperature) with freshly prepared 1 mM phenylmethylsulfonyl fluoride (PMSF) in TE 10.1 (pH 7.5) for inactivation of the proteinase K, and were then soaked twice (15 min; 37°C) in 1 ml of 10 mM Tris-HCl (pH 7.6). Single agarose plugs were incubated (30 min; 37°C) with S1 nuclease in 200 µl of a solution containing 1 U of *Aspergillus oryzae* S1 nuclease (Gibco), 50 mM NaCl, 30 mM sodium acetate (pH 4.6), 5 mM $ZnSO_4$, and 5% (vol/vol) glycerol. The reaction was stopped by transferring the slices to 100 µl of ES buffer on ice.

Pulsed-field gel electrophoresis (PFGE) was performed by using a *CHEF-DRII* (contour-clamped homogenous field electrophoresis [Chu et al., 1986]) system from Bio-Rad. Slab gels (12.7 × 14 × 0.5 cm) with 0.8% (wt/vol) agarose in 0.5 × TBE (44.5 mM Tris-base, 44.5 mM boric acid, 1 mM EDTA; pH 8.5) were used for the separations. The electrophoresis buffer (0.5 × TBE) was kept at 14°C during the whole run (20 h; 6 V/cm). Pulse time durations were increased linearly from 10 to 80 seconds over the total run time; duration of pulses in each of both field directions was identical. To determine the exact size of large plasmids, the run was done with a constant pulse duration of 80 sec (24 h; 6 V/cm). Concatemers of phage λ DNA or *Saccharomyces cerevisiae* chromosomes were used as a high molecular weight standards (both from Pharmacia). Regular gel electrophoresis (0.5 % agarose in 0.5 × TBE; 3 V/cm; 20 h) was done to detect small circular plasmids (< 15 kb). To visualize the DNA, the gels were stained in an ethidium bromide solution (1µg/ml).

By the procedure outlined above, an extrachromosomal DNA element with the electrophoretic behavior of a linear plasmid with a size of 720 kb could be detected in strain 1CP. Because the electrophoretic mobility of this element did not change after treatment with S1 nuclease – large supercoiled plasmids migrate much more slowly than their linear form during PFGE (Barton et al., 1995) – it was considered to be a linear plasmid (Fig. 1). The plasmid was designated p1CP.

Localization of chlorocatechol catabolic genes.

Total genomic DNA of *R. opacus* 1CP was obtained as described previously (Eulberg et al., 1997). Sufficient amounts of plasmid p1CP were prepared by excision of the plasmid band which was visible after PFGE of lysed, agarose-embedded cells of *R. opacus* 1CP, and elution from the gel with an Easy Pure kit (Biozym). The gel pieces containing p1CP were molten in 4.5 volumes Easy Pure "Salt" solution plus 0.5 volumes TBE modifier at 55°C. In order to shear p1CP into fragments that could be used in dot blot hybridization and PCR experiments, the solution was pipetted up and down quickly ten times. Easy Pure "Bind" (suspension of DNA-binding silica matrix) was added (10 µl), and the suspension was incubated for 5 min at room temperature. The "Bind"-matrix was pelleted in the centrifuge, and the pellet was washed once with 1 ml Easy Pure ethanolic "Wash" solution. The DNA was eluted from the "Bind"-matrix twice with 10 µl TE 10.1 at room temperature.

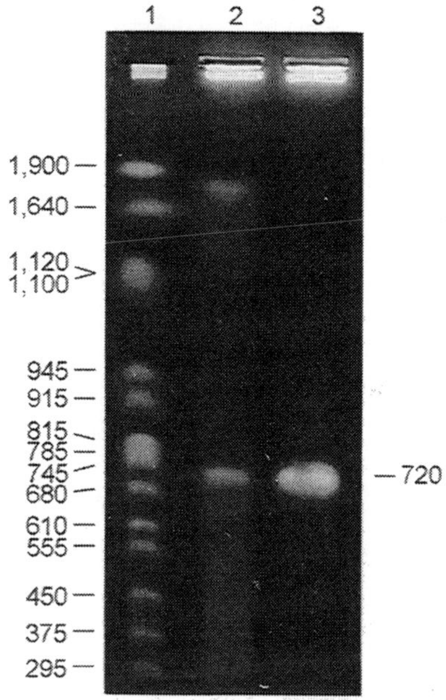

FIG. 1: Pulsed-field gel electrophoresis of lysed cells of *R. opacus* 1CP embedded in agarose. Lane 1, chromosomes of *Saccharomyces cerevisiae* as molecular weight standard; lane 2, agarose plug with DNA from strain 1CP, treated with S1 nuclease; lane 3, agarose plug with DNA from strain 1CP. The faint background of DNA in lane 2 is due to statistical cleavage of chromosomal and plasmid DNA by S1 nuclease, with a "compression zone" near the top of the gel where linear molecules greater than a certain size fail to separate from each other (Barton et al., 1995).

For hybridization experiments, about 1 µg of freshly denatured (100°C; 10 min) total DNA and 300 ng of p1CP preparation were dropped onto Qiagen nylon membranes. In hybridization experiments, all labeling, hybridization, and detection procedures were performed as described in the Boehringer Digoxigenin Labeling and Detection kit manual (Boehringer Mannheim, 1995). The DNA was fixed on the membrane by baking (3 h, 70°C). The dot blots were hybridized with four probes specific to genes involved in catabolism of aromatic compounds (*catB* [Eulberg et al., 1997], *pcaGBL'* [Eulberg et al., submitted 1], *clcB* [Eulberg et al., submitted 2], and *macA* [Seibert, 1997]), which were generated either by random primed polymerization with Klenow

TABLE 1. Oligonucleotides used for the generation of *catB*, *clcB*, and *pcaGBL'*-specific probes and for PCR[a]

Oligonucleotide	PCR product of primer pairs	Nucleotide sequence[b], 5' → 3'
CatB-St	*catB*	*CGTCAT*ATGACCGACCTGTCGATCGTCTCC
CatB-Sp		*CGCGGA*TCCTTAGTTCCTGGTCCAGGT
ClcB-St	*clcB*	*CGTCAT*ATGCCGAACCTCACCGTCA
ClcB-Sp		*CGCGGATCC*TCAGCGTCTGCGGTAGCG
3_1106_1245	*pcaGBL'*	CGACCACACCCGCGACAACTG
3_3293_3005		CAGGTCGCGGACGGAGTACGG
PND	*macA*	*GATCAT*ATGGCTGAGCGCTCCTCCGAG
PBA		*GTGGATCC*CTATTCGGGCGGGCGATTG

[a] All of the primers were used for PCR experiments, only CatB-St/Sp, ClcB-St/Sp, and 3_1106_1245/3_3293_3005 were used for generation of probes
[b] Parts of the primers which are not homologous to the template DNA are in italics.

polymerase (*macA*), or by PCR following the Boehringer protocol in the presence of DIG-dUTP (*catB*; *clcB*; *pcaGBL'*); for primers used, see table 1. The protocol was modified, using a concentration of dNTPs and DIG-dUTP half as high as specified, as well as Gibco Taq polymerase and the respective Gibco buffer (20 mM Tris-HCl pH 8.4, 50 mM KCl). All four probes hybridized with the total DNA preparation, whereas only the probes specific to genes of chlorocatechol catabolism (*clcB* and *macA*) hybridized with p1CP.

PCR was performed with four primer pairs specific to each known genetic location (*cat*-, *pca*-, *clc*-genes and *macA*, respectively). A 50-µl PCR reaction contained 20 pmol of each primer, 200 ng of complete genomic DNA from strain 1CP or 150 ng of p1CP, 0.1 mM deoxynucleotide triphosphates, 1.5 mM $MgCl_2$, Gibco PCR buffer (20 mM Tris-HCl pH 8.4, 50 mM KCl), 5% dimethylsulfoxide, and 0.7 U of Taq polymerase (Gibco). The thermocycling parameters were as follows: 3 min of denaturing (95°C); addition of the polymerase; 14 cycles of denaturing (95°C, 40 sec), annealing (65°C minus 1°C per cycle; 1 min), and polymerization (72°C, 2 min); 20 more cycles of denaturing (95°C, 40 sec), annealing (50°C, 1 min), and polymerization (72°C, 2 min). The last cycle was done with 5 min of polymerization instead of 2 min.

It was possible to amplify *macA* as well as *clcB*, but not *catB* or a *pcaGBL'* fragment, from a preparation of p1CP under conditions that allowed amplification of *catB* and the *pcaGBL'* fragment from a complete DNA preparation of *R. opacus* 1CP. This means that the *clc* gene cluster, as well as the *macA* gene are located on p1CP. This finding was not unexpected, because many proteobacterial *cat* and *pca* gene clusters have been reported to be chromosomally encoded (Holloway et al., 1994; Zylstra et al., 1989; Doten et al., 1987; Sauret-Ignazi et al., 1996), whereas many proteobacterial chlorocatechol catabolic gene clusters with their maleylacetate reductase genes are localized on plasmids. It will be interesting to characterize p1CP more closely and to investigate which other phenoptypes are encoded on this plasmid.

ACKNOWLEDGMENTS

We thank H.-J. Knackmuss for his support throughout this work. We are indebted to the collegues of the Institute for Industrial Genetics for making their PFGE accessible to us.

This work was supported by a grant from the Deutsche Forschungsgemeinschaft,

REFERENCES

Barton, B. M., G. P. Harding, and A. J. Zuccarelli. 1995. A general method for detecting and sizing large plasmids. Anal. Biochem. **226:** 235-240.

Boehringer Mannheim. 1995. The DIG system user's guide for filter hybridization. Boehringer Mannheim GmbH, Germany.

Chatterjee, D. K., and A. M. Chakrabarty. 1982. Genetic rearrangements in plasmids specifying total degradation of chlorinated benzoic acids. Mol. Gen. Genet. **188:** 279-285.

Chatterjee, D. K., and A. M. Chakrabarty. 1984. Restriction mapping of a chlorobenzoate degradative plasmid and molecular cloning of the degradative genes. Gene **27:** 173-181.

Chu, G., D. Vollrath, and R. W. Davis. 1986. Separation of large DNA molecules by contour-clamped homogeneous electric fields. Science **234:** 1582-1585.

Dabrock, C., M. Keßeler, B. Averhoff, and G. Gottschalk. 1994. Identification and characterization of a transmissable linear plasmid from *Rhodococcus erythropolis* BD2 that encodes isopropylbenzene and trichloroethene catabolism. Appl. Environ. Microbiol. **60:** 853-860.

Don, R. H., A. J. Weightman, H.-J. Knackmuss, and K. N. Timmis. 1985. Transposon mutagenesis and cloning analysis of the pathways for degradation of 2,4-dichlorophenoxyacetic acid and 3-chlorobenzoate in *Alcaligenes eutrophus* JMP134(pJP4). J. Bacteriol. **167:** 85-90.

Doten, R. C., K.-L. Ngai, D. J. Mitchell, and L. N. Ornston. 1987. Cloning and genetic organization of the *pca* gene cluster from *Acinetobacter calcoaceticus*. J. Bacteriol. **169:** 3168-3174.

Eulberg, D., L.A. Golovleva, und M. Schlömann. 1997. Characterization of catechol catabolic genes from *Rhodococcus erythropolis* 1CP. J. Bacteriol. **179:** 370-381.

Eulberg, D., S. Lakner, L. A. Golovleva, and M. Schlömann. Characterization of a protocatechuate catabolic gene cluster from *Rhodococcus "erythropolis"* 1CP: evidence for a merged enzyme with 4-carboxymuconolactone decarboxylationg and 3-oxoadipate enol-lactone hydrolyzing activity. (Submitted to J. Bacteriol., 1)

Eulberg, D., E. M. Kourbatova, L. A. Golovleva, and M. Schlömann. Evolutionary relationship between chlorocatechol catabolic enzymes from *Rhodococcus "erythropolis"* 1CP and their counterparts in proteobacteria: Sequence divergence and functional convergence. (Submitted to J. Bacteriol., 2)

Frantz, B., and A.M. Chakrabarty. 1987. Organization and nucleotide sequence determination of a gene cluster involved in 3-chlorocatechol degradation. Proc. Natl. Acad. Sci. USA **84:** 4460-4464.

Gorlatov, S. N., O. V. Maltseva, V. I. Shevchenko, and L. A. Golovleva. 1989. Degradation of chlorophenols by a culture of *Rhodococcus erythropolis*. Mikrobiologiya **58:** 802-806. (Microbiology **58:** 647-651.)

Grzeszik, C., M. Lübbers, M. Reh, and H. G. Schlegel. 1997. Genes encoding the NAD-reducing hydrogenase of *Rhodococcus opacus* MR11. Microbiology **143:** 1271-1286.

Hayakawa, T., T. Tanaka, K. Sakaguchi, N. Ōtake, and H. Yonehara. 1979. A linear plasmid-like DNA in *Streptomyces* sp. producing lankacidin group antibiotics. J. Gen. Appl. Microbiol. **25:** 255-260.

Holloway, B. W., U. Römling, and B. Tümmler. 1994. Genomic mapping of *Pseudomonas aeruginosa* PAO. Microbiology **140:** 2907-2929.

Kalkus, J., C. Dörrie, D. Fischer, M. Reh, and H. G. Schlegel. 1993. The giant linear plasmid pHG207 from *Rhodococcus* sp. encoding hydrogen autotrophy: characterization of the plasmid and its termini. J. Gen. Microbiol. **139:** 2055-2065.

Kalkus, J., M. Reh, and H. G. Schlegel. 1990. Hydrogen autotrophy of *Nocardia opaca* strains is encoded by linear megaplasmids. J. Gen. Microbiol. **136:** 1145-1151.

Kesseler, M., E. R. Dabbs, B. Averhoff, und G. Gottschalk. 1996. Studies on the isopropylbenzene 2,3-dioxygenase and the 3-isopropylcatechol 2,3-dioxygenase genes encoded by the linear plasmid of *Rhodococcus erythropolis* BD2. Microbiology **142:** 3241-3251.

Kõiv, V., R. Marits, and A. Heinaru. 1996. Sequence analysis of the 2,4-dichlorophenol hydroxylase gene *tfdB* and 3,5-dichlorocatechol 1,2-dioxygenase gene *tfdC* of 2,4-dichlorophenoxyacetic acid degrading plasmid pEST4011. Gene **174:** 293-297.

Layh N., B. Hirrlinger, A. Stolz, and H.-J. Knackmuss. 1997. Enrichment strategies for nitrile-hydrolysing bacteria. Appl. Microbiol. Biotechnol. **47:** 668-674.

Mäe, A. A., R. O. Marits, N. R. Ausmees, V. M. Kõiv, and A. L. Heinaru. 1993. Characterization of a new 2,4-dichlorophenoxyacetic acid degrading plasmid pEST4011: physical map and localization of catabolic genes. J. Gen. Microbiol. **139:** 3165-3170.

Masai, E., K. Sugiyama, N. Iwashita, S. Shimizu, J.E. Hauschild, T. Hatta, K. Kimbara, K. Yano, und M. Fukuda. 1997. The *bphDEF meta*-cleavage pathway genes are involved in biphenyl/polychlorinated biphenyl degradation are located on a linear plasmid and separated from the initial *bphACB* genes in *Rhodococcus* sp. strain RHA1. Gene **187:** 141-149.

Perkins, E. J., M. P. Gordon, O. Caceres, and P. F. Lurquin. 1990. Organization and sequence analysis of the 2,4-dichlorophenol hydroxylase and dichlorocatechol oxidative operons of plasmid pJP4. J. Bacteriol. **172:** 2351-2359.

Salkinoja-Salonen, M. 1997. Direct submission to the databases.

Sauret-Ignazi, G., J. Gagnon, C. Béguin, M. Barrelle, Y. Markowicz, J. Pelmont, and A. Toussaint. 1996. Characterization of a chromosomally encoded catechol 1,2-dioxygenase (E.C. 1.13.11.1) from *Alcaligenes eutrophus* CH34. Arch. Microbiol. **166:** 42-50.

Seibert, V. 1997. Evolution des bakteriellen Abbaus von chlorierten Aromaten – molekularbiologische Untersuchungen zur Rekrutierung der Maleylacetat-Reduktasen. PhD Thesis, Univ. of Stuttgart.

van der Meer, J. R., A. R. W. van Neerven, E. J. de Vries, W. M. de Vos, and A. J. B. Zehnder. 1991a. Cloning and characterization of plasmid-encoded genes for the degradation of 1,2-dichloro-, 1,4-dichloro-, and 1,2,4-trichlorobenzene of *Pseudomonas* sp. strain P51. J. Bacteriol. **173:** 6-15.

van der Meer, J. R., R. I. L. Eggen, A. J. B. Zehnder, and W. M. de Vos. 1991b. Sequence analysis of the *Pseudomonas* sp. strain P51 tcb gene cluster, which encodes metabolism of chlorinated catechols: evidence for specialization of catechol 1,2-dioxygenases for chlorinated substrates. J. Bacteriol. **173:** 2425-2434.

Zylstra, G. J., R. H. Olsen, and D. P. Ballou. 1989. Genetic organization and sequence of the *Pseudomonas cepacia* genes for the alpha and beta subunits of protocatechuate 3,4-dioxygenase. J. Bacteriol. **171:** 5915-5921.

Construction of Plasmids for the Overexpression of the Muconate Cycloisomerase Gene *catB* and the Chloromuconate Cycloisomerase Gene *clcB* from *Rhodococcus opacus* 1CP

Dirk Eulberg and Michael Schlömann

ABSTRACT

The gram-positive bacterium *Rhodococcus opacus* 1CP possesses two enzymes catalyzing basically the same reaction in the catabolism of aromatic compounds. While the muconate cycloisomerase CatB mainly catalyzes the conversion of unsubstituted *cis,cis*-muconate to (+)-muconolactone, the chloromuconate cycloisomerase ClcB is able to effectively convert chlorinated muconates to dienelactones. As a prerequisite to obtain structural data from these enzymes by protein crystallography, the genes which encode both enzymes were supplied with restriction endonuclease recognition sites by using PCR in order to ligate them into the appropriate cloning site of the expression plasmid pET11A*. The resulting expression plasmids pREREX1 and pREREX2 were transformed into the expression host *E. coli* BL21(DE3)(pLysS). Whereas a weak muconate cycloisomerase activity could be detected in cell extracts prepared from *E. coli* BL21(DE3)(pLysS)(pREREX1), no chloromuconate cycloisomerase activity was expressed from *E. coli* BL21(DE3)(pLysS)(pREREX2).

TEXT

Rhodococcus opacus 1CP is able to degrade non-halogenated aromatic compounds via the catechol or the protocatechuate branch of the 3-oxoadipate pathway. Like some well-characterized proteobacteria, *R. opacus* 1CP additionally possesses a chlorocatechol branch of the modified 3-oxoadipate pathway, which enables the strain to grow on different chlorophenols as single carbon and energy source. Recently, the genes of all three pathways have been cloned and sequenced from this strain (Eulberg et al., 1997; Eulberg et al., submitted 1, 2). The evolutionary origin of the muconate and chloromuconate cycloisomerases from proteobacteria and from the gram-positive bacterium *R. opacus* 1CP was examined by performing sequence comparisons. The results of the investigation were compatible with data obtained from biochemical experiments (Eulberg et al., 1997): The enzymes of one group of organisms were more closely related to each other than to their functional counterparts of the other group. This means that the capability of the chloromuconate cycloisomerases to efficiently convert chlorinated substrates has probably evolved independently in proteobacteria and in gram-positive bacteria, respectively (Eulberg et al., submitted 2).

The structure of proteobacterial cycloisomerases is well characterized (Goldman et al., 1987 Helin et al., 1995; Hoier et al., 1994; Kleywegt et al., 1996; Vollmer et al., 1995). To further corroborate the hypothesis of functional convergence – which could provide a basis for new insight into the adaptations necessary for productive chlorocatechol conversion – it is desirable to get structural data from the *Rhodococcus* cycloisomerases on the molecular level. With the rhodococcal proteins as examples how nature reached the same target using different courses, it should be possible to distinguish between the amino acid residues which are essential for the newly achieved catalytic capacity of efficient turnover of chlorinated muconates and those which are only conserved among the proteobacterial enzymes due to their common descent.

In order to produce large amounts of *R. opacus* 1CP muconate cycloisomerase and chloromuconate cycloisomerase pure enough for crystallization, the *catB* and the *clcB* gene should be expressed under T7*lac* promoter control in the *E. coli* strain BL21(DE3)(pLysS) (Studier & Moffat, 1986, Studier et al., 1990).

Construction of expression plasmids.

The *catB* and the *clcB* genes were first amplified by PCR with primers comprising an additional *Nde*I site at the ATG start codon (CatB-St, ClcB-St), and an additional *Bam*HI site at the stop codon (CatB-Sp, ClcB-Sp; Table 1). A 50-µl PCR reaction mixture for amplification of *catB* contained: 25 pmol of each primer; as template, 1 ng of pRER1 (Eulberg et al., 1997); 1.5 mM $MgCl_2$; 100 µM of each dNTP; 5% (vol/vol) dimethylsulfoxide; Goldstar polymerase reaction buffer (75 mM Tris-HCl [pH 9.0], 20 mM $(NH_4)_2SO_4$, 0.01% [wt/vol] Tween 20); and 0.5 U of Goldstar DNA polymerase. The thermocycling program was performed with 6 cycles of 2°C-touchdown each after an initial denaturation at 94°C (3 min) before addition of the polymerase; 5 cycles starting with an annealing temperature of 66°C (denaturation, 94°, 30 sec; annealing, 66 to 56°, 1 min; and polymerization, 72°, 1 min); 28 more cycles with an annealing temperature of 54°C; and prolonged polymerization (5 min) during the last cycle. The PCR mix for generation of *clcB* contained the following components in a volume of 50 µl: 50 pmol of each primer; as template,1 ng of pRER7 (Eulberg et al., submitted 2); 1.5 mM $MgCl_2$; 100 µM of each dNTP; 5% (vol/vol) dimethylsulfoxide; Gibco PCR buffer (20 mM Tris-HCl pH 8.4, 50 mM KCl), and 0.7 U of Gibco Taq polymerase. Thermocycling was done with the following program: 3 min 95°C; addition of the polymerase; 15 touchdown cycles (denaturation, 95°C, 30 sec; annealing, 66°C to 51°C, 1 min in -1°C-steps; polymerization, 72°C, 2 min); 21 more cycles with an annealing temperature of 50°C; polymerization for 5 min during the last step. After agarose gel analysis of the PCR reactions, fragments of the desired size of ca. 1150 bp could be observed. The fragments were digested with *Nde*I and *Bam*HI, ethanol precipitated, rinsed with 70% ethanol, and dried. The expression vector pET11A* (a derivative of pET11A with an additional *Kpn*I, *Xho*I, and *Sal*I site; Altenbuchner, pers. comm; Novagene) was digested with *Nde*I and *Bam*HI, and purified by elution from an agarose gel using GeneClean (Bio101) or Easy Pure

TABLE 1. Oligonucleotides used for expression of CatB and ClcB

Oligonucleotide	Nucleotide sequence[a,b], 5' → 3'
CatB-St	*CGTCATATG*ACCGACCTGTCGATCGTCTCC
CatB-Sp	*CGCGGATCC*TTAGTTCCTGGTCCAGGT
ClcB-St	*CGTCATATG*CCGAACCTCACCGTCA
ClcB-Sp	*CGCGGATCC*TCAGCGTCTGCGGTAGCG

[a] Incorporated restriction sites are underlined; *Nde*I for CatB-St and ClcB-St, *Bam*HI for CatB-Sp and ClcB-Sp.
[b] Parts of the primers which are not homologous to the template DNA are shown in italics.

(Biozym). The *catB* and the *clcB* fragments were ligated into the vector. By using the Inoue et al. method (1990), the ligation mixture was transformed into *E. coli* DH5α (F^- φ80d*lacZ*ΔM15 Δ[*lacZYA-argF*]U169 *endA*1 *recA*1 *hsdR*17[r_K^-,m_K^+] *supE*44 λ^- *thi*-1 *gyrA*96 *relA*1), which was obtained from Gibco BRL. The resulting expression plasmids pREREX1 (CatB-expressing) and pREREX2 (ClcB-expressing) were prepared from an overnight culture of one of the transformants in LB using a Flexiprep kit (Pharmacia). pREREX1 and pREREX2 were analytically digested with appropriate restriction endonucleases to check the inserts.

Culturing of overexpressing *E. coli* strains; preparation and analysis of cell extracts.

In order to obtain overexpressing cells, *E. coli* BL21(DE3)(pLysS) (relevant genotype, *hsdS gal* (λcI*ts*857 *ind*1 *S*am7 *nin*5 *lac*UV5-T7 gene *1*), pLysS (Cm^R) (Studier et al., 1990; Sambrook et al., 1989) was transformed (Inoue et al., 1990) with the respective expression plasmid. Single colonies of transformants were used to inoculate a 100-ml preculture in LB, supplied with 100 µg/ml of ampicillin. When an an optical density at 600 nm of ca. 0.7 was reached, 1000 ml LB, ampicillin (100 µg/ml) were inoculated with the preculture. The 1-liter culture was incubated at 30°C. Isopropyl-β-D-thiogalactoside (IPTG) was added to a final concentration of 0.4 mM as the culture reached an optical density at 600 nm of 0.7, and the culture was further incubated at 30°C. After 3.5 hours, the cells were harvested at 3000 × *g*, and were washed in 200 ml of 20 mM Tris-HCl, 2 mM $MnSO_4$ (pH 7.2). The cell mass was frozen in liquid N_2. Cells were stored at -20°C until use. Extracts from overexpressing cells were prepared by resuspending the cells in 20 mM Tris-HCl, 2 mM $MnSO_4$ (pH 7.2). After addition of DNAseI, the suspension was passed two times through an Aminco French press for disruption of the cells. The preparation was cleared by ultracentrifugation (130,000 × *g*; 4°C; 30 min) and by passing of the supernatant through a 0.45-µm pore-size filter.

The activities of muconate and of chloromuconate cycloisomerase were measured spectrophotometrically at 260 nm as described by Schlömann et al. (1990) using muconate, 2-chloro-*cis,cis*-muconate, or 3-chloro-*cis,cis*-muconate (0.1 mM each) as substrate, respectively. The extinction coefficients used were 16,800 $M^{-1} \cdot cm^{-1}$ for conversion of *cis,cis*-muconate, 17,100 $M^{-1} \cdot cm^{-1}$ for the conversion of 2-chloro-*cis,cis*-muconate (Dorn & Knackmuss, 1978), and 4,000 $M^{-1} \cdot cm^{-1}$ for conversion of 3-chloro-*cis,cis*-muconate (Solyanikova et al., 1995).

The specific muconate cycloisomerase activity of a crude extract prepared from *E. coli* BL21(DE3)(pLysS)(pREREX1) was about twice as high as in extracts from benzoate-grown cells of *R. opacus* 1CP (Solyanikova et al., 1995) (0.4 - 0.6 U/mg for extracts of *E. coli* BL21(DE3)(pLysS)(pREREX1)); in an extract prepared from cells which harbored the chloromuconate cycloisomerase expression plasmid pREREX2, on the other hand, no chloromuconate cycloisomerase activity could be detected with 2-chloro-*cis,cis*-muconate or 3-chloro-*cis,cis*-muconate as substrate.

The extract from *E. coli* BL21(DE3)(pLysS)(pRER3) was electrophoretically analyzed. SDS-polyacrylamide gel electrophoresis was performed by a modified Laemmli (1970) procedure on self-casted, 0.5-mm-thick, 7-cm-long vertical slab gels with 10% (wt/vol) acrylamide in the separation gel. The gels were stained with Coomassie Brilliant Blue. Only after loading of a crude extract including pellet material, a strong protein band at ca. 43 kDa was visible. Thus, it is highly probable that ClcB, which was synthesized in the host strain, was present in an inactive, insoluble form (inclusion bodies).

Purification of CatB from *E. coli* BL21(DE3)(pLysS)(pREREX1).

Cell extract (volume, 19.5 ml; protein, 500 mg; total activity, 222 U; specific activity, 0.44 U/mg) was loaded on a Q-Sepharose HP column (HR16/10). Elution of proteins was achieved by a linear NaCl gradient (0 to 0.25 M over 60 ml; 0.25 to 0.5 M over 350) ml, with the most active fractions eluting at ca. 0.35 - 0.4 M NaCl. The pool (volume, 25 ml; protein, 15 mg; total activity, 205 U; specific activity, 14 U/mg) was brought to a final $(NH_4)_2SO_4$ concentration of 1 M, passed through a 0.22-µm pore-size filter, and was subjected to Phenyl Superose HR 10/10 chromatography. Proteins were eluted with a decreasing gradient of $(NH_4)_2SO_4$ in 20 mM Tris-HCl, 2 mM $MnSO_4$ (pH 7.2) (1 to 0.75 M over 10 ml; 0.75 to 0.35 M over 140 ml), which resulted in a preparation (volume, 22 ml; protein, 5.8 mg; total activity, 180 U) with a specific activity of 31 U per mg of protein.

The specific activity in the cell extracts was between 0.4 and 0.6 U/mg, which corresponds to about twice the activity measured in extracts prepared from *R. opacus* 1CP (Solyanikova et al., 1995). As from the wild type, the recombinant enzyme could be purified to homogeneity within two chromatographical steps. The specific activity of purified preparations of heterologously expressed CatB was about 4 times greater than that of the enzyme purified from *R. opacus* 1CP (Solyanikova et al., 1995). The reason for this increased specific activity may be due to the fact that the expressing strain *E. coli* BL21(DE3)(pLysS) is especially engineered to contain only small amounts of proteases (Novagen, 1995), or to different disruption procedures, as *R. opacus* 1CP must be ground with glass beads for at least 5 min in a large volume to get disintegrated (Solyanikova et al., 1995).

Expression of rhodococcal proteins in *E. coli* can be problematic.

Heterologous expression of rhodococcal proteins can be quite problematic. Although difficulties in obtaining functional *Rhodococcus* protein under control of the T7 promotor in *E. coli* have been reported by several working groups (Denome et al., 1993; Shao et al., 1995; Masai et al., 1995; Wang et al., 1995, McKay et al., 1997), the cause of these problems is still unclear. McKay et al. (1997) showed that the problematic step in expression of biphenyl dioxygenase-encoding genes from *Rhodococcus globerulus* P6 in *E. coli* is not transcription, but more likely translation. Efficient expression could be achieved with an expression construct in the broad-host-range vector pBBR1MCS (McKay et al., 1997; Kovach et al., 1994) under control of the *lac* promotor in the host *Pseudomonas putida*. Expression of the rhodococcal cycloisomerases with this system thus seems to be rewarding.

REFERENCES

Altenbuchner, J. Personal communication.

Denome, S. A., E. S. Olson, and K. D. Young. 1993. Identification and cloning of genes involved in specific desulfurization of dibenzothiophene by *Rhodococcus* sp. strain IGTS8. Appl. Environ. Microbiol. **59:** 2837-2843.

Dorn, E., and H.-J. Knackmuss. 1978. Chemical structure and biodegradability of halogenated aromatic compounds. Substituent effects on 1,2-dioxygenation of catechol. Biochem. J. **174:** 85-94.

Eulberg, D., L. A. Golovleva, and M. Schlömann. 1997. Characterization of catechol catabolic genes from *Rhodococcus erythropolis* 1CP. J. Bacteriol. 179: 370-381.

Eulberg, D., S. Lakner, L. A. Golovleva, and M. Schlömann. Characterization of a protocatechuate catabolic gene cluster from *Rhodococcus "erythropolis"* 1CP: Evidence for a merged enzyme with 4-caboxymuconolactone dcarboxylating and 3-oxoadipate enol-lactone hydrolyzing activity. (Submitted to J. Bacteriol., 1)

Eulberg, D., E. M. Kourbatova, L. A. Golovleva, and M. Schlömann. Evolutionary relationship between chlorocatechol catabolic enzymes from *Rhodococcus "erythropolis"* 1CP and their counterparts in proteobacteria: Sequence divergence and functional convergence. (Submitted to J. Bacteriol., 2)

Goldman, A., D. L. Ollis, and T. A. Steitz. 1987. Crystal structure of muconate lactonizing enzyme at 3 Å resolution. J. Mol. Biol. **194:** 143-153.

Helin, S., P. C. Kahn, B. L. Guha, D. G. Mallows, and A. Goldman. 1995. The refined X-ray structure of muconate lactonizing enzyme from *Pseudomonas putida* PRS2000 at 1.85 Å resolution. J. Mol. Biol. **254:** 918-941.

Hoier, H., M. Schlömann, A. Hammer, J. P. Glusker, H. L. Carrell, A. Goldman, J. J. Stezowski, and U. Heinemann. 1994. Crystal structure of chloromuconate cycloisomerase from *Alcaligenes eutrophus* JMP134 (pJP4) at 3 Å resolution. Acta Cryst. D**50:** 75-84.

Inoue, H., H. Nojima, and H. Okayama. 1990. High efficiency transformation of *Escherichia coli* with plasmids. Gene **96:** 23-28.

Kleywegt, G. J., H. Hoier, and T. A. Jones. 1996. A re-evaluation of the crystal structure of chloromuconate cycloisomerase. Acta Cryst. D**52:** 858-863.

Kovach, M. E., R. W. Philips, P. H. Elzer, R. M. Roop II, and K. M. Peterson. 1994. pBBR1MCS: A broad-host-range cloning vector. BioTechniques **16:** 800-802.

Laemmli, U. K. 1970. Cleavage of structural proteins during the assembly of the head of the bacteriophage T4. Nature (London) **227:** 680-685.

Masai, E., A. Yamada, J. M. Healy, T. Hatta, K. Kimbara, M. Fukuda, and K. Yano. 1995. Characterization of biphenyl catabolic genes of gram-positive polychlorinated biphenyl degrader *Rhodococcus* sp. strain RHA1. Appl. Environ. Microbiol. **61:** 2079-2085.

McKay, D. B., M. Seeger, M. Zielinski, B. Hofer, and K. N. Timmis. 1997. Heterologous expression of biphenyl dioxygenase-encoding genes from a gram-positive broad-spectrum polychlorinated biphenyl degrader and characterization of chlorobiphenyl oxidation by the gene products. J. Bacteriol. **179:** 1924-1930.

Novagen, 1995. pET system manual. 6th edition. Novagen Inc., Madison, WI.

Sambrook, J., E. F. Fritsch, and T. Maniatis. 1989. Molecular cloning. A laboratory manual, 2nd ed. Cold Spring Harbor Laboratory Press, Cold Spring Harbor, N.Y.

Schlömann, M., E. Schmidt, and H. J. Knackmuss. 1990. Different types of dienelactone hydrolase in 4-fluorobenzoate-utilizing bacteria. J. Bacteriol **172:** 5112-5118.

Shao, Z. Q., W. Seffens, W. Mulbry, and R. M. Bekhi. 1995. Cloning and expression of the *s*-triazine hydrolase gene (*trzA*) from *Rhodococcus corallinus* and development of *Rhodococcus* recombinant strains capable of dealkylating and dechlorinating the herbizide atrazine. J. Bacteriol. **177:** 5748-5755.

Solyanikova, I. P., O. V. Maltseva, M. D. Vollmer, L. A. Golovleva, and M. Schlömann. 1995. Characterization of muconate and chloromuconate cycloisomerase from *Rhodococcus erythropolis* 1CP: Indications for functionally convergent evolution among bacterial cycloisomerases. J. Bacteriol. **177:** 2821-2826.

Studier, F. W., A. H. Rosenberg, J. J. Dunn, and J. W. Dubendorff. 1990. Use of the T7 RNA polymerase to direct expression of cloned genes. Methods Enzymol. **185:** 60-89.

Studier, F. W., and B. A. Moffat. 1986. Use of bacteriophage T7 RNA polymerase to direct selective high-level expression of cloned genes. J. Mol. Biol. **189:** 113-130.

Vollmer, M. D., H. Hoier, U. Schell, J. Gröning, J. Pleiss, A. Goldman, and M. Schlömann. 1995. Differences in the catalytic properties of muconate and chloromuconate cycloisomerases analyzed by site-directed mutagenesis. Biospektrum (special issue): KV002, p. 24.

Wang, Y., J. Garnon, D. Labbé, H. Bergeron, and P. C. K. Lau. 1995. Sequence and expression of the *bpdC1C2BADE* genes involved in the initial steps of biphenyl/chlorobiphenyl degradation by *Rhodococcus* sp. M5. Gene **164:** 117-122.

DANKSAGUNG

Herrn Prof. H.-J. Knackmuss danke ich dafür, daß er es ermöglicht hat, daß diese Arbeit in seinem Institut durchgeführt werden konnte sowie für die Übernahme des Korreferats.

In besonderem Maße bedanken möchte ich mich bei Michael Schlömann, der sich für meine Fragen immer Zeit genommen hat und dem ich viele wertvolle Anregungen und Tips zu verdanken habe, ohne die es einige Male wohl nicht so reibungslos weitergegangen wäre.

Für Hilfe bei Laborarbeiten bedanke ich mich besonders bei Silvia Lakner und bei Sigrun Böhmler, die viel Geduld mit mir bewiesen haben, und bei Sibylle Bürger für Sequenzierungsarbeiten.

Für viele praktische Tips und fachliche Anregungen danke ich Martin Vollmer, Volker Seibert, Isabelle Hinner, Ursula Schell, Wayne Coco, Josef Altenbuchner, Gert Wohlfarth und Michael Kudlich.

Wolfgang Haug danke ich für seine Hilfe bei den zahlreichen Computerproblemen und dafür, daß er auch bei gehäuft auftretenden Störungen nie die Ruhe verloren hat.

Allen Mitarbeiter des Instituts – im besonderen den jetzigen und den ehemaligen Insassen von Labor 1 und 3 – danke ich für die immer gute Arbeitsatmosphäre sowie für unzählige Kekse und viel Kaffee.

Ein spezieller Dank gilt schließlich meiner Freundin Birgit, die zur Entstehung dieser Arbeit mit Rat, Tat und Aufheiterung einiges beigetragen hat.

Lebenslauf

Name	**Dirk Eulberg**
Geburtsdatum	05.01.1968
Geburtsort	Stuttgart
Staatsangehörigkeit	deutsch
Familienstand	ledig
Schulausbildung	1974-1978 Friedrich-Schiller Grundschule Großheppach
	1978-1987 Remstalgymnasium Weinstadt; Abschluß: Abitur
Grundwehrdienst	Jan. 1988 - März 1989
Studium	Okt. 1989 Aufnahme des Studiums der Technischen Biologie an der Universität Stuttgart.
	Hauptfach: Mikrobiologie Nebenfächer: Industrielle Genetik, Biochemie, Ökologie
	Juni-Sept. 1993 Studienarbeit im Labor von Prof. L.N. Ornston an der Yale University, New Haven, USA
	Jan.-Sept. 1994 Diplomarbeit bei Prof. Dr. H.-J. Knackmuss im Institut für Mikrobiologie der Universität Stuttgart
	Diplom am 30.9.1994
	Okt. 1994 Aufnahme der experimentellen Arbeiten für die vorliegende Dissertation am Institut für Mikrobiologie der Universität Stuttgart